Martin Arz

MAX VOR STADT

Reiseführer für Münchner

HIRSCHKÄFER verlag

Maxvorstadt
SIMSON

Die Maxvorstadt – ein Viertel hat sich emanzipiert! Noch vor wenigen Jahren kannte kaum jemand das Viertel zwischen Altstadt und Schwabing. Die Maxvorstadt galt gemeinhin als Teil Schwabings. Schon 1955 versuchte Tim O. Tim in der Abendzeitung die Anwohner wachzurütteln: »Maxvorstädter erwachet! Erwachet aus jahrzehntelanger Unterdrückung, werdet euch endlich eurer selbst bewusst! (...) Historisch gesehen gibt es überhaupt keine Schwabinger, denn die geistige Wiege Schwabings stand ohne Zweifel in der Türkenstraße.« Und die Türkenstraße ist nun mal eine der wichtigsten Hauptschlagadern der Maxvorstadt. Erst in den letzten Jahren begann das Erwachen, zunächst zaghaft und mittlerweile vehement. Die Maxvorstadt wird endlich als das wahrgenommen, was sie seit 1808, als König Max I. Joseph ihre Planung veranlasste, ist: ein flächenmäßig großer und historisch bedeutender Stadtteil mit faszinierender Geschichte, bunter Gegenwart und spannender Zukunft.

Sehr vieles, was man gemeinhin mit der »Schwabinger« Bohème in Verbindung bringt, spielte sich in der Maxvorstadt ab: Hier wurde gemalt, geschrieben, gedichtet und gespielt, heute weltberühmte Künstler haben hier gelebt, ihre Stücke inszeniert oder ihre Ateliers gehabt und *en passant* neue Kunstrichtungen erfunden. Studenten der zahlreichen Hochschulen gehören damals wie heute zum Viertel. Aber auch König Ludwig I. prägte die Maxvorstadt entscheidend durch Prachtbauten entlang der Ludwigstraße und am Königsplatz.

Und dann die schier unzähligen Museen – nicht nur die vielen Sammlungen im Museumsareal, mit der Alten Pinakothek im Zentrum, genießen Weltruf. Auch die Armee gehörte mit mehreren Kasernen einst zur Maxvorstadt. Ebenso Münchens erster Bahnhof, der Scharfrichter, und leider auch Adolf Hitler. Heute noch ist die Maxvorstadt Schauplatz der Politik.

Die Maxvorstadt hat nach dem Zweiten Weltkrieg einen gehörigen Wandel erlebt. Vieles, was einst war, ist längst verschwunden. Hier setzt unser Buch an. Was war, was das Viertel und seine Bewohner geprägt hat, ist unser Hauptthema. Es ist kein trendiger Szeneguide für kurzlebige Gastronomie- und Erlebnisshop-Experimente – die Nachtschwärmer ziehen ohnehin in Scharen durch die Straßen mit ihrer pulsierenden Kneipenvielfalt. Dennoch geben wir im Service-Teil auch Tipps zum Shoppen und Speisen. Das Buch ist vor allem auch ein Stadtteilführer für Münchner und alle Interessierte, die die Maxvorstadt ein wenig näher kennenlernen möchten.

Historisches findet ebenso Berücksichtigung wie Aktuelles. Vergangenes und Verlorenes steht neben Verborgenem und Verführerischem. Blättern, schmökern, Bilder angucken – das Buch soll so viel Spaß machen wie die Maxvorstadt.

Martin Arz, München im Sommer 2012

Inhalt

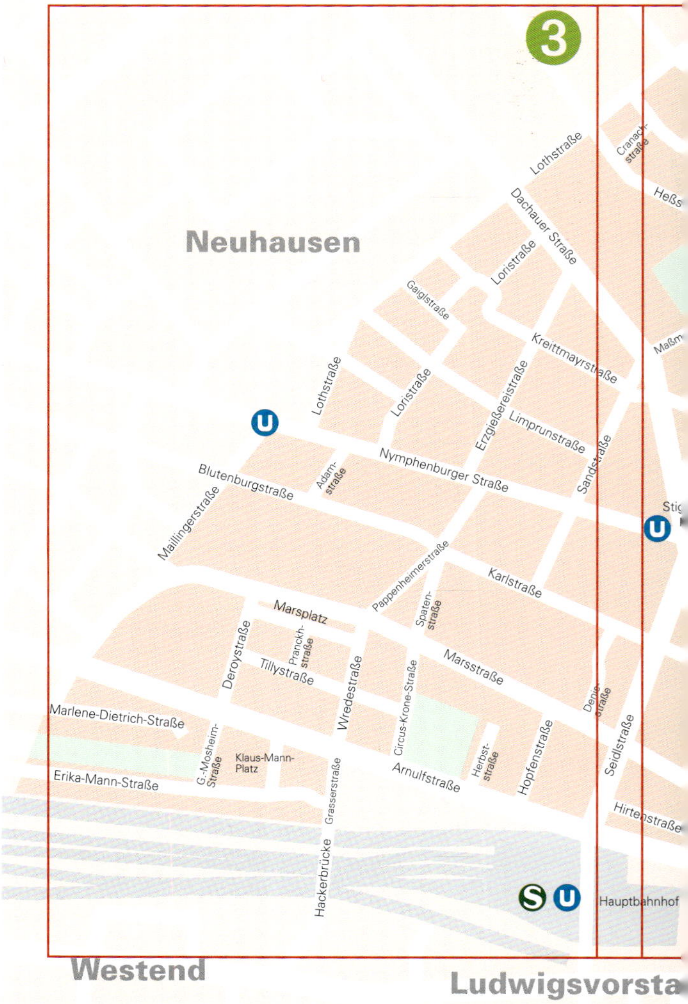

3
Neuhausen
Lothstraße
Dachauer Straße
Loristraße
Gaiglstraße
Kreittmayrstraße
Erzgießereistraße
Limprunstraße
Nymphenburger Straße
Blutenburgstraße
Adam-straße
Maillingerstraße
Sandstraße
Karlstraße
Pappenheimerstraße
Spaten-straße
Marsplatz
Deroystraße
Pranckh-straße
Tillystraße
Wredestraße
Circus-Krone-Straße
Marsstraße
Marlene-Dietrich-Straße
G.-Mosheim-Straße
Klaus-Mann-Platz
Erika-Mann-Straße
Grasserstraße
Arnulfstraße
Herbst-straße
Hopfenstraße
Seidlstraße
Hirtenstraße
Hackerbrücke
Hauptbahnhof
Westend
Ludwigsvorsta

2
1
Schwabing
Lehel
Altstadt
Georgenstraße
Hiltenspergerstr.
Schwarzmann-straße
Zentnerstraße
Josephstraße
Görresstraße
Tengstraße
Neureutherstraße
Adalbertstraße
Zieblandstraße
Schellingstraße
Schwindstraße
Schnorrstraße
Arcisstraße
Schraudolphstraße
Luisenstraße
Steinicke-weg
Heßstraße
Theresienstraße
Enhuber-straße
Steinheilstraße
Augustenstraße
Gabelsbergerstraße
Richard-Wagner-Str.
Barer Straße
Königsplatz
Prinz-Ludwig-Str.
Karolinen-platz
Katharina-von-Bora-Straße
Brienner Straße
Max-Joseph-Straße
Luisenstraße
Karlstraße
Ottostraße
Sophienstraße
Arco-straße
Maximiliansplatz
Ottostraße
Lenbachplatz
Luitpold-straße
Prielmayerstraße
Karlsplatz
Nordendstraße
Kurfürstenstraße
Türkenstraße
Leopoldstraße
Ohmstraße
Akademiestraße
Blütenstraße
Schackstraße
Veterinärstr.
Amalienstraße
W. Klingenbeck-Weg
Ludwigstraße
Kaulbachstraße
Fürstenstr.
Rheinber-gerstraße
Schönfeldstraße
Oskar-v.-Miller-Ring
Hahnen-straße
Von-der-Tann-Straße
Königinstraße
Jägerstraße
Kard.-Döpfner-Str.
Finkenstraße
Galeriestraße
Odeonsplatz

Maxvorstadt

Münchens Leuchte

»München leuchtete«, schrieb Thomas Mann einst – ja, seufzt da der vermeintliche Kenner sofort, München leuchtete in Schwabing! Dabei beschreibt Mann in dem Text das Leben in der Maxvorstadt, Münchens pulsierendem Nabel der Bohème und Zentrum von Ludwigs I. Griechenlandkult. Streng nach Rasterplan wurde die Maxvorstadt einst angelegt, nachdem die Wälle der Stadtbefestigung gefallen waren …

Der alte Mann sah sich selbst nur noch als »beurlaubten Stadtbaurat«. Dabei war er es gewesen, der wie kein Zweiter alles daran gesetzt hatte, dass München – zumindest der Optik nach – eine Weltmetropole wurde, die in einem Atemzug genannt werden sollte mit Paris, London oder St. Petersburg. Als er noch der junge Kronprinz Ludwig war, postulierte er: »Ich will aus München eine Stadt machen, die Deutschland so zur Ehre gereichen soll, dass keiner Deutschland kennt, wenn er nicht München gesehen hat.« Das enge, immer noch mittelalterlich geprägte München, umgeben von aufgelassenen Wallanlagen und eingestürzten Befestigungen, entsprach so gar nicht den Vorstellungen Ludwigs von einem würdigen Regierungssitz für Bayerns Regenten. Er dichtete sogar: »Soll ich sagen, was mir am meisten / zuwider auf Erden? / Münchens Lage und Bau, / Münchner Gesellschaft und Luft.«

Er plante ursprünglich, den Regierungssitz bei seiner Thronbesteigung nach Bamberg zu verlegen. Doch er blieb in München, und gab Unsummen aus, seine Stadt herauszuputzen. Unsummen, die letztlich auch ihren Teil zu seinem Sturz beitrugen. 1848 musste Ludwig I. nach Skandalen um seine Affäre mit der Tänzerin Lola Montez, den Aufständen des Vormärz und seinen ruinös-teuren Bauplänen zurücktreten. Trotz allem konnte der beinahe taube Exkönig Anfang der 1860er Jahre recht zufrieden mit »seinem« neuen, repräsentativen München sein – vor allem mit dem Prestigeprojekt Maxvorstadt, für das Ludwigs Vorgänger den Grundstein gelegt hatten.

Das vergessene Viertel

Die Gerüchteküche brodelte seit 1779. Kurfürst Karl Theodor, so munkelte man, plane eine neue Stadt vor dem Schwabinger Tor! Karlstadt solle sie heißen. Das sah dem »neig'schmeckten« Herrscher ähnlich, grollte man, denn die Münchner mochten Karl Theodor nicht. Stammte der neue Kurfürst doch aus der pfälzischen Seitenlinie der Wittelsbacher. Nach dem Aussterben der bayerischen Wittelsbacher zum Regenten der Bayern aufgestiegen, hatte Karl Theodor seine Residenz von Mannheim nach München verlegen müssen und mehrere tausend Pfälzer in seinem Gefolge mitgebracht, was die Wohnungsnot erheblich verschärfte. Erst zehn Jahre später beruhigte sich die Volksseele, als das Projekt »Englischer Garten« der Öffentlichkeit vorgestellt wurde. Damit waren aber Pläne für neue Vorstädte nicht vom Tisch. 1791 schließlich verkündete jener Kurfürst, »dass München keine Festung sey, seyn könne und seyn solle«. Als Startschuss für die Entfestigung ließ Generalmajor Thompson, der spätere Graf Rumford, unter Beteiligung der Bürger die Bastion am Neuhauser Tor schleifen. Das nun frei stehende Tor nannte man zu Ehren des Herrschers fortan offiziell Karlstor. Die Geburtstunde der neuen Münchner Vorstädte schlug mit diesem Ereignis. In den Folgejahren entstanden Isar-, Ludwigs-, Max-, St. Anna- und die heute fast völlig vergessene Schönfeldvorstadt.

Ursprünglich sollte das Schönfeld, das sich im Norden unmittelbar an die Residenz zwischen der heutigen Königinstraße und der Schwabinger Landstraße anschloss und berühmt war für seine Obst- und Ziergärten, nur ein Militärgarten werden. Hier in der Au vor dem *Swäbinger Thor* sollten sich Soldaten in ihrer Freizeit sinnvoll beschäftigen und ihr eigenes Gemüse anbauen. Dann plante man, das Schönfeld dem Englischen Garten zuzuschlagen, der auf dem königlichen Hirsch-Anger entstehen sollte. Doch Garten- und Stadtplaner Friedrich Ludwig von Sckell fand, dass der natürliche Wall der Isarböschung nahe der heutigen Königinstraße eine ideale Grenze für den »Theodorpark« darstellte. Nun hieß es umdenken. Die bereits gekauften Grundstücke wollte man gewinnbringend verwenden, und Wohnraum war in München bereits damals rar. Karl Theodor ließ 1795 entlang der Gartenstraße (heute Kaulbachstraße) 29 Parzellen abstecken, die unter der Bedingung, dass sie sofort bebaut werden mussten, zu Vorzugskonditionen auf den Markt gebracht wurden. Schnell entstand hier eine Villensiedlung mit vergleichsweise großen Gärten nahe der Stadt. Wie die Gegend einmal ausgesehen hat, ist heute kaum noch nachvollziehbar. Einzig das Prinz-Carl-Palais und ein Haus an der Von-der-Tann-Straße vermitteln einen Eindruck von der alten Schönfeldvorstadt. Auch einige Bauten in der Kaulbachstraße haben noch ein wenig Vorstadtvillen-Flair, wie das Palais Seyssel d'Aix. Heute dient das Palais als Sitz des Institut Français und kaum noch jemand kennt die Schönfeldvorstadt als eigenständiges Viertel, längst ist sie Teil der Maxvorstadt geworden, nur ein Straßenname erinnert noch an sie.

Als Karl Theodors Nachfolger kam wieder ein Fremder, denn der Pfälzer hatte keine Erben.Der Neue stammte aus der unbedeutenden Wittelsbacher Seitenlinie derer von der Pfalz-Zweibrücken. Kurfürst Max IV. Josef (später König Max I. Josef) sah sich ebenfalls dem wachsenden Bevölkerungsdruck ausgesetzt.

Münchens Sahara

Das Gebiet zwischen Karlstor und Schwabinger Tor schien ihm der ideale Raum für neue Wohnanlagen. Noch störte vor allem das Kapuzinerkloster, das auf der Bastion am heutigen Lenbachplatz stand. Doch die Säkularisation ermöglichte die Auflassung und den Abriss des Klosters. Der Platz wurde eingeebnet, um den Dultplatz (heute Maximiliansplatz) zu gewinnen. Der Bebauungsplan des Baumeisters Franz Thurn für dieses Areal erhielt 1802 den kurfürstlichen Segen. Strenge Vorschriften galten für die Neubauten. Von der Stockwerk- und Traufhöhe bis zur Dachform und Proportionierung der Fassaden war alles haargenau geregelt. Zwei Jahre später rief der Regent eine Stadtbaukommission ins Leben, die sich um die Neugestaltung des Areals zwischen Karlstor und dem heutigen Luitpoldblock kümmern sollte. Die riesige freie Fläche des Dultplatzes verspotteten die Münchner übrigens als »Sahara«. Erst Ende des 19. Jh. schuf der Hofgartendirektor Karl Effner die Gartenanlage, die auch heute noch dem Platz seinen Charme gibt. 1895 wurde der von Adolf von Hildebrand geschaffene Wittelsbacher-Brunnen enthüllt, der die zerstörende und gleichzeitig fruchtbringende Kraft des Wassers symbolisiert.

Das Ende Münchens: Domenico Quaglio malte 1822 das Gebiet des heutigen Odeonsplatzes mit Blick Richtung Schwabing. Ganz links erkennt man die Theatinerkirche. Auf den Resten der Wallanlagen stehen Privathäuser wie das Chedeville-Schlössl, die Leo von Klenze gemeinsam mit der alten Befestigung für die Neugestaltung von Odeonsplatz und Ludwigstraße einebnen lässt. Rechts neben der Schwabinger Landstraße befindet sich die alte Reitschule; im kleinen Gebäude dsvor das Café Tambosi, das seit 1774 besteht.
Kleines Bild: die gleiche Sicht heute.

Zurück zu den ersten Bauplänen. Schon warfen Baumeister begehrliche Blicke auf die anschließenden Wiesen und Felder Richtung Schloss Nymphenburg und Schwabing. Rings um die wichtigste Straße Richtung Westen, den Fürstenweg, stand reichlich Bauplatz zur Verfügung. Die Stadtbaukommission schrieb 1808 einen Wettbewerb zur Stadterweiterung aus, zu dem sogar Kronprinz Ludwig einen Beitrag einreichte, und beauftragte schließlich Karl von Fischer mit der Überarbeitung des angenommenen Entwurfs. Fischers Pläne, die in enger Zusammenarbeit mit Sckell entstanden, überzeugten die Kommission und der gemeinsame Generalplan wurde 1812 genehmigt – die Geburtsstunde der Maxvorstadt.

Grandiose Gasse für einen Kronprinzen

Zentrale Achse sollte der ausgebaute Fürstenweg (früher erst König-, dann Brienner Straße) sein, der unterbrochen vom repräsentativen Karolinen- sowie Königsplatz, als Direttissima von der Residenz zum Schloss Nymphenburg führte. An dieser Straße sollten Villen mit großen Gärten entstehen. Weniger großzügig ging es nördlich davon zu, hier plante man ein Viertel mit rationellem Straßenraster und drastisch verengten Straßen. Südlich der Brienner Straße bis zum Stachus wünschte der Generalplan eine eher künstlerisch-verspielte Bebauung. Doch blieb in diesem Plan ein wunder Punkt ungeklärt: Was sollte vor dem Schwabinger Tor passieren? Denn die Residenz musste würdig an die Brienner Straße angebunden werden. Weder Thurns noch Fischers Pläne überzeugten die Mächtigen. Nun mischte sich Kronprinz Ludwig ein, der sich in seinem jungen Leben bisher mehr für die Kunst als für Politik interessiert hatte. Er hatte vor allem in Rom mit Malern und Dichtern, durchzechten Nächten und willigen Mädchen ein Bohèmes Leben geführt, war verschiedentlich als Mäzen sowie kundiger Kunstsammler aufgetreten, versuchte sich immer wieder als Poet (war dabei »weder gut noch schlecht«, wie ihm Golo Mann später attestierte) und sah sich sowieso als Kunstexperten par excellence. Ludwig zauberte Leo von Klenze aus dem Ärmel. Ludwig traf Klenze 1815 in Paris und beauftragte ihn mit dem Bau der Glyptothek – wobei er die Formalia einhielt und einen Wettbewerb auslobte, bei dem sich auch Karl von Fischer und Karl Haller von Hallerstein beteiligten. Im gleichen Jahr begannen die Bauarbeiten für die Glyptothek.

Klenze, wie Ludwig ein Fan der antiken Architekturformen, sollte zudem sein Konzept für die Maxvorstadt umsetzen: das »Isar-Athen«. Im Gegensatz zu seinen Vorgängern scheute sich Klenze nicht, heiße Eisen anzufassen und radikal ins Stadtbild einzugreifen – hatte er doch die Rückendeckung des Prinzen. Erst ließ

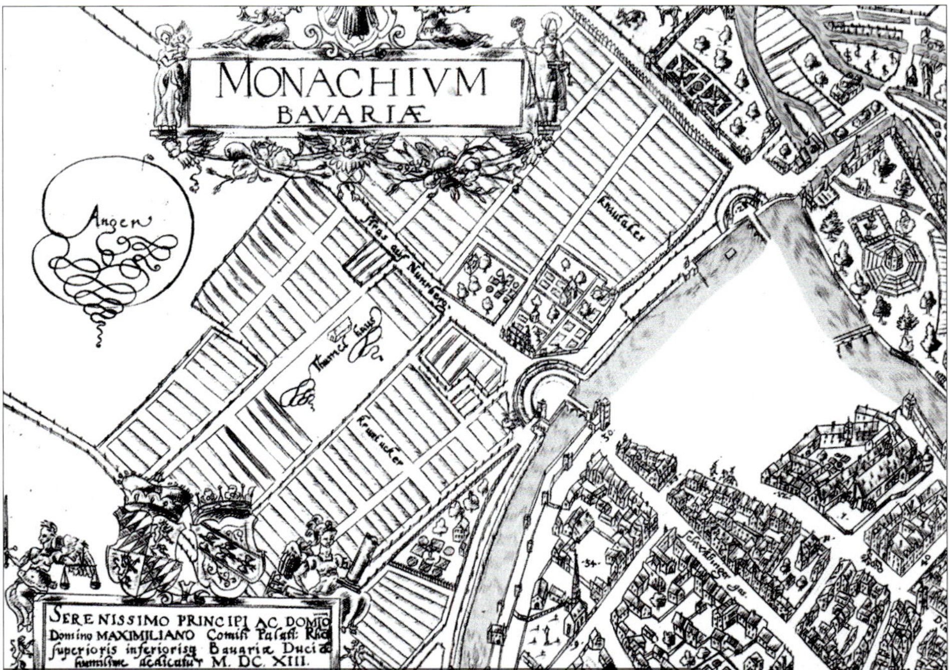

Krautäcker und dazwischen die »Stras auf Nunrberg«: die Maxvorstadt 1613

Die gewundene Schwabinger Landstraße, hier eine Darstellung von 1814, musste dem ehrgeizigen Neubauprojekt Ludwigstraße weichen.

er das Schwabinger Tor sowie das benachbarte Chedeville-Schlösschen abreißen, dann die Wallaufschüttungen einebnen, um den Odeonsplatz zu schaffen. Klenze verabschiedete sich auch von Fischers luftiger Planung und verdichtete die Bebauung massiv, um München großstädtisch wirken zu lassen. Er verlegte zudem den Schwerpunkt der Bauarbeiten Richtung Norden. Nicht die Brienner Straße, die zur langsam unwichtig gewordenen Nebenresidenz Nymphenburg führte, sollte die Hauptachse sein, sondern der neue Prachtboulevard Ludwigstraße. Dazu wurde die Schwabinger Landstraße nach Osten verlegt und so verbreitert und begradigt, dass sie axial auf die geplante Feldherrenhalle ausgerichtet war.

1817 realisierte Klenze zunächst die südlichen Hofgartenarkaden und das Hofgartentor, das als Ausgangspunkt für die Brienner Straße konzipiert war. Im gleichen Jahr begann Klenze mit dem Bau des Palais Leuchtenberg (heute Finanzministerium) im Auftrag von Ludwigs Schwager Eugen Fürst von Leuchtenberg, den Ludwig hasste. Der Kronprinz torpedierte diesen Bau immer wieder. Frustriert notierte Klenze in sein Tagebuch: »Fürstenzank und Laune raubte hier wieder, wie gewöhnlich, der Kunst ein Werk, welches sie so verherrlicht hätte.« Endlich sah Ludwig ein, dass er mit seiner Blockadepolitik sein Projekt Ludwigstraße gefährdete. Ein Projekt, über das damals ganz München lachte. Man hielt den Kronprinzen für – vorsichtig formuliert – ziemlich abgehoben. Der Germanist Andreas Schmeller spottete 1829 über die Ludwigstraße als »königliche Idee, nun einmal eine grandiose Gasse zu haben« und sprach damit den Münchnern aus der Seele.

Die wirkliche Herausforderung für Klenze bestand in den schier unüberschaubaren Eigentumsverhältnissen der vielen kleinen Grundstücke, weshalb oft Klenzes Verhandlungsgeschick mehr gefordert war als sein architektonisches Können. Längst nicht überall war es so einfach wie direkt vor dem Schwabinger Tor, wo riesige Grundstücke dem Generalrat Franz von Kobell gehörten und somit nur ein Verhandlungspartner gegenüber saß.

Münchens Leuchte

Wo heute der Odeosnplatz ist, stand einst das Schwabinger Tor. Am rechten Bildrand erkennt man die Theatinerkirche.

Ursprünglich hatte Klenze am Odeonsplatz das geplant, was heute an Königs-, Karolinen- und Odeonsplatz getrennt verwirklicht ist. Zwischen dem Leuchtenberg-Palais und dem Odeon sollte nach Klenzes Willen ein Obelisk stehen. Im Hintergrund, wo sich heute das Ludwig-Ferdinand-Palais (Klenzes Privatwohnung) befindet, war in der Sichtachse eine protestantische Kirche mit Säulenportal und Pantheonkuppel geplant. Doch Kronprinz Ludwig, der Kirche und Obelisk aus eigener Tasche hätte zahlen müssen, setzte radikal den Rotstift an. Lieber ließ er seinen Schwager Eugen von Leuchtenberg den äußerst repräsentativen Beginn des Projekts Ludwigstraße aus dem Boden stampfen. Gegenüber dem Leuchtenberg-Palais veranlasste Klenze den Abriss der seit 1661 bestehenden königlichen Reitschule, damals Münchens größter Saalbau, sowie des berühmten Café Tambosi, um mit seinem Basargebäude das Platzkonzept zu vollenden. Entlang der weiteren Ludwigstraße baute Klenze eine Reihe vornehmer Bürgerhäuser.

Architektenzank

Mit der Einweihung des Kriegsministeriums (heute Staatsarchiv) fand Klenzes Ludwigstraßen-Konzept 1830 seinen Abschluss. Zu dieser Zeit gehörte Klenze bereits nicht mehr zu Ludwigs Favoriten. Der launische König, seit 1825 auf dem Thron, hatte den Baumeister fallen lassen wie eine heiße Kartoffel. Ludwig I. stieß Klenzes unangefochtene Stellung übel auf, zu sehr sonnte sich der Baumeister im Glanz von Ludwigs Gunst. Langsam kam auch der Klassizismus aus der Mode und der König wandte sich der Romantik zu – außerdem verschlangen Klenzes Bauten Unsummen. Ludwig I. sah sich herber Kritik über die immensen Kosten seiner Prachtstraße ausgesetzt. Wer sollte den Glanz bezahlen? »Ich leide keinen Widerspruch!«, schleuderte der König den Kritikern entgegen und trickste: Vor allem Bauwerke für Institutionen, in denen er selbst den Vorsitz innehielt und somit das Sagen hatte, ließ er errichten, wie die Blindenanstalt und die Salinenverwaltung. 1826 beauftragte er seinen römischen Kunstagenten Martin von Wagner mit der Suche nach einem tüchtigen Architekten, »der mit Klenze in die Schranken treten kann, mit einem, welcher dieß nicht könnte wäre nicht gedient«. Der tüchtige Neue war Friedrich von Gärtner, Sohn des ehemaligen königlichen Hofbauintendanten. Er wurde dem König bei einer Italienreise vorgestellt. Gärtner versprach eine schnellstmögliche Fertigstellung der Ludwigstraße und legte sich gewaltig ins Zeug. Mit der Staatsbibliothek, dem Damenstift, der Ludwigskirche und vor allem der Universität sowie dem gegenüberliegenden Priesterseminar setzte Gärtner neue städtebauliche Akzente, da er nicht Klenzes Klassizismus, sondern die Romantik bevorzugte. Beginn und Ende der Ludwigstraße lagen ebenfalls in Gärtners Händen: Die Feldherrenhalle wurde 1844, das Siegestor 1850 fertiggestellt. Klenze schäumte und intrigierte, hatte er doch schon früher erfolgreich einen Gärtner beseitigt, indem er 1818 Friedrichs Vater vom Amt des Hofbauintendanten verdrängt hatte. Es half ihm nichts. Da stand sie nun, die von Klenzes verhasstem Konkurrenten fertiggestellte Monumentalstraße Ludwigs – zwei geschlossene, massive Häuserzeilen ohne Gärten, dazwischen viel Pflaster. Und ringsherum? Nichts als Felder und Wiesen, einige Gartenvillen und Kasernen. Die Münchner schüttelten wieder die Köpfe, ihr König hatte ihnen eine Art potemkinsches Dorf vor die Nase gesetzt, eine Straße im Nirgendwo, die nirgendwohin führte. Das ferne Dorf Schwabing im Norden interessierte nicht wirklich. Noch dazu – und darunter leidet die Ludwigstraße bis heute – hatte man auf ausdrücklichen Wunsch Ludwigs keine Ladenlokale eingeplant, weshalb ein Bummel entlang des Prachtboulevards nicht verlockend war.

Natürlich hinterließ Klenze in der Maxvorstadt nicht nur mitten in die grüne Wiese – die (Alte) Pinakothek – und entwarf den 29 m hohen Obelisken am Karolinenplatz. Der 1833 errichtete Obelisk (ursprünglich war für die Platzmitte eine große Fontäne geplant) wurde aus erbeuteten türkischen Kanonen gegossen und erinnert seitdem an die 30.000 Bayern, die in Napoleons Feldzug gegen Russland kämpften. Von ihnen kehrten nur 2.000 lebend zurück. Gegossen wurde der Obelisk in der kgl. Erzgießerei, die weit außerhalb der damaligen Grenzen der Maxvorstadt allein auf weiter Flur stand.

Ein Dorf voller Paläste

Doch zurück zum Odeonsplatz, von dem Klenzes und Ludwigs Vision des neuen Münchens städtebaulich ausging. München, so spottete der große Dichter Heinrich Heine später, sei »ein Dorf, in dem Paläste stehen«. Vermutlich hatte Heine einen Bummel vom Odeonsplatz aus entlang der Brienner Straße hinter sich. Links, noch auf der Seite der Altstadt beginnt der Palastweg mit dem Palais Moy von Leo Klenze und auf der gegenüberliegenden Seite mit dem Palais Méjean von Jean-Bap-

Blick in die Brienner Straße von der Ecke Augustenstraße im Jahr 1910.

an der Ludwigstraße seine Spuren. Er gestaltete den von Karl von Fischer geplanten Königsplatz nach seinen Vorstellungen, neben seine Glyptothek setzte er mit den Propyläen ein pseudogriechisches, symbolisches neues Stadttor an das damalige westliche Ende Münchens, korrespondierend zum Siegestor seines Konkurrenten als Stadttor an der Nordgrenze. Er setzte ein Museum

tiste Métivier. Bis zum Karolinenplatz prunkt und protzt die Maxvorstadt. Aber nicht nur die Nazis zerstörten die ursprüngliche Bausubstanz des Viertels, auch der Bombenteppich, den München und die Welt Hitler verdankte, trug wesentlich dazu bei – ebenso die architektonische Entnazifizierung nach dem Zweiten Weltkrieg. Am Karolinenplatz selbst kann man kaum

Die Gabelsbergerstraße mit der Markuskirche im Jahr 1900

noch erahnen, welches architektonische Konzept Pate stand, Neu- und Nachkriegsbauten beherrschen die Optik. Auch jenseits des Königsplatzes zeigt sich die Brienner Straße heute belanglos. Zweckarchitektur der 1950er bis 1970er Jahre bestimmt das Bild, von extravaganten Palästen – wie jenem, den Ludwig II. Richard Wagner zur Verfügung stellte – keine Spur mehr.

Mietspekulanten im Aufwind

Noch härter traf die nördliche Maxvorstadt die zunehmende Urbanisierung und der damit verbundene Verlust alter Bausubstanz. Bereits im 19. Jh. ging das einstige Flair einer lockeren Gartensiedlung verloren. Ökonomische Interessen standen damals schon im Vordergrund. Gebaut wurde billig und schnell. Spekulanten witterten das schnelle Geschäft, doch schon 1831 gab es ein enormes Überangebot und rund 1.500 leerstehende Wohnungen. Gebäude wurden zwangsversteigert, die Mieten sanken. Erst ab 1840 stiegen wieder der Zuzug und damit die Nachfrage. In der Schönfeldvorstadt hatte es 1803 erst 24 Häuser gegeben, 1828 bereits 176, im gleichen Jahr gab es in der Maxvorstadt 676 und 1858 schon 1.237 Gebäude.

Ludwig I. selbst sorgte dafür, dass das Grün bei der Vorstadtentwicklung nicht zu kurz kam. Er schrieb am 19. April 1841 an seinen Innenminister von Abel: »Von den in der Arcisstraße gesetzt wordenen Bäumen sind nicht nur manche abgestorben, sondern es fehlen dorten schon wieder Mehrere. Ich will, daß befragliche Alleen fortan in gutem Stande erhalten werden, und befehle deßhalb, daß alsbald die nöthigen Ergänzungen durch Nachsetzen gesunder, frischer Pflänzlinge derselben Art, wie deren dorten schon stehen, stattfinden sollen.« Ein kleinwenig vergangene Augen- und Lungenweide kann man noch in der Nordgrenze der Maxvorstadt erleben. Entlang der Georgenstraße stehen noch ein paar Palais.

Das Kasernenviertel

Aber in der Maxvorstadt wurde nicht nur residiert bzw. mehr oder minder komfortabel gewohnt. Das Militär belegte große Flächen, nicht nur für das Kriegsministerium an der Ludwigstraße, sondern auch für seine Kasernen und Exerzierplätze. Uniformierte gehörten ganz selbstverständlich zum Straßenbild. An der Theresienstraße entstanden bereits während der Napoleonischen Kriege große Wohn- und Stallbaracken, die man 1816 Richtung Arcisstraße erweiterte, um 300 Soldaten und 777 Pferde unterzubringen. Besonders durch die Latrinenhäuser fühlten sich Nachbarn belästigt und die Mietpreise der Umgebung sanken dramatisch. Eine 1839 daneben errichtete Zündhütchenfabrik machte die Gegend noch unattraktiver. Kurz zuvor, 1835, erschütterte eine gewaltige Explosion das Militärgelände in der Maxvorstadt, kaum ein Haus zwischen Karl- und Türkenstraße blieb heil. Der von den Schikanen seiner Ausbilder zermürbte

Der bronzene Drachenbändiger steht hinter der LMU in der Amalienstraße.

Artillerist Stanislaus Schmitt beging Selbstmord, um ein Zeichen zu setzen. Er sprengte sich mitsamt dem Pulverturm in die Luft und hinterließ einen bitteren Abschiedsbrief, in dem er »den betroffenen Behörden einen Wink geben (wolle), Sorge zu tragen, dass Leute, die durch ihre Bildung Anspruch auf eine bessere Behandlung hätten, nicht behandelt werden, wie das mir unbillig zu Theil wurde ...«

Ursprünglich sollte auch der Königsplatz mit Armeegebäuden umrandet werden. Doch die schwierigen Eigentumsverhältnisse verhinderten (bis in die Nazizeit) die militärische Nutzung. Stattdessen entstand 1823 auf einer Wiese zwischen Türken-, Gabelsberger-, Barer- und Theresienstraße die Türkenkaserne. Die Anlage war sogar noch kolossaler geplant, doch Ludwig I. stoppte den weiteren Ausbau, damit die Alte Pinakothek weder optisch noch aus Sicherheitsgründen beeinträchtig wurde. Nach dem Zweiten Weltkrieg riss man die Kaserne ab. Der südliche Teil, auf dem heute die Pinakothek der Moderne steht, war seit den 1970ern nach dem hier regelmäßig gastierenden Zirkus als »Roncalliplatz« bekannt.

Das Revolutionsjahr 1848 brachte den Bayern nach dem Rücktritt Ludwigs I. einen neuen König. Max II. fürchtete weitere Revolutionen und ließ starke Kontingente in der Hauptstadt zusammenziehen, für die man nun dringend Unterkünfte benötigte. Dazu requirierte man kurzerhand die beiden großen Salzstadel an der Salzstraße (heute Arnulfstraße), in denen seit 1780 Salz und Getreide gelagert wurde. 1851 zog das 6. Jäger-Bataillon ein. Die sanitären Verhältnisse müssen verheerend gewesen sein. 1890 ließ man schließlich die Kaserne abreißen, um die Straße zu erweitern, weil der geplante und 1893 errichtete Starnberger Bahnhof großzügige Zufahrtswege verlangte.

Ärger mit den Neuhausern

Weiter westlich nutzten schon die Truppen der Kurfürsten die Neuhauser Heide als Exerzierplatz und Übungsgelände. Die Neuhauser Bauern beschwerten sich seit 1603 erfolglos über die Flurschäden, die die Soldaten auf ihren Feldern und Wiesen anrichteten. 1804 ließ daraufhin das Kriegsministerium das Areal, das damals bis zur Landshuter Allee reichte, mit einem Wall umgeben – das Marsfeld entstand. 1835 ließ die Regierung die Neuhauser, die das Gelände nie verkauft hatten und ununterbrochen Entschädigung forderten, enteignen. Die Stadt München erhielt sieben Jahre später das Wegerecht. Die Unebenheiten des riesigen Geländes führten schließlich dazu, dass der Exerzierplatz auf das Oberwiesenfeld verlegt wurde. Das Oberwiesenfeld begann damals bereits an der Dachauer-/Ecke Maßmannstraße. Auf dem Marsfeld beschloss man den Bau von

Sündige Nächte in der Maxvorstadt: Bevor die Münchner Innenstadt im Zuge der Olympischen Spiele 1972 zum Sperrbezirk wurde, zählte auch und gerade die Maxvorstadt zum Rotlicht-Amüsierbetrieb. Prostituierte gehörten durch die vielen Kasernen schon immer zum Straßenbild. Auch nach dem Zweiten Weltkrieg gab es hier Bordelle, vor allem in Bahnhofsnähe. Die Damen gingen am Straßenstrich am Lenbachplatz und vor der Universität anschaffen. Das Bild oben von 1956 zeigt nicht etwa drei Hausfrauen aus den

Fifties, sondern drei Huren und einen potenziellen Freier vor der juristischen Fakultät.
Auch Nachclubs mit Stripshow gehörten dazu wie z. B. die Eve-Bar am Karolinenplatz, aus der das Farbfoto (1960er Jahre) stammt.
Bedingt durch den Hauptbahnhof ist die Gegend um die beginnende Dachauer Straße immer noch von Erotik-Etablissements und Spielhallen geprägt.

Die Maxvorstadt wurde im Krieg stark zerstört. Hier die Arnulfstraße mit den Ruinen des Verkehrsministeriums im Hintergrund.

Militäreinrichtungen und verkaufte dann den Rest als Baugelände. Schon 1858 sollte eine Kaserne entstehen, doch die an der Landsberger Straße gelegene Schwefelsäurefabrik Buchner verpestete die Gegend mit so üblen Gerüchen, dass man erst deren Schließung abwarten musste. 1888 begannen die Bauarbeiten zur Marsfeldkaserne, in der die Einheiten aus der völlig veralteten Salzstadelkaserne unterkamen. Nach dem Ersten Weltkrieg gehörte die Besatzung der Marsfeldkaserne im November 1918 zu den ersten Einheiten, die sich dem Revolutionszug Kurt Eisners anschloss. Auf dem Gelände des Marsfelds paradierte später noch die SA, doch zu dieser Zeit hatte schon die zunehmende Bebauung des einstmals gigantischen Areals begonnen. Heute ist von einem Platz nicht mehr viel zu merken. Auf dem Marsfeld befinden sich u. a. der Circus-Krone-Bau, das Landeskriminalamt, die Wittelsbacher Schule, die Finanzämter und die Oberpostdirektion.

Am Nordrand des Marsfelds befand sich seit 1890 die Schule für das Kadettenkorps mit angegliedertem Internat. Ludwig II. hatte das Korps vom Herzoggarten am Karlsplatz hierher verlegen lassen, da das alte Gelände für den Neubau des Justizpalastes benötigt wurde. Der Neorenaissance-Bau in Backsteinoptik erstreckt sich über eine Länge von 223 m entlang der Blutenburgstraße. Zudem bezogen die Inspektion der Militärausbildungsanstalten, die Artillerie- und Ingenieurschule und die Kriegsakademien ihre Räume. Vier Jahre später kam eine Kriegsschule (Pappenheim-/Ecke Blutenburgstraße) hinzu, in deren großem Hörsaal 1924 der Hitler-Prozess stattfand. Heute nutzt die Telekom das Anwesen.

Die starke Militärpräsenz brachte es auch mit sich, dass die Maxvorstadt im späten 19. Jh. neben der Innenstadt und der Isarvorstadt das Viertel mit den meisten polizeilich registrierten (und natürlich auch unregistrierten) Prostituierten war. Legale und illegale Freudenhäuser gehörten zum Straßenbild. Und da sich alles auch in Universitäts- und Kunstakademienähe abspielte, mag das auch dazu beigetragen haben, dass die Maxvorstadt Ende des 19. Jh. zum Bohèmeviertel wurde. Deren Protagonisten machten keinen Unterschied zwischen den einzelnen Stadtvierteln, pendelten zwischen Schwabing und Maxvorstadt hin und her – so wurde kurzerhand alles zu Schwabing, was nördlich des Odeonsplatzes im damals heißesten Viertel der Stadt lag. Das blieb hängen, bis heute spricht man selbst von offizieller Seite immer noch gerne von Schwabing, wenn man die Maxvorstadt meint. Aber Schwabing, so hieß es ja schon damals, ist kein Ort, sondern ein Zustand. Der Zustand fand in der Maxvorstadt statt.

Was auch noch stattfand, waren Tod und Folter: Gegenüber dem Augustinerkeller lag bis 1861 die öffentliche Hinrichtungsstätte, die »Hauptstatt«. Hier wurde mit dem Schwert geköpft und mit dem Rad gefoltert. Ähnlich imageschädigend: die erbärmlichen Siedlungen der Brauerei-, Eisenbahn-, und Erzgießereiarbeiter entlang der Sand- und westlichen Gabelsbergerstraße. Auch der erste Bahnhof Münchens lag übrigens einst in der Maxvorstadt auf dem Marsfeld: etwas nördlich der Hackerbrücke. Der hölzerne Bau brannte aber 1847 ab, als neuen Lageplatz wählte man die Gegend bei den Salzstädeln. Doch diese Gegend jenseits von Hauptbahnhof und Dachauer Straße lag zu weit weg von der royalen und eleganten, gleichzeitig bohèmen und intellektuellen Maxvorstadt – jener repräsentativen Maxvorstadt, die zwischen 1933 und 1945 auch als Verbrecher-Hauptquartier dienen musste. Sie blieb bis in unsere Tage ein Stiefkind und erfährt erst seit Beginn des 21. Jh. durch verschiedene Bauprojekte eine Aufwertung.

In Schutt und Asche

Die Maxvorstadt, architektonisch und ideell von den Nazis vergewaltigt, glich nach dem Zweiten Weltkrieg einem einzigen Trümmerfeld. Bildungseinrichtungen, Großbrauereien, Verwaltungszentralen und natürlich Hitlers Parteizentrale hatten sie zum bevorzugten Ziel der alliierten Bomber gemacht. 1939 lebten hier noch rund 22.000 Menschen, nach Kriegsende nur noch knapp die Hälfte. Konsequent ging die Stadt daran, das Areal nicht verstärkt bewohnbar zu machen – der Flächennutzungsplan sah neue Bürobauten statt Wohnhäuser vor. Altbauten, die den Krieg überstanden hatten, galten als nicht mehr zweckmäßig und wurden abgerissen – viele sprachen von der »zweiten Zerstörung Münchens«. Gleichzeitig dehnte sich die Ludwig Maximilians Universität ins Viertel aus, überall entstanden ausgelagerte Institute. Und da München sowieso eine absolut autogerechte Stadt werden sollte (damals das Schlagwort, um sich als Städteplaner *up to date* zu zeigen), pflügte man den Altstadtring quer durch die Maxvorstadt, die Gabelsbergerstraße sollte durchgehend auf 40 m verbreitert werden und als Tangente zur Dachauer Straße dienen. Die Untertunnelung von Feldherrnhalle und Veterinärstraße zwischen Königin- und Ludwigstraße wurde ernsthaft diskutiert. Die Aktion Maxvorstadt gründete sich, engagierte Bürger begehrten auf gegen die weitere Ausdehnung der LMU, die blinde Bauwut und damit gegen die totale Zerstörung des Viertels. Erst ab Mitte der 1970er Jahre begann das Umdenken bei den Verantwortlichen.

Besonders wegen der Uninähe stieg die Maxvorstadt ab den 1980ern wieder zum beliebten Wohnviertel vor allem bei Studenten auf. Der Anteil der 20- bis 30-Jährigen ist auch heute noch besonders hoch. Der »Schwabing«-Faktor zog wieder. Langsam etablierte sich wieder eine Art kreativer Szene, die Kneipen wurden bunter und interessanter. Innenstadtnähe, optimale Verkehrsanbindung und der hohe Freizeitwert durch den nahen Englischen Garten führten besonders in den letzten Jahren dazu, dass die Maxvorstadt von den Heuschrecken der Immobilienbranche abgegrast wird und der Wohnungsmarkt teilweise Mondpreise fordert.

Die Maxvorstadt heute

Auch wenn einige Teile der Maxvorstadt allgemein als Innenstadt angesehen werden – und der Rest als Schwabing oder Neuhausen –, so beginnt der heutige Stadtbezirk 3 Maxvorstadt am Odeonsplatz, geht Richtung Osten über die Galerie- bis zur Königinstraße – umfasst also die alte Schönfeldvorstadt –, von dort Richtung Norden zur Schackstraße, dann über die Leopoldstraße bis zur Georgenstraße. Loth-, Maillinger-, Mars- und Helmholtzstraße begrenzen die Maxvorstadt nach Westen. Im Süden sind es die Bahngleise sowie die Arnulf- und Prielmeyerstraße bis zum Lenbachplatz. Von dort geht es über den Maximiliansplatz und Brienner Straße zurück zum Odeonsplatz. Bis 1909 reichte die Maxvorstadt im Norden sogar bis zur Hohenzollernstraße, umschloss tatsächlich Bereiche des heutigen Schwabings, die damals als Zentrum der »Schwabinger« Bohème galten. Als z. B. Kandinsky 1906 in die Ainmillerstraße zog, lebte er also in der Maxvorstadt.

Die Maxvorstadt zeigt sich gegenwärtig auf den ersten Blick nicht als homogener Bezirk. Im Westen trennen die Ausfallstraßen Seidl- und Dachauer Straße den immer noch von Industrie- und Brauereien geprägten Teil so

An Stelle des heutigen Amerika-Hauses am Karolinenplatz befand sich einst das älteste Palais der Maxvorstadt, das 1809 nach Plänen von Carl Fischer erbaute Palais Asbeck. Das Palais, nach einem späteren Besitzer auch Palais Lotzbeck genannt, hatte den Krieg überstanden und wurde trotzdem abgerissen, um dem 1957 gebauten Amerika-Haus Platz zu machen. Während dieses Buch entsteht, wird das Haus renoviert und über seine Zukunft diskutiert.

Wundmale: Am bronzenen *Rossbändiger* von Herrmann Hahn neben der Alten Pinakothek, der früher auf dem Gelände der TU stand, machten die Künstler Beate Passow und Andreas von Weizsäcker mit ihrem Projekt *Wunden der Erinnerung* auf die Zerstörungskraft des Krieges aufmerksam, indem sie die Einschusslöcher mit einer Tafel kennzeichneten.

sehr ab, dass er allgemein als zu Neuhausen zugehörig empfunden wird. Die Gegend um Karl-, Gabelsberger- und Schleißheimer Straße bis zum Hauptbahnhof ist weiterhin beeinflusst von der Bahnhofsnähe mit hohem Ausländeranteil und außerdem vielen gestrandeten Existenzen, die in den sozialen Einrichtungen der Gegend Hilfe finden. Die Fläche rund um den Maximiliansplatz gehört mit seinen zahlreichen Diskotheken mittlerweile zur vielbesuchten, kilometerlangen Party-Meile Münchens, die sich vom Maximiliansplatz über die Clubs in der Sonnenstraße bis hinunter zu den Bars im Glockenbachviertel zieht. Das großzügige, weitläufige Kunstareal mit den Pinakotheken, zahlreichen weiteren Museen sowie der Königsplatz stehen im Kontrast zu der engen Wohnbebauung Richtung Schwabing und Ludwigstraße. Die verschiedenen Hochschulen mit ihren zigtausend Studenten drücken dem Viertel rings um den Geschwister-Scholl-Platz ihren ganz eigenen Stempel auf.

Der heutige Stadtbezirk 3 entstand in einer Verwaltungsreform 1992 aus den Bezirken 5 bis 7, als der Stadtrat aus 41 Bezirken 24 machte. 48.875 Menschen lebten Ende 2010 hier. Die Hochschulen mit ihren rund 100.000 Studierenden und die vielen Büros bringen es mit sich, dass knapp viermal so viele Menschen sich tagsüber in der Maxvorstadt aufhalten, als dort wohnen. Überdurchschnittlich hoch ist dank der Studierenden auch der Anteil an Einpersonenhaushalten von rund 21.000, das macht einen Singleanteil von über 68 % – damit ist die Maxvorstadt der absolute Single-Stadtteil in der Single-Metropole München. Entsprechend hoch ist die Fluktuation. Im Jahr 2010 gab es 1.138 Arbeitslose in der Maxvorstadt, eine der niedrigsten Quoten im gesamten Stadtbereich München. (mehr Zahlen zum Viertel auf S. 156)

Kein schlechter Film: So sah es wirklich 1963 zwischen Theresienstraße und Odeonsplatz aus, als die U-Bahn entlang der Ludwigstraße gebaut wurde.

1 Das Univiertel

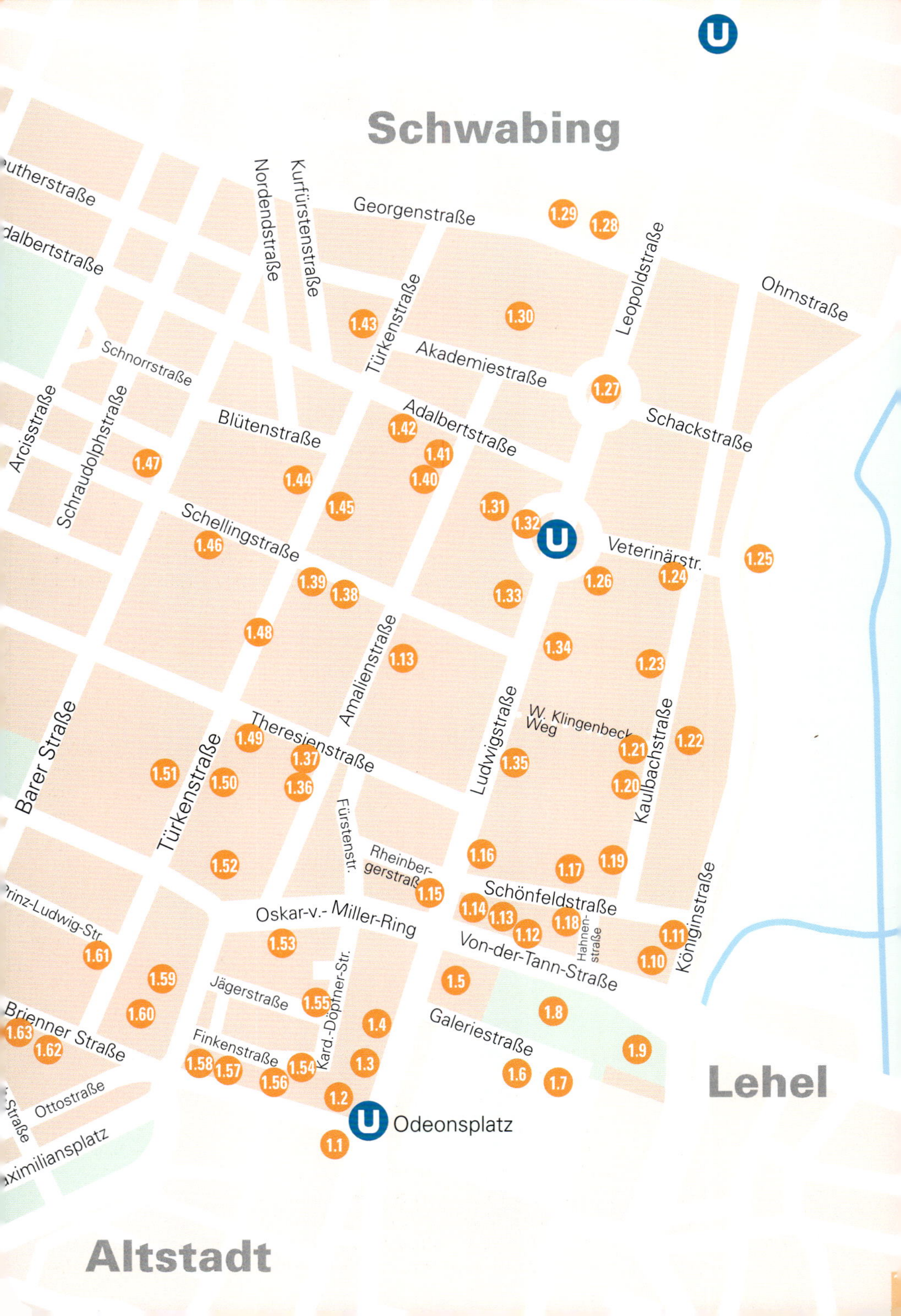

Links vom Denkmal Ludwig I. ist das Odeon, rechts das Leuchtenberg Palais, dahinter die Siemens-Zentrale

1.1 Palais Moy

Gleich zu Beginn der Brienner Straße errichtete Leo von Klenze zwischen 1817 und 1819 das Palais Moy, Theatinerstraße 23. Es zählt streng genommen nicht zur Maxvorstadt – aber es bildet den architektonischen Beginn der Brienner Straße. Ursprünglich war zwischen Palais Moy und dem Haus Odeonsplatz 1 ein Prachttor als Pendant zum Hofgartentor geplant. Klenze errichtete die Anwesen als Wohnhäuser für den Juwelier F. X. Trautmann und den Schönfärber A. Gsellhofer. 1893 erwarb Graf Moy de Sons das Palais, das seitdem seinen Namen trägt. Der klassizistische Bau wurde im Zweiten Weltkrieg stark beschädigt. Anfang der 1950er Jahre erfolgte der Wiederaufbau. Aus dieser Zeit stammt auch der Muschelkalkbrunnen im Innenhof des Bildhauers H. G. Winkler. Einer der ersten Mieter im renovierten Palais Moy war übrigens ein gewisser Peter Günthert. Er hatte von seiner Tante ein traditionsreiches Wäsche- und Miedergeschäft übernommen. Es hieß nach der Gründerin immer noch Martha Lange. Günthert erweiterte das Angebot um raffinierte Abendkleider und nannte seine Firma um. Er kombinierte den Vornamen seiner Frau Renate mit dem eingeführten Geschäftsnamen – die weltbekannte Modefirma Rena Lange war geboren.

1.2 Palais Méjean

Die Maxvorstädter Seite der Brienner Straße beginnt mit dem Palais Méjean, das Jean-Baptiste Métivier 1823/24 für den französischen Diplomaten Stephan Méjean errichtete. Nach Méjean lebte Napoleons Stieftochter Hortense de Beauharnais eine Weile im Palais, nachdem sie sich 1810 von ihrem Gatten, dem holländischen König, getrennt hatte. Das Palais wurde im Krieg komplett zerstört und rekonstruiert. Heute gehört es mit dem benachbarten Odeon zum Innenministerium.

1.3 Innenministerium • Odeon

Gegenüber dem Finanzministerium im Palais Leuchtenberg (Foto re.) sitzt heute das Innenministerium im ehemaligen Odeon (li.). Leo von Klenze plante die beiden Gebäude als städtebauliches Ensemble. Ludwig I. hatte Klenze mit dem Bau des Odeons beauftragt, denn er wünschte ein repräsentatives, – und für die damalige Zeit ein spektakuläres Novum – öffentliches Konzert- und Veranstaltungsgebäude. Ursprünglich sollte das Residenztheater einen zusätzlichen Flügel mit einem Konzertsaal erhalten. Die Pläne Karl von Fischers lagen vor, wurden aber nie umgesetzt. Von 1826 bis 1828 dauerten die Bauarbeiten am Odeon. Besonders beeindruckte der große Konzert- und Ballsaal, der über beide Obergeschosse des Gebäudes reichte. Der rechteckige Saalgrundriss war 34 m lang, 22,7 m breit sowie 16,7 m hoch und enthielt eine halbkreisförmige Exedra für Orchesterpodium mit Orgel oder Bühne. Eine zweigeschossige Säulenreihe umgab den Saal, der je nach Anlass be- oder entstuhlt wurde. Ebenfalls ein Novum dieser Zeit: Es gab keine Königsloge, wenn nötig, stellte man im Parkett Fauteuils für die Majestäten auf. Erst mit einer Generalrestaurierung 1905 installierte man 845 feste Sitzplätze, hinzu kamen 300 Stehplätze im zweiten Kolonnadengeschoss.

Klenze hatte mit dem Odeon ganze Arbeit geleistet: Die akustische Qualität des Saals galt als hervorragend, Künstler wie Publikum liebten das Odeon. Die Baukosten blieben freilich noch Jahre nach seiner Fertigstellung heftig umstritten, da Ludwig I. für die luxuriöse Innenausstattung französische Entschädigungszahlungen, die für Festungsbauten hätten verwendet werden sollen, zweckentfremdet hatte. Noch dazu hielt sich in den ersten Jahren die Akzeptanz beim breiten Publikum in Grenzen, auch der König schaute nur selten bei Konzerten vorbei. Das änderte sich erst ab 1833, als der be-

1 Das Univiertel

Die Maxvorstadt im Jahr 1826

rühmte Dirigent Franz Lachner engagiert werden konnte. 1846 bezog das königliche Konservatorium für Musik die Räume im zweiten Stock und richtete dort einen kleinen Konzertsaal ein. Die Nachfolgeinstitutionen, heute die Hochschule für Musik und Theater, blieben bis zur Zerstörung 1944 im Odeon. Das Odeon fiel ebenfalls dem Zweiten Weltkrieg zum Opfer. Nach Kriegsende beauftragte das Staatsministerium des Inneren den Architekten Josef Wiedemann mit der Wiederherstellung des Gebäudes. Wiedemann rekonstruierte das Odeon 1951/52 mit verändertem Raumzuschnitt, da nun keine Künstler, sondern Beamte hier arbeiten sollten, und band dabei noch erhaltene alte Bausubstanz weitgehend mit ein. Der ehemalige Konzertsaal ist seitdem als eindrucksvoller Innenhof erlebbar. Übrigens ist das Innenministerium nicht neu in der Maxvorstadt. Ab 1898 unterhielt es seine Büros in einem Gebäude, in dem sich zuvor das Generalkommandogebäude des Bayerischen Heeres befand – auf diesem Gelände an der Von-der-Tann-/Königinstraße steht heute das Amerikanische Generalkonsulat.

1.4 Leuchtenberg-Palais

siehe Seite 23

1.5 Landwirtschafts-ministerium

Schräg gegenüber dem Innenministerium hat heute das Staatsministerium für Ernährung, Landwirtschaft und Forsten in der Ludwigstraße 2 seinen Sitz in einem zu NS-Zeiten geplanten Bau. Denn Adolf Hitler wollte die Von-der-Tann-Straße von 11,5 m auf 27 m verbreitern. Hitlers Planer setzten die Eigentümer der vier Häuser an der Ludwigstraße massiv unter Druck, das Eckhaus an der Von-der-Tann-Straße musste gar als »Geschenk« überlassen werden. Das komplette Ensemble von Klenze-Bauten zwischen Galerie- und Von-der-Tann-Straße an dieser Stelle riss man bis 1937 bedenkenlos ab. Die Pläne des Architekten Fritz Gablonsky sahen vor, den Odeonsplatz komplett neu zu gestalten. Auf Klenzes Basargebäude wartete die Abrissbirne, dort und im Hofgarten sollte ein neues Odeon als gigantischer Konzertsaal entstehen, nördlich daran anschließend jenseits der Von-der-Tann-Straße plante Gablonsky das Zentralministerium der Landesregierung. Die Bauarbeiten für das viergeschossige Gebäude, inklusive einem heute noch erhaltenen 260 m^2 großen Tiefbunker, dauerten von 1938 bis 1942. Gauleiter Paul Giesler wurde der erste Hausherr. Der fanatische Nationalsozialist stellte noch kurz vor Kriegsende, am 28. und 29. April 1945, im Zentralministerium fünf Mitglieder der Freiheitsaktion Bayern vor ein Erschießungskommando, bevor er wenige Tage später Selbstmord beging. An den Massenmord erinnert heute eine im Innenhof versteckte Gedenktafel. Nach dem Krieg nutzten die Amerikaner den Bau als Militärpolizei-Verwaltung. 1958 zog dann das bayerische Staatsministerium für Ernährung, Landwirtschaft und Forsten von der Königinstraße 17, wo die 1919 gegründete Behörde seit 1921 residierte, in das Gebäude an der Ludwigstraße.

1.6 Neue Secession

Um die Jahrhundertwende, als die Kunstmetropole München boomte und sich junge Künstler von den etablierten Vereinen ausgegrenzt sahen, gründeten sich zahlreiche neue Künstlergruppen. Darunter 1913 die Münchner Neue Secession in der Galeriestraße 26, die ihre erste Ausstellung in der künstlichen Eisbahn im Hofgarten hatte. 1920 zog die Neue Secession in den Glaspalast, wo sie sogar einen eigenen Eingang bekam.

1.7 Theatermuseum

Die Bretter, die die Welt bedeuteten, kannte Klara Ziegler zu genüge. Die berühmte Hofschauspielerin hatte sich auf jenen Brettern ein kleines Vermögen erspielt und sich davon eine ansehnliche Villa am Englischen Garten geleistet. Dort richtete sie eine Stiftung ein: »Ich habe mit meiner Stiftung den Zweck im Auge, unserer Kunst eine Heimstätte im vornehmen Sinne zu gründen, welche unserem Stande zur Ehre gereichen soll ...« Neben Villa und Geld spendete Klara Ziegler zudem ihre

eigene Sammlung an Theaterobjekten. Am 24. Juni 1910 eröffnete dann das erste Theatermuseum (Abb.) der Welt. Die Villa von Klara Ziegler fiel den Bomben des Zweiten Weltkriegs zum Opfer, doch ein Großteil der Sammlung konnte rechtzeitig ausgelagert werden. 1953 bezog die Klara-Ziegler-Stiftung dann ihre heutigen Räume an der Galeriestraße 4a. Seit 1979 heißt die Institution nun Deutsches Theatermuseum. Hier wird die Theatergeschichte Münchens, Bayerns und der Bundesrepublik Deutschland dokumentiert. Die Sammlung setzt sich zusammen aus ca. 40.000 Zivil- und Rollenporträts von Sängern, Tänzern, Schauspielern, Dramatikern, Komponisten und Regisseuren der wesentlichen

Theaterkulturen seit der Renaissance. Zum Bestand gehören über 50.000 Bühnenbild- und Kostümentwürfe, mehr als 300.000 Programmhefte, Originalmodelle von Theaterbauten, die größte Wagner-Sammlung außerhalb Bayreuths und die größte Theaterfotografiesammlung der Welt. In der Präsenzbibliothek finden sich rund 120.000 Bände, darunter Originale aus der Renaissance sowie Libretti zu frühen Opern. Die wichtigsten Theaterzeitschriften und -almanache vom 18. Jh. bis heute liegen ebenfalls vor. Das Deutsche Theatermuseum bietet keine Dauerausstellung.

1.8 Finanzgarten

Ein ziemliches Schattendasein führt der Finanzgarten, der eigentlich offiziell Dichtergarten heißt, ein Name, der sich aber immer noch nicht durchgesetzt hat. Das rund 2 ha große Gelände hat eine bewegte Vergangenheit hinter sich: Einst gehörte es zur Stadtbefestigung, dann diente es dem Theatinerkloster als Nutzgarten, schließlich dem Prinz-Karl-Palais als Ziergarten. Dann nutzen der Finanzminister und später die bayerischen Ministerpräsidenten den Garten. Nach dem Zweiten Weltkrieg stand auf dem Areal eine Tankstelle samt Parkplatz. Seit 1984 versucht der Freistaat Bayern nun das Konzept eines Dichtergartens umzusetzen. Auswärtige Dichter und Literaten, die mit der Stadt München verbunden sind, sollen hier gewürdigt werden. Bisher kann man das Denkmal für Heinrich Heine (Abb.) sowie Statuen von Fjodor Iwanowitsch Tjutschew, Konfuzius (der nie in München weilte und letztlich äußerst indirekt über die Städtepartnerschaft mit Shandong verbunden ist) sowie Frederic Chopin besuchen.

1.9 Prinz-Karl-Palais

Er galt als echter Lebemann, obwohl er ein Mann Gottes war: Abbé Pierre de Salabert war Lehrer des Kurfürsten Karl August in Zweibrücken, und es gelang ihm, sich als Erzieher von Max IV. Joseph, dem späteren König Max I. Joseph, zu etablieren. Dabei galt der Abbé als höchst umstritten und intrigant. Er soll ein Wüstling gewesen sein und sich einen Harem an Mätressen gehalten haben, was ihm den Beinamen »Sultan von Blieskastel« einbrachte. Auf seinen optimalen Vorteil bedacht, folgte er Max Joseph nach München. Da der gebürtige Lothringer quasi direkt an der Quelle saß, gelang es ihm, umfangreiche Grundstücke auf den ehemaligen Wallanlagen direkt vor der Stadt zu erwerben. Hier, an der Grenze zum Englischen Garten, wo einst die Königinstraße begann, ließ der Abbé sich von dem erst 21-jährigen Karl von Fischer ein Palais errichten. Am 24. Mai 1804 begannen die Bauarbeiten. Zwei Jahre später konnte der Komplex aus Haupttrakt und kurzem linksseitigem Flügel bezogen werden. Schon ein Jahr danach verstarb der Abbé und König Max I. Joseph kaufte das Palais, das fortan als Palais oder Pavillon Royal bezeichnet wurde. 1825 schenkte es Ludwig I. seinem Bruder Karl als Wohnsitz. Prinz Karl beauftragte den Stararchitekten Jean-Baptiste Métivier mit Erweiterungsarbeiten. Nach dem Tod Karls zog 1876 bis zum Ende des Ersten Weltkriegs die Österreichisch-Ungarische Gesandtschaft in das Hauptgebäude. Die obere Etage des Anbaus an der Von-der-Tann-Straße übernahm das Finanzministerium als Dienstwohnung des Finanzministers. Im Erdgeschoss zog 1877 der Oberste Rechnungshof ein. Den Garten hinter dem Palais durfte einzig der Finanzminister nutzen, weshalb er bis heute als Finanzgarten bezeichnet wird (siehe 1.8).

Nach 1919 nutzten verschiedene Einrichtungen und Behörden das Palais, so z. B. das Landesfinanzamt. Ab 1924 bezog der Bayerische Ministerpräsident seine Dienstwohnung im Prinz-Carl-Palais. 1933 zog NS-Reichsstatthalter Franz Xaver Ritter von Epp kurzzeitig ein, bis die NS-Herrscher 1937 für den Staatsbesuch des italienischen Diktators Benito Mussolini ein repräsentatives Gästehaus benötigten. Man ließ den Anbau an der Von-der-Tann-Straße abreißen, um die Straße zu verbreitern, und das Hauptgebäude nach Plänen von Fritz Gab-

1.4 Das Leuchtenberg-Palais

Als Napoleon 1805 in München weilte, nutzte er dies auch für dynastische Zwecke. Er schrieb an seinen Stiefsohn Eugène de Beauharnais: »Ich bin in München angekommen, ich habe Ihre Heirat mit Prinzessin Auguste abgemacht.« Kurfürst Max IV. Joseph unterwarf sich der Heiratspolitik des französischen Kaisers und opferte seine Tochter Auguste Amalie gerne – winkte dem Kurfürsten doch die bayerische Königskrone von Napoleons Gnaden! Auch Auguste Amalie fügte sich. Es gab Schlimmeres, als seinen Vater zum König zu machen. Im Januar 1806 läuteten die Hochzeitsglocken in München.

Napoleons Untergang kostete Eugène de Beauharnais zwar die Hoffnung auf Italiens Krone, nicht jedoch die Zuneigung des bayerischen Königs. Max I. Joseph bot seinem Schwiegersohn in München Schutz und den Titel des Herzog von Leuchtenberg und Fürst von Eichstätt, verbunden mit reichen Pfründen. Sobald feststand, dass aus dem Franzosen Eugène der Neumünchner Eugen würde, stand Leo von Klenze Gewehr bei Fuß. Kronprinz Ludwig tobte, weil er den Gatten seiner Schwester verabscheute. Er drohte: »Klenze, ich will und will und will nicht, dass sich mein Schwager, der Franzose, hier niederlässt und anbauet!« Letztlich gab Ludwig nach, denn seine Blockade drohte alle Pläne zum Bau der prachtvollen Ludwigstraße zu gefährden. Klenze entwarf, sah dabei den Palast als Maßstab für die weitere Gestaltung der Prachtstraße. Er entschied sich für die Neorenaissance nach Vorbild des Palazzo Farnese in Rom. Die Arbeiten begannen 1817 und schritten zügig voran. Freilich schoss Ludwig weiter quer, wetterte so lange gegen den Franzosen, bis der den Bau stoppen ließ. Rund 300 Bauarbeiter standen auf der Straße, die Münchner tobten. Letztlich musste Ludwig nachgeben.

Das 1821 fertiggestellte Leuchtenberg Palais zählt zweifelsfrei zu Klenzes Meisterwerken. Das Hauptgebäude ordnete sich als Vierflügelanlage um einen Innenhof. Je 13 Fensterachsen zeigten zum Odeonsplatz und zur Fürstenstraße (heute sind es hier 15), elf Achsen gingen nach Süden zum Konzertgebäude des Odeons, das Klenze als Pendant zum Palais Leuchtenberg baute. Heute nicht mehr erhalten ist der Trakt in der Fürstenstraße mit Wirtschaftshöfen, Stallungen sowie Dienstbotenzimmern. Im Palais befanden sich ein Theater und eine Gemäldegalerie. Eugen von Leuchtenberg galt als der größte private Kunstsammler Münchens. Für die Beleuchtung der Galerie experimentierte Klenze mit der Wirkung von Oberlichtern, und setzte damit nebenbei architektonische Maßstäbe. Der Herzog öffnete seine Sammlung: donnerstags von 10 bis 13 Uhr konnte jeder Interessierte bei freiem Eintritt die Galerie besuchen.

Als die Leuchtenbergs am 25. November 1821 in die 250 Räume ihres 770.000 Gulden teuren Palasts einzogen, bewohnten sie das größte Stadtpalais Münchens, gegen dessen Ausstattung selbst die Residenz verblasste. Eugen konnte sich nicht lange an seinem Eigenheim erfreuen. Er starb im Februar 1824. Der Erbe Maximilian heiratete die Zarentochter Großfürstin Maria und mit Maximilians Tod 1852 starb die männliche Leuchtenberg-Linie aus. Der Zar ließ den maximilianischen Zweig russifizieren, aus den Leuchtenbergs wurden Romanowskys. Großfürstin Marie holte die Gemäldesammlung nach St. Petersburg, wo Klenze die Eremitage als Galerie ausbaute, und verkaufte das Palais 1854 für nur 200.000 Gulden an Prinz Luitpold. Luitpolds Vater Ludwig I., der 1848 hatte abdanken müssen, finanzierte den Kauf, denn Luitpold lebte mit Kindern und Entourage bis dato sehr beengt bei Papa im Wittelsbacher-Palais.

Nach dem Ersten Weltkrieg fand der Wittelsbacher Ausgleichsfond seinen Sitz im Palais. Doch die wirtschaftliche Lage zwang Erbprinz Rupprecht, das Nebengebäude zu vermieten. Ab 1922 zogen die Blumenhalle Nizza, die Galerie Paulus, die Verlagsbuchhandlung Dietrich und die Odeon-Garage ein. 1944 brannte das Gebäude nach dem großen Fliegerangriff völlig nieder. Das Ruinengrundstück verkauften die Wittelsbacher in verschiedenen Familienzweigen weiter. 1957 sah sich die verarmte Adalbert-Linie gezwungen, das Trümmerfeld zu versteigern. Der Freistaat Bayern schlug für 2,5 Mio. DM zu – ließ bis auf die Säulen mit dem Balkon alles abreißen und nutzte das Gelände als Parkplatz.

1963 erteilte das Finanzministerium den Auftrag zum Wiederaufbau. Die Architekten Hans Heid und Franz Simm planten den Neubau mit originalgetreu rekonstruierter Fassade. Der Grundriss folgt nicht den Originalplänen. Neu war auch, dass das Anwesen einen direkten Zugang zum Odeonsplatz erhielt, womit die Symmetrie zum benachbarten Odeon, das von Anfang an einen solchen Zugang hatte, hergestellt wurde. Insgesamt 9,6 Mio. DM investierte der Staat, dann konnte nach drei Jahren das Finanzministerium in seine neue Bleibe einziehen.

Weil er Auguste von Bayern heiratete, wurde Bayern ein Königreich: Eugène de Beauharnais Herzog von Leuchtenberg

lonsky beträchtlich erweitern. Das Palais überstand den Krieg weitgehend unbeschädigt. Die Amerikaner übergaben es dem Freistaat mit der Auflage, es kulturell zu nutzen. 1948 zog zunächst die Akademie ein, zusätzlich wurde es Notquartier für die Glyptothek und die Staatliche Antikensammlung.
Seit 1968 haben die Bayerischen Ministerpräsidenten erneut im Prinz-Carl-Palais ihren repräsentativen Dienstsitz. Hatte das Palais schon mit der Verbreiterung der Von-der-Tann-Straße seine Funktion als Eröffnung des Englischen Gartens stark eingebüßt, kam mit dem Ausbau des Altstadtringtunnels 1970 der endgültige Bruch. Die Kellerräume mussten für die Stahlbetonplatte des Tunnels abgerissen werden, seitdem steht das Palais quasi auf der Decke des Altstadtringtunnels. Nach der Eröffnung der neuen Staatskanzlei in unmittelbarer Nachbarschaft im ehemaligen Armeemuseum, hat das Prinz-Carl-Palais seine politische Bedeutung verloren.

1.10 Atelier Elvira

Liberalitas Bavariae: Weil sie im freigeistigen München bessere Lebens- und Arbeitsbedingungen fanden, zogen Anita Augspurg und ihre Lebensgefährtin Sophia Goudstikker 1886 von Dresden in die bayerische Landeshauptstadt. Sie erlernten das Fotografenhandwerk und eröffneten am 13. Juli 1887 ein Studio in der Von-der-Tann-Straße. Die Arbeiten der beiden Frauen fanden so viel Anklang, dass Goudstikker zur Königlich Bayerischen Hofphotographin ernannt wurde. 1897 beauftragen die beiden Frauen den jungen Architekten August Endell mit dem Bau eines neuen Ateliers. Endell gelang ein legendäres Meisterwerk des Jugendstils. Das »Drachenornament« (Maße: 13 x 7 m) gestaltete der Bildhauer Josef Hartwig. Die Wand war meergrün gestrichen, die Ornamente rosaviolett und türkis. Die Fassade kam freilich nicht bei allen gut an: »Polypenrokoko«, meckerten die einen, andere verspotteten sie als »Drachenburg« oder «Chinesische Botschaft«.

Augspurg und Goudstikker trennten sich Anfang des 20. Jh. Das Atelier wurde an die junge Fotografin Emma Uibleisen verpachtet. Nach Uibleisens Tod 1928 fand sich kein Nachfolger für das Fotostudio. Im Herbst 1933 bezog eine SA-Einheit das Haus. 1937 schließlich kam das Aus für das Drachenornament, es wurde abgeschlagen. Hitlers Kunstverständnis war die Jugendstilfassade schon immer ein Dorn im Auge. Das Haus fiel einem Bombenangriff im April 1944 zum Opfer. Der Freistaat Bayern kaufte das Grundstück und überließ es den USA für den Neubau ihres Generalkonsulats.

1.11 Amerik. Generalkonsulat

Auf dem Gelände des ehemaligen Generalkommandos des Bayerischen Heeres sowie des berühmten Fotoateliers Elvira entstand an der Ecke Von-der-Tann-/Königinstraße das Amerikanische Generalkonsulat. Das Gebäude wurde nach Plänen des Architekten Sep Ruf zwischen 1957 und 1959 erbaut und gilt mittlerweile als Kulturdenkmal.

1.12 Biedermeier-Villa

Wie es einst in der Schönfeldvorstadt mit ihren Villen und großzügigen Gärten ausgesehen haben mag, kann man sich noch ein kleinwenig beim Haus Von-der-Tann-Straße 3 vorstellen. Das Wohnhaus wurde 1814 erbaut und hatte das seltene Glück, nach der Kriegszerstörung 1947 wieder hergestellt zu werden.

1.13 Amalienschule

Sie war eine Schule für Landesfürsten und Königinnen – die Amalienschule. Einst nahm sie im Jahr 1812 ihre Lehrtätigkeit in der Schönfeldvorstadt in angemieteten Räumen am Wittelsbacherplatz 2 auf. Fünf Jahre später zog die Bildungsanstalt in die Schönfeldstraße. Auch dies nur ein Zwischenaufenthalt, denn 1827 erbaute man nach Plänen von Ulrich Himbsel an der Von-der-Tann-Straße 2 ein monumentales, dreigeschossiges Schulgebäude. Es war der erste kommunale Schulneubau anlässlich der Bildungsoffensive, die Ludwig I. bei seiner Thronbesteigung angekündigt hatte. Nach rund

60 Jahren platze die Schule allerdings aus allen Nähten. Ein Neubau für je 15 Buben- und Mädchenklassen entstand in der Amalienstraße 49. Aus der alten Schule in der Von-der-Tann-Straße wurde eine Berufsschule (heute gehört das Gebäude der Bank Hypo-Realestate). Die beiden wohl bekanntesten Schüler, die je an der Amalienstraße die Schulbank drückten: der Oberstudiendirektorsohn und spätere Massenmörder Heinrich Himmler sowie der Metzgersohn und spätere große Vorsitzende Franz-Josef Strauß. Heute befindet sich in dem Gebäude u. a. ein Sprachen- und Dolmetscherinstitut, an dem auch eine gewisse Sylvia Sommerlath studierte, bevor sie den schwedischen Kronprinzen kennenlernte und Königin Sylvia von Schweden wurde.

Herzog Max in Bayern (Sisis Vater) hatte in seinem Palais einen eigenen Zirkus und unterhielt seine Gäste gerne als Kunstreiter.

1.14 Hochschule für Politik

Aus drei mach eins: Weil das gleichförmige Erscheinungsbild der Ludwigstraße nicht beeinträchtig werden durfte, integrierte Architekt Leo von Klenze drei private Wohnhäuser hinter einer einheitlichen florentinischen Prachtfassade. Nur anhand der drei Zufahrtstore zu den Innenhöfen kann man erkennen, dass es sich eigentlich um drei getrennte Häuser handelt. Das vierte Tor diente einst als Zufahrt zu den herzoglichen Gärten hinter dem Gebäude. Wegen massiver Schäden im Zweiten Weltkrieg wurde der Haslauer Block komplett abgetragen und zwischen 1960 und 1968 von Erwin Schleich neu errichtet. Schleich hielt sich dabei bei der Fassade an Klenzes Vorgaben, nicht aber bei der Innenaufteilung. Heute wird der Bau als »Ludwigpalais« für Büro- und Geschäftsräume vermarktet.

Im Haus befindet sich aber auch die Hochschule für Politik (HfP). An der HfP kann man ausschließlich Politikwissenschaft studieren. Sie wurde 1950 auf Veranlassung der Amerikaner gegründet, um die Deutschen zur Demokratie zu erziehen. Sie versteht sich als Begegnungsstätte zwischen politischer Theorie und politischer Praxis. Die HfP nimmt eine Sonderstellung unter den Hochschulen ein, denn sie unterliegt nicht dem Bayerischen Hochschulgesetz. Dennoch werden die akademischen Grade über die LMU verliehen.

1.15 Bundesbank

Das Palais Ludwigstraße 13 könnte heute ein Pilgerort für Sisi-Fans sein, wenn es noch stünde: Im Boudoir der Herzogin Ludovika Wilhelmine erblickte am 24. Dezember 1837 Herzogin Elisabeth, die spätere Kaiserin von Österreich und Königin von Ungarn, das Licht der Welt. Das Herzog-Max-Palais wurde 1828 auf einem von vier Straßen umgebenen Grundstück an der Ludwigstraße für die Familie von Max Joseph Herzog in Bayern errichtet. Die Herzogin bewohnte das erste Obergeschoss, der Herzog das Erdgeschoss, die Kinder brachte man im zweiten Stock unter. Die Bediensteten lebten im Mezzaningeschoss des vierflügeligen Anbaus. Leo von Klenze hatte das prunkvolle Palais als dreiflügeligen, dreigeschossigen Hauptbau, der die umliegenden Gebäude um eine halbe Stockwerkshöhe überragte, entworfen. Im ersten Obergeschoss bildete der Herkulessaal den ersten Höhepunkt in einer Reihe von miteinander verbundenen Fest- und Repräsentationssälen. Das Palais des lebenslustigen Herzogs stand bald im Zentrum des Münchner Gesellschaftslebens.

Das Palais kam 1920 in Staatsbesitz. 1936 befahl Adolf Hitler den Abriss – Klenzes Meisterwerk stand dem Diktator im Weg. Hitler wollte die Von-der-Tann-Straße verbreitern lassen (auf Palais-Seite heute der Oskar-von-Miller-Ring), um den Flughafen Riem mit dem Viertel der NSDAP am Königsplatz zu verbinden. Auf dem verkleinerten Grundstück begann man 1938 mit dem Bau der Reichsbank Hauptstelle München. Die alte Reichsbank schräg gegenüber wurde ebenfalls abgerissen. 1941 mussten die Arbeiten kriegsbedingt eingestellt werden – es standen nur das Erdgeschoss und Teile des ersten Stocks. Nach Kriegsende wurde das Gebäude für die Landeszentralbank von Bayern vollendet. Die Pläne des Reichsbank-Baudirektors Heinrich Wolff veränderte man dabei nur leicht. Heute befinden sich in dem Gebäude noch die Vorstandsbüros und die Hauptverwaltung der Deutschen Bundesbank München.

1.16 Kriegsministerium

Begonnen hatte die politische Karriere der Maxvorstadt bereits sehr früh und kriegerisch. Lange bevor auf dem Marsfeld strammgestanden wurde, ließ sich schon Ende des 18. Jh. der Glockengießer Nikolaus Regnault am Schönfeld nieder, um dort u. a. Kanonen herzustellen. 1794 baute man passend dazu an der Schwabinger Landstraße ein kurfürstliches Bohrhaus, in dem die Präzision der Rohre verbessert werden sollte. Hier experimentierte Sir Benjamin Thomson Graf Rumford, hier ge-

Innenhof des ehemaligen Kriegsminsteriums

langen ihm bahnbrechende Entdeckungen über die Entstehung und Verbreitung von Wärme, aus denen die energiesparenden Rumford-Öfen hervorgingen. 1806 zerstörten Napoleons Truppen das Bohrhaus. Auf diesem Grundstück und dem benachbarten Gelände des Hofkonditors Möhl errichtete man nun das Armee-Monturmagazin. Leo von Klenze nahm den Komplex unter seine Fittiche, schließlich sollte er der neuen Ludwigstraße ein Gesicht geben. Klenze baute 1823 alles so um, dass der Westflügel dem Stil der neuen Straße entsprach. Fortan residierte in der Ludwigstraße 14 der bayerische Kriegsminister, der Gebäudeflügel zur Schönfeldstraße beherbergte die Ministerwohnung. Mit der Abschaffung der selbständigen bayerischen Armee 1919 verlor auch das Gebäude seine Funktion, diente aber weiterhin als Kommandozentrale. Die Bomben des Zweiten Weltkriegs trafen das Gebäude schwer, ab 1964 begann der Wiederaufbau im klassizistischen Stil. Seit 1967 befinden sich im ehemaligen Amtsgebäude das Institut für Bayerische Geschichte und Teile des Bayerischen Hauptstaatsarchivs, im Wohngebäude das Staatsarchiv München.

Bayerisches Hauptstaatsarchiv

Es ist eines der bedeutendsten Archive Europas und befand sich bis 1944 im selben Gebäude wie die Staatsbibliothek. Seiner langen staatlichen Existenz verdankt das Bayerische Hauptstaatsarchiv an der Schönfeldstraße 5 seine umfassende Sammlung und seine Bedeutung. Hier finden sich Unterlagen zum Herzogtum, Kurfürstentum, Königreich und zum Freistaat Bayern. Urkunden, Akten, Karten und Pläne der für das gesamte Staatsgebiet zuständigen Behörden und Einrichtungen werden hier aufbewahrt. Das Bayerische Hauptstaatsarchiv wurde am 16. Juli 1921 durch den Zusammenschluss der bis dahin in München bestehenden drei Zentralarchive, des Allgemeinen Reichsarchivs, des Geheimen Staatsarchivs, des Geheimen Hausarchivs, sowie des damaligen Kreisarchivs München (heute Staatsarchiv München) gegründet. Kurfürst Max IV. Joseph hatte 1799 diese drei Zentralarchive einrichten lassen. Ddas bis dahin existente wittelsbachische Zentralarchiv, das Innere oder Geheime (Urkunden-)Archiv, das Äußere (Akten-)Archiv und die für das Auswärtige Departement des Geheimen Rats eingerichtete Geheime Staatsregistratur wurden neu geordnet. Das Geheime Landesarchiv (ab 1812 Allgemeines Reichsarchiv) nahm fortan die Archivalien für die innere Landesverwaltung und die Beziehungen zu den deutschen Reichsständen auf, das Geheime Staatsarchiv erhielt das Schriftgut der Geheimen Staatsregistratur und das Geheime Hausarchiv wurde für Schriftgut der Wittelsbacher zuständig. Das Hauptstaatsarchiv befand sich ab Ende des Zweiten Weltkriegs bis 1977 in der Arcisstraße 12, einem der »Führerbauten«, bevor es in den klassizistischen Gebäudekomplex des ehemaligen Kriegsministeriums an der Ludwigstraße umzog. Es wurde 1978 neu organisiert in die Abteilungen I Allgemeines Staatsarchiv (so genannt seit 1960), II Geheimes Staatsarchiv, III Geheimes Hausarchiv (Ludwigstraße 14), IV Kriegsarchiv (Leonrodstraße 57) und V Nachlässe und Sammlungen. Heute umfassen die Bestände über 3,5 Mio. Archiveinheiten. Für die Benutzung des Geheimen Hausarchivs benötigt man die Zustimmung des Chefs des Hauses Wittelsbach.

Staatsarchiv München

Im selben Gebäudekomplex ist das Staatsarchiv München (Schönfeldstraße 3) zu Hause. Seine Bestände umfassen die ehemaligen Rentmeisterämter München und Burghausen, die zwischen 1805 und 1816 bayerischen Gebiete Tirols und Salzburgs, Adelsarchive, staatliche Mittel- und Unterbehörden sowie Gerichte im Regierungsbezirk Oberbayern ab Anfang des 19. Jh.

1.17 Adele Spitzeder

Bei ihr scheinen die Banker von heute in die Lehre gegangen zu sein … Die Dame lockte mit ganz außergewöhnlichen Zinsen: Satte 10 % pro Monat versprach Adele Spitzeder ihren Anlegern. Aus ganz Oberbayern strömten Bauern, Handwerker und Dienstboten in die Schönfeldstraße 9, um der Spitzederin ihr sauer erspartes Geld anzuvertrauen. Einige verkauften dafür sogar Haus und Hof. Die prachtvolle Villa, in der »Adele Spitzeder, Privatière, Sprechstunden von 1 – 2« residierte, wie es das Messingschild am Eingang verkündete, machte niemand stutzig. Der »Engel der Armen« hatte seine ganz eigene Form einer Bank aufgezogen. Einige wenige erhielten tatsächlich die hohen Zinsen auf ihre Einlagen, denn die Dame konnte es sich leisten. Die Einzahlungen in die »Dachauer Volksbank«, wie man die Spitzederische Unternehmung spöttisch nannte, stiegen ins schier Unermessliche. Koffer und Truhen voller Geld und Gold sollen sich in der Villa getürmt haben. 40 Angestellte konnte sich das Fräulein leisten – aber keinen Buchhalter! Denn Geschäftsbücher zu führen, hielt die Spitzederin für Zeitverschwendung.

Machtlos mussten die Behörden dem Treiben der ehemaligen (erfolglosen) Schauspielerin zusehen, die zigarrerauchend im Schlafrock Hof hielt und denen, die ihr ihr Geld hinterherschmeißen wollten, auch noch wahrheitsgemäß entgegenblaffte: »Kalbsköpfe, ich sage euch, dass ich keine Sicherheiten für euer altes Geld gebe!« Bald gehörten dem Fräulein 17 Häuser, eine Gemälde- und eine Schmucksammlung sowie vier Zeitungen, denn die Spitzederin hatte es sich zur Angewohnheit gemacht, Pressemedien, die kritisch über sie berichteten, kurzerhand aufzukaufen.

Es dauerte drei Jahre, bis endlich 40 Gläubiger gleichzeitig die Rückzahlung ihrer Einlagen mit Zins und Zinseszins forderten. Natürlich konnte die Spitzederin nicht zahlen. München hatte seinen gigantischen Finanzskandal, der angesichts des Finanzskandals Ende der 2010er Jahre topaktuell wirkt. 21 Polizisten stürmten 1873 die Villa in der Schönfeldstraße, um Adele Spitzeder und ihr Gschpusi Rosa Ehinger samt Schoßhund Daisy zu verhaften. Im Gefängnis wartete eine mit rotem Plüsch ausstaffierte Zelle samt Schreibtisch und Piano auf sie. Sogar ihre Geliebte Rosa durfte mit in die Zelle. Der Anwalt der Betrügerin machte geltend, dass Dummheit keinen Rechtsschutz genieße. Dennoch bekam die Spitzederin drei Jahre Haft für das, was der Staatsanwalt »Massenraub« nannte, denn es blieben 8,1 Mio. Gulden Schulden.

Die Spitzederin in einer zeitgenössischen Karikatur.

1.18 Josephinum

Eine der ältesten bayerischen Privatkliniken befindet sich in der Schönfeldstraße 16–20. Der Geheime Sanitäts- und Hofrat Dr. med. Guido Jochner hatte das Josephinum 1893 in der Arcisstraße 41 gegründet, Ordensschwestern des Heiligen Vinzenz von Paul, Mutterhaus Augsburg, versahen damals und versehen noch heute den Pflegedienst. Minderbemittelte behandelte man unentgeltlich. Schon nach zehn Jahren konnte Dr. Jochner mit den Ordensschwestern in das von den Architekten Heilmann & Littmann erbaute »Neue Josephinum« in der Schönfeldstraße umziehen. Früher stand dort das Haus des Geschichtsprofessors Joseph Görres. 1929 führte Jochner das Josephinum einer Stiftung zu. Viele gekrönte Häupter, Industrielle und Politiker gehörten zu den Patienten. Der prominenteste war wohl der päpstliche Nuntius Eugenio Pacelli, der spätere Papst Pius XII. Nach Dr. Jochners Tod 1932 wuchs die Klinik stetig weiter, benachbarte Gebäude wurden erworben und umgebaut. In den 1960ern erzielte die Stiftung die Anerkennung der Gemeinnützigkeit. Besonders in den letzten Jahrzehnten hat sich die Klinik den Anforderungen der Zeit gemäß in allen Bereichen weiterentwickelt. Neben den bisherigen Schwerpunkten des Josephinums, HNO-Operationen, orthopädische Endoprothetik und allgemeine Chirurgie, wird heute insbesondere die Diagnostik, operative Versorgung und Nachsorge kolorektaler Tumore gefördert.

1.19 Rechnungshof

Wo eifrig spekuliert und sich verspekuliert wird, wo so mancher Euro das Konto wechselt und manche Milliarde den Bach hinuntergeht, können die staatlichen Behörden nicht weit sein. Und tatsächlich befinden sich neben Börse und zahlreichen Großbanken auch die Finanzämter und der Oberste Bayerische Rechnungshof in der Maxvorstadt. Der Oberste Bayerische Rechnungshof war 1812 »in der Absicht, dem gesamten Rechnungswesen der Finanzen unseres Königreichs eine gleichförmige, auf übereinstimmenden Grundsätzen beruhende feste Geschäftsleitung zu verschaffen« als eigene Behörde gegründet worden. Heute sitzt der Rechnungshof in der Kaulbachstraße 5.

1.20 Palais Seyssel d'Aix

1913/14 errichteten die Gebrüder Rank in der Kaulbachstraße 13 anstelle eines biedermeierlichen Wohnhauses ein Adelspalais im Auftrag des Grafen Edgar von Seyssel d'Aix. Heute dient das Palais als Sitz des Institut Français. Stuckmedaillons an den Hausecken zeigen die Vorgängergebäude.

1.22 Orff-Zentrum

Orff hat in diesem Haus an der Kaulbachstraße 16 Tradition, denn in dem 1932 erbauten Gebäude hatte von 1936 bis 1944 die Günther-Schule ihren Sitz, jene Ausbildungsstätte für Gymnastik, Rhythmik, Musik und Tanz, die der Komponist Carl Orff zusammen mit Dorothee Günther 1924 gegründet hatte. Das im Krieg zerstörte Anwesen kaufte 1951 der Fabrikant Hermann Fink und errichtete einen Neubau. Von 1966 bis 1988 war hier die Hochschule für Fernsehen und Film untergebracht. Nach einem Umbau konnte das Orff-Zentrum, Staatsinstitut für Forschung und Dokumentation, am 10. Juli 1990 sein Domizil beziehen. Der dokumentarische Nachlass des Komponisten wurde 1990 dem Orff-Zentrum als Dauerleihgabe übergeben.

1.21 Historisches Kolleg

Malerfürsten müssen fürstlich residieren. Lenbach und Stuck setzten mit ihren Villen Maßstäbe, und auch der Gesellschaftsmaler Friedrich August von Kaulbach konnte sich ein äußerst repräsentatives Domizil leisten. Er beauftragte den Architekten Gabriel von Seidl mit dem Bau einer »Villa suburba« nach römischem Vorbild in der damals noch Oberen Gartenstraße. Kernstück der Villa war ein 130 m^2 großes Atelier. Die Kaulbachstraße wurde übrigens nicht nach Friedrich August benannt, sondern nach dessen Onkel Wilhelm, der ebenfalls in dieser Straße residierte (dessen Villa ist aber

Die Kaulbach-Villa (vorn) und das Palais Seyssel d'Aix

zerstört). Nach F. A. Kaulbachs Tod (1920) verkaufte die Witwe die Villa 1931 an das Studentencorps Bavaria München. 1937 veräußerte das Corps sein Verbindungshaus an den Freistaat Bayern. Sofort riss sich die NSDAP das Haus unter den Nagel: der oberbayrische Gauleiter Adolf Wagner wählte es als Dienstwohnsitz. Nach dem Krieg zog der amerikanische Radiosender AFN in die Villa und betrieb hier bis 1984 ein Studiozentrum. In den Folgejahren wurde das Haus unter der Leitung von Otto Meitinger grundsaniert. 1988 zog schließlich das Historische Kolleg in das Gebäude. Das 1980 in München gegründete Kolleg wird von namhaften Firmen unterstützt und vom Freistaat Bayern getragen. Es dient der Förderung von herausragenden Historikern. Hierzu vergibt das Kolleg Forschungsstipendien für die Dauer eines Jahres verleiht alle drei Jahre einen Preis für das wissenschaftliche Gesamtwerk eines Historikers.

1.23 Hochschule für Philosophie

Die 1925 in Pullach als »Berchmannkolleg« gegründete Hochschule war ursprünglich als Studienhaus für Jesuiten bestimmt. Mit dem Umzug 1971 in die Kaulbachstraße 31 öffnete sich die Hochschule allen Studenten ungeachtet ihrer Religionszugehörigkeit. Nach wie vor sind die meisten Professoren und Dozenten Jesuiten. Die Hochschule genießt wegen ihrer umfassenden Ausbildung in Geschichte und Methodik der Philosophie einen ausgezeichneten Ruf.

1.24 Ältestes Gebäude des Viertels

Das älteste heute noch erhaltene Gebäude der Maxvorstadt steht an der Veterinärstraße 10. Es wurde wohl um 1800 herum erbaut und beherbergte ursprünglich eine Essig- und Weingeistfabrik. Das Gebäude bildet eine Einheit mit dem Haus Kaulbachstraße 41, das allerdings erst nach 1826 entstand.

1.25 Tierärztliche Fakultät

Als Kurfürst Karl-Theodor im März 1790 die Gründung einer »förmlichen Thier-Arzney-Schule (Ecole vétérinaire)« verfügte, ging es ihm besonders um drei Punkte: die Bekämpfung der verheerenden Viehseuchen, die Ausbildung »geschickter« Tierärzte und die Ausbildung guter Hufschmiede für die Kavallerie. Drei Jahre sollte die Ausbildung dauern. Die Schule wurde in der sogenannten Jesuiterwasch am Rande des heutigen Englischen Gartens untergebracht. Einst hatten die Jesuiten, später die Malteser das Gelände landwirtschaftlich und (wie der Name vermuten lässt) für eine Wäscherei genutzt. 32 »Eleven«, wie man die Schüler nannte, kamen in den Genuss der kostenlosen Ausbildung, dafür mussten sie aber auf dem Gelände in einer Art Internat leben. Niemand durfte die Anstalt ohne Erlaubnis verlassen, ansonsten wurde er entlassen. Erst 1869 wurde das

Zwangsinternat aufgehoben. Viel hat sich seitdem in der Ausbildung der Tierärzte getan. Aus der Thier-Arzney-Schule wurde die Central-Veterinär-Schule, dann die Königliche Central-Thierarzneischule, schließlich die Tierärztliche Hochschule und 1914 kam die heute noch existierende Tierärztliche Fakultät als 7. Fakultät zur LMU. Nach schweren Kriegszerstörungen erfolgte der Wiederaufbau bis 1965. Nur das klassizistische Tor mit dem Dreiecksgiebel, von Franz Thurn 1790 errichtet, ist heute noch von der alten Bausubstanz erhalten. Noch ist die Jesuiterwasch das Zentrum der Tiermedizin, doch die Institute sind mittlerweile über das Stadtgebiet verteilt. Langfristig ist die Verlegung und Bündelung aller Einrichtungen auf ein eigenes Areal in Oberschleißheim geplant, wo ein Campus entstehen soll.

1.26 Herzogliches Georgianum

Kaum jemand kennt es, doch das Georgianum am Professor-Huber-Platz 1 beherbergt einen bedeutenden Schatz alter Kunst. Im Dezember 1494 hatte Herzog Georg der Reiche von Bayern-Landshut an der von seinem Vater gegründeten Universität Ingolstadt das »Herzog Georigen Collegium« eröffnet, um bedürftigen Priesteramtskandidaten das Theologiestudium zu ermöglichen. 1826 zog das Georgianum mit der Universität von Landshut nach München – auf ausdrücklichen Wunsch Ludwigs I. direkt gegenüber die neue Universität. Friedrich von Gärtner entwarf auch dieses 1841 eingeweihte Gebäude. Seine bedeutende Kunstsammlung verdankte das Georgianum Andreas Schmid, ab 1866 Direktor des Seminars sowie Ordinarius für Pastoral, Liturgik, Katechetik und Homiletik. Er wollte den Studenten die Bedeutungsebenen von religiösen Kunstwerken möglichst umfassend vermitteln, damit sie später mit Kirchenkunst richtig umgehen konnten. Die von Schmid gesammelten Kunstwerke blieben vom Zweiten Weltkrieg weitgehend verschont, im Gegensatz zu den Wandmalereien und den neoromanischen Dekorationen des Hauses. Anlässlich des 492. Stiftungsfests des Herzoglichen Georgianums 1986 wurde die Kunstsammlung neu geordnet und in eigens dafür geschaffenen Räumen an der Ludwigstraße präsentiert.

1.27 Das Siegestor

Ein »antikes« Stadttor

Ludwig I. hasste zweierlei: Protestanten und Franzosen. Gegen erstere beließ es der Sohn der protestantischen Auguste von Hessen-Darmstadt, Stiefsohn der protestantischen Karoline von Baden und Gatte der Protestantin Therese von Sachsen-Hildburghausen bei Verbalattacken. Auch gegen die Franzosen konnte er nicht so, wie er wollte. Für einen Krieg fehlte ihm das Geld. Dennoch plante Ludwig I. schon früh ein Zeugnis seines Siegeswillens über die Franzosen. 1826 schrieb er an seinen Kunstagenten, den Bildhauer Martin von Wagner, dass er »ein Stadtthor aus Quadern wie Röm. Triumphpforte aufzuführen vorhabe«.

Schließlich beauftragte Ludwig I. 1840 Friedrich von Gärtner mit einem Triumphbogen nach Vorbild des Konstantinbogens in Rom als Abschluss der Ludwigstraße. Dieser dem bayerischen Heere gewidmete Triumphbogen sollte »völlig antik« sein und mit der Feldherrnhalle korrespondieren, mit der seine Via Triumphalis beginnt. 1843 begannen die Arbeiten am Siegestor, das ca. 24 m breit, 12 m tief und 21 m hoch ist und 411.000 Gulden (ca. 32 Mio. Euro) kostete. Nach Gärtners Tod 1847 übernahm dessen Schüler Eduard Metzger die Arbeiten, die sich nun verzögerten – auch durch die Abdankung Ludwigs I. 1848. Zur Einweihung am 15. Oktober 1850 erschien der Stifter und Exkönig nicht.

Siegestor ohne Siege

Trotz der königlichen Vorgaben vermied Friedrich von Gärtner eine pure Kopie des Konstantinbogens. Er ließ sich auch vom Titus- und vom Septimus-Severus-Bogen

Das Siegestor 1945 und heute

sowie vom Pariser Arc de Triomphe inspirieren. Hohe Kapitelle tragen die Säulen, die die klare vertikale Gliederung betonen. Die fast schwebend wirkende Quadriga, 1852 geschaffen von Friedrich Brugger, Martin von Wagner und Johann von Halbig, betont seine Mittelachse. Die bronzene Bavaria fährt mit ihrem von vier Löwen gezogenen Streitwagen stadtauswärts, quasi dem siegreich heimkehrenden bayerischen Heere entgegen. Die Löwen bewachen gleichzeitig die Stadt. Ludwig I. selbst verfügte, dass die Quadriga niemals umgedreht werden dürfe.

Martin von Wagner, der die »großartige Beschäftigung« bekam, das Skulpturenprogramm zu entwerfen, hatte das Problem, dass der »Triumphbogen keinen bestimmten Zweck oder eigentümliche Bestimmung hat und folglich allen daran anzubringenden Bildwerken eine nähere Beziehung und Bedeutung fehlt«. Im Gegensatz zu seinen Vorbildern diente das Siegestor keiner Erinnerung an militärische Siege. Ludwig I. wünschte nur völlig unverbindliche Gefechtsszenen, die den Kampfesmut der Bayern im Allgemeinen unterstreichen sollten, konkrete Schlachten hatte er sowieso keine vorzuweisen. Schon Zeitgenossen deuteten daher das Siegestor als Zeichen des Sieges der Vernunft über die Waffengewalt. Ganz unkriegerisch und ohne antikes Vorbild sind auch die runden Medaillons, die die Kampfreliefs ergänzen. Auf ihnen finden sich Allegorien der bayerischen Regierungsbezirke (Oberbayern: Alpenviehzucht; Ober- und Mittelfranken: Handwerk und Viehzucht; Unterfranken: Wein, Getreidebau und Schifffahrt; Pfalz: Wein und Fischfang; Oberpfalz: Hammerwerk; Schwaben: Weberei).

Lange nach Ludwigs Tod wurde das Siegestor dann doch seinem Namen gerecht, als 1871 die deutschen Truppen nach dem Sieg über Frankreich in München einzogen. Die Nationalsozialisten missbrauchten das Tor ab 1933 für ihre kultisch inszenierten Aufmärsche und Paraden.

Zum Frieden mahnend …

Nach dem Zweiten Weltkrieg ließ man das schwer zerstörte Siegestor bewusst vereinfacht aufbauen. Auf der Südseite wurde statt der alten Inschrift »Erbaut von Ludwig I. Koenig von Bayern MDCCCL« eine neue, von Wilhelm Hausenstein entworfene Inschrift angebracht: »Dem Sieg geweiht, vom Krieg zerstört, zum Frieden mahnend.« Damit hat das Siegestor heute eine neue symbolische Bedeutung. Seit 1972 thront die von Elmar Dietz wiederhergestellte Quadriga wieder auf dem Siegestor. In den späten 1990er Jahren wurde das Siegestor für rund 6,5 Mio. DM saniert und restauriert.

1.28 Piper Verlag

Den Rekord brachte ein Entertainer: Hape Kerkelings Pilgerbericht *Ich bin dann mal weg* wurde das erfolgreichste Sachbuch der deutschen Nachkriegsgeschichte und damit die Krönung in der über 100-jährigen Geschichte des Piper Verlags. »Ich war einfach ein junger Mann mit geistigen Interessen, etwas Erfindungsgabe und wenig Geld. Doch ich hatte den unabweisbaren Drang, das, woran ich glaubte, anderen mitzuteilen«, sagte Reinhard Piper über seine Motive, als 25-Jähriger einen eigenen Verlag zu gründen. 1904 brachte er *Dafnis* von Arno Holz mit einer Startauflage von 10.000 Exemplaren als erstes Buch heraus. Es folgten eine groß angelegte Schopenhauer-Ausgabe, die Reden Buddhas und eine Gesamtausgabe von Fjodor Michailowitsch Dostojewski. Pipers innovatives Programm zog schnell die Literatur- und Kunstavantgarde an. Christian Morgenstern publizierte hier, und dank der Freundschaft Pipers zu Franz Marc und Wassily Kandinsky erschien 1912 der Almanach der Künstlergruppe Blauer Reiter im Piper Verlag.

Während der schwierigen Jahre des Ersten Weltkriegs etablierte sich die Marées-Gesellschaft, aus der 1923 Piperdrucke hervorging. Ein Unternehmen, das sich hauptsächlich der hochwertigen Reproduktion von Ölgemälden widmete und ab 1932 als eigene Firma existierte. Finanzielle Probleme während der Weltwirtschaftskrise zwangen Piper, den Wiener Robert Freund als Teilhaber aufzunehmen. Freund brachte Marcel Proust, aber auch den deutsch-nationalen Autor Bruno Brehm zum Piper Verlag. Brehms Werke sicherten dem Verlag zu einem Großteil das Überleben in der NS-Zeit. Denn 1937 musste der Jude Robert Freund aus dem Verlag aussteigen. Piper verkaufte das Verlagsgebäude in der Römerstraße, um seinen Partner auszahlen zu können, und zog in eine Villa in der Georgenstraße 4, die August Thiersch erbaut hatte. Noch heute hat der Piper Verlag hier seinen Sitz. 1941 machte Piper seinen ältesten Sohn Klaus zum Teilhaber. Nach dem Krieg verhalf die Tatsache, dass Piper »entartete« Künstler so lange es irgend ging, publizierte, dazu, dass der Verlag ab 1946 wieder produzieren konnte. Die »Piper-Bücherei«, eine kostengünstige Buchreihe, eroberte ein breites Lesepublikum. Nach Reinhard Pipers Tod 1953 übernahm sein Sohn Klaus als Geschäftsführer den Verlag. 1960 gründete er zusammen mit elf weiteren Verlegern den Deutschen Taschenbuch Verlag (dtv), um Lesehungrigen günstige Bücher bieten zu können. 1982 trat Klaus Pipers Sohn Ernst Reinhard in den Verlag ein. Trotz weiterer Erfolge wie Anna Wimschneiders *Herbstmilch* konnte Piper der großen Konzentrationswelle in den 1990er Jahren nicht lange standhalten. »Verlage überdauern selten ein Jahrhundert«, orakelte Reinhard Piper einst. Piper überdauert bis heute, wenn auch nur dem Namen nach, denn 1995 verkaufte Klaus Piper an die schwedische Bonnier-Gruppe. In den folgenden beiden Jahren kaufte Piper den Malik und den Kabel Verlag auf.

1.29 Palais Bissing

Der Schweizer Architekten Ernst Robert Fiechter errichtete 1903 in der Georgenstraße 10 das Wohnhaus des Ägyptologen und Privatgelehrten Friedrich Wilhelm von Bissing. 1914 kam das Anwesen durch eine Schenkung an den Staat. Das im Krieg in arge Mitleidenschaft gezogene Gebäude wurde erst 1979 wieder nach historischem Vorbild renoviert und in seinen ursprünglichen Zustand zurückversetzt. Es gehört zu den schönsten erhaltenen Beispielen Münchner Jugendstils. Direkt nebenan in der Georgenstraße 8 befindet sich das wuchtig-neobarocke Pacelli-Palais, das Josef Hölzle 1881 baute.

1.30 Kunstakademie

Eine »Zeichnungs Schule respective Maler und Bildhauer academie« erbaten sich die drei Hofmaler Franz Xaver Feichtmayr, Thomas Christian Winck und Roman Anton Boos in einer schriftlichen Petition bei ihrem Herrn, dem Kurfürsten Max III. Joseph. Der Fürst zeigte sich spendabel und stellte ab 1770 einen beheizbaren Raum für eine Malerei- und eine Bildhauerklasse im Palais Cotta (heute Theatinerstraße 11) sowie jährlich 300 Gulden zur Verfügung. Dreizehn Jahre später zog die Akademie in neue Räume des ehemaligen Jesuitenkollegs (Alte Akademie, Neuhauser Straße 6-10). Immer mehr Studenten drängten an die Schule, so dass sich die Regierung von König Max I. Joseph im Mai 1808 veranlasst sah eine umfangreiche Konstitution für die »Königliche Akademie der Bildenden Künste München« zu erlassen. Flugs ernannte man Johann Wolfgang von Goethe zum Ehrenmitglied – der zwar keine besondere Beziehung zu München hatte, aber schon damals schmückte man sich gerne mit prominenten Namen. Und noch etwas war damals nicht anders als heute: Die jungen Kunststudenten erregten durch Extravaganz Aufmerksamkeit. Die Obrigkeit schritt ein: 1813 wurden z. B. »ungebührliche« Bärte verboten, zehn Jahre später zu lange Haare. Dennoch war die Münchner Akademie regelrecht fortschrittlich, denn sie erlaubte Frauen das Studium. Als erste Studentin immatrikulierte sich 1813 die später bekannte Historienmalerin Maria Ellenrieder. Rund 50 Frauen besuchten die Akademie, bis diese 1839 dem Vorbild aller anderen Kunstakademien folgte, und nur noch Männer zuließ. Einzig der polnischen Malerin Zofia Stryjenska gelang es 1911 sich zu immatrikulieren – als Mann verkleidet und unter dem Namen ihres Bruders. Sie wurde erst nach eineinhalb Jahren enttarnt und flog umgehend.

1841 übernahm der Architekt Friedrich von Gärtner die Leitung und führte für alle verpflichtend kunsthistorischen Unterricht ein. Schließlich stieg die Münchner Akademie zur führenden in Mitteleuropa auf. Immer mehr ausländische Studenten kamen, vor allem aus Osteuropa und Skandinavien, aber selbst die Amerikaner bevorzugten nun nicht mehr länger den Studienort Düsseldorf, sondern München. Noch beherrschte die Münchner Genre- und Historienmalerei die Ateliers.

1875 kam die Idee zu einem Neubau auf, leicht finanzierbar dank der Reparationszahlungen aus dem deutsch-französischen Krieg. Gottfried von Neureuther entwarf ihn. Als geeigneten Standort wählte man das Ende der Amalienstraße, also Mitten in der Maxvorstadt, die damals noch nicht an der Georgen- sondern erst an der Hohenzollernstraße endete. Doch die Finanzierung erwies sich als alles andere als gesichert und sorgte für mehrere Baustopps. Erst 1886 übergab Prinzregent Luitpold die neue Kunstakademie ihrer Bestimmung. Sie war schon am ersten Tag überlaufen. Statt der vorgesehenen 400 Studenten hatten sich 552 eingeschrieben. 1895 kam der erste Erweiterungsbau in Form eines lichtdurchfluteten Atelierhauses im Garten für die Tiermalklasse, damit lebende Tiere bei optimalen Lichtverhältnissen studiert werden konnten. Mit dem überraschenden Tod von Akademiedirektor Carl Theodor von Piloty endete die Glanzzeit der Historienmalerei, die Akademie orientierte sich neu, erblühte nun erst richtig und sorgte sogar für künstlerische Revolutionen – denn hier studierten sie, die Wegbereiter der Moderne: Giorgio de Chirico, Wassily Kandinsky, Paul Klee, Alfred Kubin, Franz Marc, Otto Mueller, Christian Schad, Lovis Corinth und Max Slevogt – um nur ein paar Namen zu nennen.

Nach dem Ersten Weltkrieg und der Niederschlagung der Münchner Räterepublik wehte ein extrem konservativer Wind durch die Landeshauptstadt und natürlich auch die Ateliers der Akademie.

Immerhin öffnete sie sich 1920 wieder den Frauen. 17 Studentinnen schrieben sich ein. Die große Zeit der Münchner Kunst aber war vorbei. Der endgültige Untergang kam nach 1933 unter Hitler. Akademiepräsident Adolf Ziegler wurde gar ermächtigt »Verfallskunst seit 1910« aus Museumsbeständen zu beschlagnahmen. Ziegler organisierte 1937 die Ausstellung »Entartete Kunst«, in der sogar Bilder des noch amtierenden Professors Karl Caspar hingen. Nach Kriegszerstörung und der Säuberung des Lehrpersonals von Hitlers Lieblingskünstlern durch die Amerikaner eröffnete das »Munich College of Fine Arts« im Juli 1946 wieder und nahm in über das gesamte Stadtgebiet verstreuten Räumlichkeiten den Unterricht auf. 1951 wurde in der Stadt, in der Kandinsky einst die Abstraktion erfand, mit Ernst Geitlinger erstmals ein abstrakt arbeitender Künstler berufen. 2005 wurde der moderne Erweiterungsbau nach Plänen von Coop Himmelb(l)au fertiggestellt. Die provisorischen Außenquartiere konnten erst 2008 nach Ende der umfassenden Renovierungs- und Sanierungsarbeiten aufgegeben werden. Seitdem sind alle Klassen der Kunstakademie wieder in der Akademiestraße untergebracht.

1.31 Ludwig-Maximilians-Universität

So wohlhabend, wie es sein Beiname vermuten lässt, schien Herzog Ludwig der Reiche von Bayern-Landshut nicht gewesen zu sein. Satte 14 Jahre lang hatte der Herzog schon die Genehmigung von Papst Pius II. zur Gründung der ersten Universität im altbayrischen Raum und konnte aus Geldmangel doch nicht loslegen. So musste Ludwig der Reiche bis 1472 sparen, um genug Mittel für die Einrichtung der Hohen Schule in Ingolstadt zur Verfügung zu haben. Was dann immer noch fehlte, war ein geeignetes Gebäude. Schließlich erbarmte sich der Bischof von Eichstätt und stellte das Pfründnerhaus zur Verfügung, das Herzog Ludwig der Gebartete einst zum Wohl der Armen gestiftet hatte. Der Besuch der Artistenfakultät (die spätere Philosophische Fakultät) war für alle obligatorisch und eine Art Grundstudium: Erst danach durfte man Medizin, Jurisprudenz oder Theologie studieren. Große Namen des Humanismus prägten die Universität: Peter und Philipp Apian, Konrad Celtis oder Johannes Aventin. Durch den Theologieprofessor Johannes Eck, der sich als scharfer Disputationsgegner Martin Luthers profilierte, wurde Ingolstadt zu einem Bollwerk der Gegenreformation. So kam die Universität auch unter den starken Einfluss der Jesuiten, der erst mit der Aufhebung des Ordens 1773 endete.

Im 18. Jh. hielt der Geist der Aufklärung in der Universität Einzug. In fast allen Fakultäten kam es zur Aufwertung der empirisch-naturwissenschaftlichen Disziplinen, Lehrpläne wurden entstaubt. Der Ruf dieser modernen, fortschrittlichen Institute hallte durch ganz Europa und inspirierte die Engländerin Mary Wollstonecraft Shelley zu ih-

1.32 Viertel der Gegenbewegung

Weiße Rose

»Nichts ist eines Kulturvolkes unwürdiger, als sich ohne Widerstand von einer verantwortungslosen und dunklem Trieben ergebenen Herrscherclique ›regieren‹ zu lassen. Ist es nicht so, dass sich jeder ehrliche Deutsche heute seiner Regierung schämt, und wer von uns ahnt das Ausmaß der Schmach, die über uns und unsere Kinder kommen wird, wenn einst der Schleier von unseren Augen gefallen ist und die grauenvollsten und jegliches Maß unendlich überschreitenden Verbrechen ans Tageslicht treten?« Mit diesen Worten beginnt das erste Flugblatt der Widerstandsgruppe Weiße Rose, das im Juni 1942 an der Ludwigs Maximilians Universität ausgelegt wurde. Verfasst hatten die Zeilen die beiden Medizinstudenten Hans Scholl und Alexander Schmorell, sie bildeten den harten Kern der heute bekanntesten Gegenbewegung zu Hitlers Terrorregime. Hans Schwester Sophie Scholl, Christoph Probst und der Musikwissenschaftler Professor Kurt Huber gehörten bald ebenfalls zur Gruppe, die Texte für die ersten vier Flugblätter verfassten jedoch zunächst weiterhin nur Hans Scholl und Alexander Schmorell. In ihren Texten brachten sie ihr von christlich-humanistischen Werten geprägtes Weltbild zum Ausdruck und riefen zum passiven Widerstand auf. Ihr viertes Flugblatt endete mit den Worten: »Wir schweigen nicht, wir sind Euer böses Gewissen; die Weiße Rose läßt Euch keine Ruhe!«

Schmorell und Scholl mussten im Sommer und Herbst 1942 in einer Studentenkompanie an der Ostfront Kriegsdienst leisten, wo sich enger Kontakt zu Willi Graf entwickelte. Zurück in München unterstützte Graf die Weiße Rose nach Kräften. Die Gruppe nahm Kontakt zu anderen Widerstandsgruppen im Saarland, in Ulm und Hamburg auf. Zudem verschärfte sich der Ton der Flugschriften. Scholl und Huber fordern nun zum aktiven Widerstand auf und im sechsten Flugblatt ist konkret der Kampf gegen die NSDAP das Thema. Dieses sechste Flugblatt sollte das letzte der Weißen Rose sein. Am 18. Februar 1943 legten die Geschwister Scholl Flugblätter im Hauptgebäude der Universität aus und ließen einige in den Lichthof hinabregnen. Dabei beobachtete sie der Hausmeister Jakob Schmid. Schmid verpfiff die Scholls an die Gestapo. Am gleichen Tag wurde Christoph Probst verhaftet. Der Volksgerichtshof unter Präsident Roland Freisler verurteilte die Geschwister Scholl sowie Christoph Probst am 22. Februar 1943 zum Tode, und ließ die Hinrichtung unmittelbar danach auf dem Gelände des Gefängnisses Stadelheim vollziehen.

Im Laufe des Jahres kamen zahlreiche Personen aus dem Kern und dem Umfeld der Weißen Rose vor Gericht, viele wurden zum Tode verurteilt. So auch Professor Kurt Huber und Alexander Schmorell. Im Jahr 2007 beschloss die russisch-orthodoxe Kirche im Ausland den gebürtigen Russen Schmorell heilig zu sprechen. Die Heiligsprechung fand am 4. Februar 2012 in München statt; Gedenktag des Hl. Alexander Schmorell ist der 13. Juli, der Tag seiner Hinrichtung.

Freiheitsaktion Bayern

Die Weiße Rose blieb nicht die einzige Widerstandsbewegung im Herzen der Hauptstadt der Bewegung. Während die Schlacht um Berlin tobte und französische und amerikanische Truppen bereits weite Teile Bayerns kontrollierten, forderte die NS-Propaganda den Kampf bis zum letzten Blutstropfen. Widerstandskämpfer, meist Wehrmachtsangehörige, scharten sich um den Hauptmann Rupprecht Gerngross und nannten sich »Freiheitsaktion Bayern«. Ihr Ziel war es, den Kriegswahnsinn und das sinnlose Töten zu stoppen, indem sie die Stadt München übernahmen und dann kampflos den Amerikanern übergaben. Sie kaperten Radiosender und riefen zur »Fasanenjagd« auf – mit den Fasanen meinten sie die NS-Bonzen. Doch der Versuch, das Zentralministerium mit dem Sitz

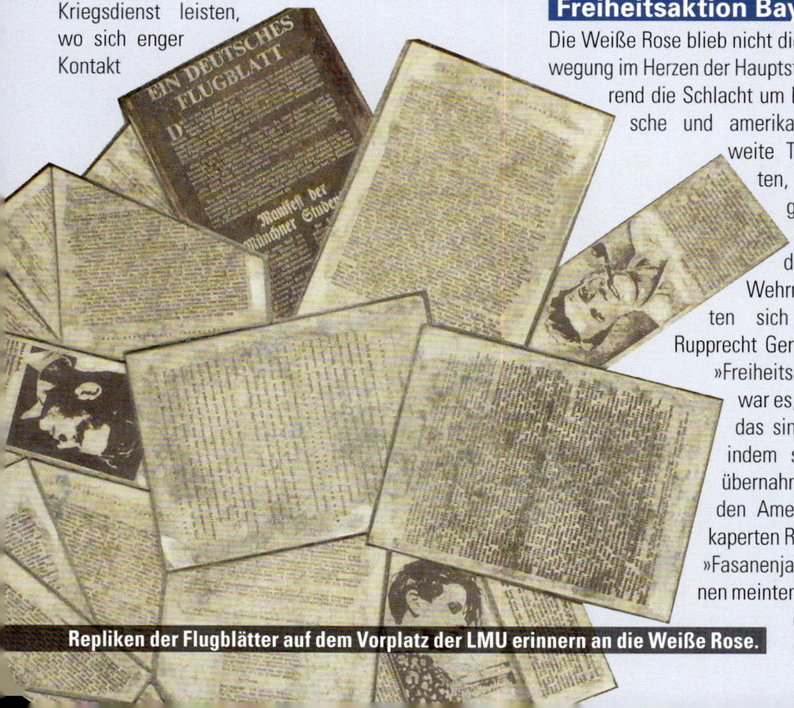

Repliken der Flugblätter auf dem Vorplatz der LMU erinnern an die Weiße Rose.

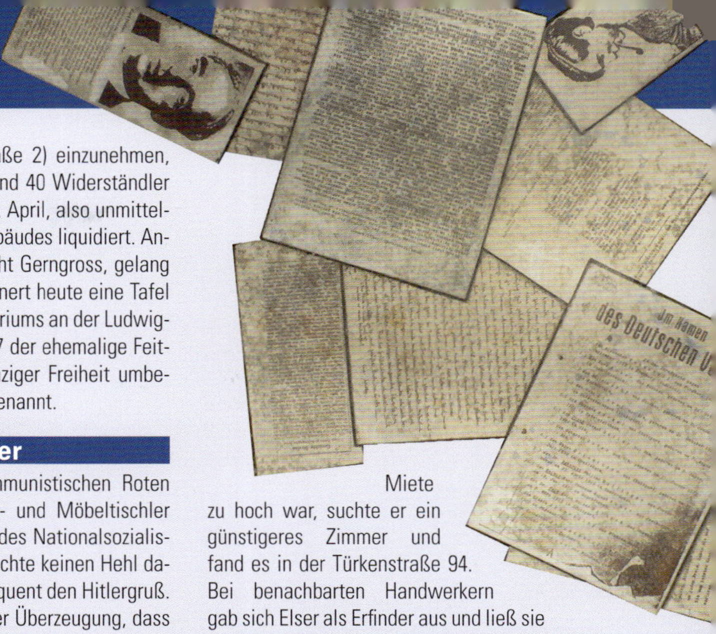

von Gauleiter Giesler (Ludwigstraße 2) einzunehmen, scheiterte an SS und Gestapo. Rund 40 Widerständler wurden festgenommen und am 28. April, also unmittelbar vor Kriegsende, im Hof des Gebäudes liquidiert. Anderen, wie dem Anführer Rupprecht Gerngross, gelang die Flucht. An die Ermordeten erinnert heute eine Tafel im Hof des Landwirtschaftsministeriums an der Ludwigstraße. Ihnen zu Ehren wurde 1947 der ehemalige Feitlitzschplatz, den die Nazis in Danziger Freiheit umbenannt hatten, Münchner Freiheit genannt.

Der einsame Attentäter

Als ehemaliges Mitglied im kommunistischen Roten Frontkämpferbund stand der Bau- und Möbeltischler Georg Elser schon früh den Ideen des Nationalsozialismus ablehnend gegenüber und machte keinen Hehl daraus, so verweigerte er z. B. konsequent den Hitlergruß. Spätestens 1938 gelangte er zu der Überzeugung, dass Hitler einen Krieg plante, dessen Ausbruch nur Hitlers Tod verhindern könnte. Also zog Elser im August 1939 nach München, in die Blumenstraße 19. Weil ihm die Miete zu hoch war, suchte er ein günstigeres Zimmer und fand es in der Türkenstraße 94. Bei benachbarten Handwerkern gab sich Elser als Erfinder aus und ließ sie Teile seiner Bombe anfertigen. Hitler sollte bei seiner alljährlichen Rede im Bürgerbräukeller am 8. November sterben. 30 Nächte lang ließ sich Elser heimlich in der Besenkammer des Bürgerbräukellers einsperren, um peu-à-peu eine Säule auszuhöhlen, in der er die Bombe schließlich platzierte. Das Attentat scheiterte, weil Hitler den Saal früher als geplant verließ. Ebenso scheiterte Georg Elsers Flucht in die Schweiz. Er wurde verhaftet. Nur wenige Wochen vor Kriegsende wurde Elser im KZ Dachau per Genickschuss ermordet.

Nach dem Krieg galt Elser seltsamerweise lange als NS-Kollaborateur. Seine Rehabilitierung dauerte eine schiere Ewigkeit. Erst 1997 wurde er mit einem Platz an der Türkenstraße 68 geehrt. Das umstrittene Elser-Denkmal *8. November 1939* der Künstlerin Silke Wagner wurde im Jahr 2009 an der Fassade der Grundschule an der Türkenstraße (»Türkenschule«) eingeweiht. Die Neonlicht-Aluminium-Installation mit einem Durchmesser von 5,1 m zeigt den Schriftzug »8. November« und leuchtet täglich um 21 Uhr 20 (der Uhrzeit des Attentats) für eine Minute auf. Die strahlenförmig angeordneten Leuchtkörper stellen in abstrakter Form eine Bombenexplosion dar. Die festliche Einweihung, bei der Schauspieler Stefan Hunstein aus den Verhörprotokollen las, wurde durch Zwischenrufe von einigen Neonazis gestört.

Das Georg-Elser-Denkmal an der Fassade der Türkenschule leuchtet jeden Abend um 21 Uhr 20 auf.

Ludwigstraße

Die Bebauung der Ludwigstraße mit palastartigen Wohn- und Verwaltungsbauten wurde von Ludwig I. noch als Kronprinz festgelegt. Ludwig verfügte auch, dass keine Ladengeschäfte die monumentale Optik der Straße beeinträchtigen sollten, was der Straße bis heute schadet. Architekt Leo von Klenze setzte die royale Idee in die Realität um. Hier noch ein paar besondere Bauten:

2 Bayerisches Staatsministerium für Ernährung, Landwirtschaft und Forsten (s. S. 21)

13 Deutsche Bundesbank-Hauptverwaltung München (s. S. 25)

15, 17, 19 Die drei Häuser bilden eine symmetrische Dreiergruppe. In Nr. **17** sitzt das Bayerische Landessozialgericht.

18 Einst das Wohnhaus für Klenzes schärfsten Widersacher Friedrich von Gärtner, der die Ludwigstraße vollenden durfte; heute: Universitätsbauamt

21 Hier stand das letzte, von Klenze geplante Gebäude in der Ludwigstraße. Es musste 1911 einem Neubau von Littmann weichen; heute: Bayerische Versicherungsbank

23 Von Gärtner 1839 vollendet, einst das Damenstift; heute: Sitz des Bayerischen Verwaltungsgerichtshofs

25 Ehem. Blindeninstitut, 1833–1837 nach Plänen von Friedrich von Gärtner erbaut; seit 1970: mehrere Einrichtungen der LMU

27 Das auffällige Klinkergebäude wurde 1843 von Gärtner fertiggestellt. Einst Verwaltungsbau der Bayer. Berg-, Hütten- und Salzwerke AG; heute: Universitätsinstitute

28 Wurde als »Haus des Deutschen Rechts« 1935–1939 erbaut; heute: wirtschaftswissenschaftliches Institut der LMU

29, 31, 33 Der dreiteilige Block mit Universitätseinrichtungen stammt von drei verschiedenen Architekten (Herrmann, Kleinschmidt und Neumeyer) und wurde zwischen 1878 und 1890 als Wohnblock fertiggestellt.

rem weltberühmten Schauerroman *Frankenstein*, der in Ingolstadt spielt. Heranrückende französische Truppen veranlassten Kurfürst Max IV. Joseph, die Universität im Jahr 1800 nach Landshut zu verlegen. Zwei Jahre später bekam sie nach ihm und dem Gründer Ludwig dem Reichen den Namen Ludwig-Maximilians-Universität. Der Kurfürst nutzte den Umzug auch, um noch die letzten der jesuitisch geprägten Gelehrten zu entfernen. Der reformfreudige Minister Maximilian von Montgelas setzte komplett neue wissenschafts- und bildungspolitische Akzente. Er machte aus der privilegierten Gelehrtenkorporation eine staatliche Hochschule.

Die Landshuter Uni zählte 1826 mit rund 1.000 Studenten zu den größten in Deutschland. Noch im selben Jahr verfügte der neue König Ludwig I. als eine seiner ersten Amtshandlungen den Umzug der Universität nach München. Bei den Feierlichkeiten am 15. November 1826 gab Ludwig I. vor: »Bigotte und Obskuranten mag ich nicht, auch keine Kopfhänger. Die Jugend soll auf erlaubte Weise fröhlich sein. Raufereien dulde ich nicht. Kleiden können sich die Studenten, wie sie wollen.« Ludwig I. sorgte sich auch um die Qualität der Ausbildung und kaufte Gelehrte in ganz Deutschland ein. Was so ein Professor einst im Jahre 1827 für ein Honorar bekam, ist z. B. von dem aus Koblenz stammenden Literaturprofessor Joseph Görres überliefert: 1.853 Gulden Gehalt, 2 Scheffel Weizen, 3 Scheffel Roggen, 12 Scheffel Hafer und die Umzugskosten für seine Bilder und Bücher. Die Uni war nun in München, doch erst 1840 konnte das neue, von Architekt Friedrich von Gärtner entworfene Hauptgebäude am Geschwister-Scholl-Platz bezogen werden.

Bedeutende Gelehrte wie der Chemiker Justus von Liebig, der Jurist Friedrich von Savigny, der Philosoph Friedrich von Schelling oder der Germanist Johann Andreas Schmeller trugen dazu bei, dass die LMU im 19. Jh. zu einer der bedeutendsten deutschen Hochschulen aufstieg. Ihre öffentlichen Vorlesungen vor großem und sogar illustrem Publikum gerieten mitunter zu gefährlichen Spektakeln. So wollte sich auch Königin Marie Friederike einen Vortrag bei Justus von Liebig nicht entgehen lassen und wurde dann bei einer Explosion durch herumfliegende Glassplitter verletzt.

Studenten neigen aber schon immer zu einer gewissen Undankbarkeit und Rebellion. Das musste Ludwig I. am eigenen Leib erfahren. Er hatte die LMU auf schönste gefördert und dann erzwangen ausgerechnet deren Studenten im Revolutionsjahr 1848, dass der König wegen seiner Geliebten Lola Montez zurücktreten musste.

Doch auch Ludwigs Nachfolger sorgten dafür, dass die Universität kontinuierlich ausgebaut wurde. 1865 fasste man die naturwissenschaftlichen Fächer erstmals in einer eigenen Sektion zusammen. Im selben Jahr übernahm Max von Pettenkofer den ersten deutschen Lehrstuhl für Hygiene. Pettenkofer trug wesentlich dazu bei, dass in München eine geregelte Versorgung der Stadt mit Frischwasser und eine Entsorgung des Abwassers eingeführt wurde. Dem Professor gelang es so, aus dem berüchtigten Seuchennest München, das regelmäßig von Choleraepidemien mit zahlreichen Toten heimgesucht wurde, eine moderne Großstadt zu machen.

Im Jahr 1900 promovierten mit den beiden schottischen Naturwissenschaftlerinnen Maria Ogilvie-Gordon und Agnes Kelly erstmals in der Universitätsgeschichte Frauen. Drei Jahre später öffnete

Bayern als zweites Land im Deutschen Reich seine Universitäten komplett für Studentinnen. 1918 konnte sich an der LMU mit Adele Hartmann erstmals eine Frau in Deutschland habilitieren. Wie in vielen anderen Bereichen auch, fand die Blüte der Wissenschaft an der LMU ein jähes Ende mit der Machtübernahme durch die Nationalsozialisten 1933. Viele bedeutende Wissenschaftler waren Juden oder ließen sich nicht vor den politischen Karren der Nazis spannen, sie wurden entlassen oder mit Berufsverboten belegt. Der Deutsche Studentenbund hingegen zeigte schnell Flagge: Er war maßgeblich an den Bücherverbrennungen am 10. Mai 1933 auf dem Königsplatz beteiligt. Zehn Jahre nach dieser ersten Schandtat, als das Terrorregime längst alle Facetten seiner hässliche Fratze enthüllt hatte, versuchten andere Studenten der LMU, Deutschland wachzurütteln. Doch die Mitglieder der Widerstandsgruppe Weiße Rose, die Geschwister Scholl mit ihren Freunden und Professor Kurt Huber, wurden verraten und hingerichtet. Seit 1997 erinnert eine Gedenkstätte im Lichthof des Hauptgebäudes an die Widerstandsgruppe.

Nach dem Zweiten Weltkrieg wuchs die Universität so stark weiter, dass längst nicht mehr alle Institute in der Maxvorstadt oder der Innenstadt beherbergt werden konnten. Seit Mitte der 1970er sind Institute und Kliniken der Tiermedizinischen Fakultät in Oberschleißheim untergebracht. Für Physik wurden Standorte in Garching ausgebaut. Ab 1994 begann der Ausbau von Großhadern zum HighTechCampus Martinsried-Großhadern, mittlerweile haben hier die Fakultäten für Chemie, Pharmazie und Biologie ihren Sitz.

Direkt am Uni-Gebäude gibt es heute ein Café.

An der LMU waren im Wintersemester 2011/2012 fast 50.000 Studenten immatrikuliert, davon rund 30.000 Frauen. Damit ist sie nach der Fernuniversität Hagen die größte Uni Deutschlands. An ihren 18 Fakultäten unterrichten mehr als 700 Professoren. Sie ist, wie übrigens auch die TU, eine der deutschen Eliteuniversitäten und steht laut dem World University Ranking 2011/2012 weltweit auf Platz 45 und deutschlandweit auf Platz 1.

1.33 Universitätsbibliothek

Schon 1473, ein Jahr nach Gründung der Hohen Schule in Ingolstadt, beschloss die »Artistenfakultät«, den Ankauf von Lehr- und Vorlesebüchern – die Universitätsbibliothek der LMU gehört demnach zu den am längsten existierenden Bibliotheken Münchens. Schon sieben Jahre später gab es den ersten Bibliotheksraum und kurz danach den ersten Katalog für die 231 Bände (55 Handschriften und 176 Drucke). Nachdem die Jesuiten 1549 von Herzog Wilhelm IV. die Erlaubnis erhielten, die Bestände aller Ingolstädter Bibliotheken zu plündern, um ihre eigene Bibliothek aufzubauen, schrumpfte die Artistenbücherei drastisch zusammen. Erst 1573 gelang es dem Vizekanzler der Uni, Martin Eisengrein, eine allgemeine Universalbibliothek zu gründen, in der die Artistenbibliothek später aufging. Die 6.062 Bände, die der Augsburger Bischof Johann Egolph von Knöringen stiftete, bildeten den opulenten Grundstock. Es dauerte jedoch bis 1752, bis der Name »Universitätsbibliothek« das erste Mal Einlass in die Annalen fand. 21 Jahre später brachte die Auflösung des Jesuiten-Ordens bedeutende Zuwächse in die Bestände, etliche Bände kehrten letztlich heim. Im Jahr 1800 ließ Max IV. Joseph die Universität nach Landshut verlegen – und mit ihr die Bibliothek.

Mit der Säkularisation 1803 wuchsen die Buchbestände der Unibibliothek, 1826 war sie mit 130.000 Bänden die drittgrößte in Deutschland. 1840 zog die Bibliothek dann in die Räume der von Friedrich von Gärtner gebauten Universität in der Ludwigstraße (heute Geschwister-Scholl-Platz 1). Erweiterungsbauten in den Jahren 1898 und 1909 bis 1913 brachten dem stetig wachsenden Raumbedarf nur kurze Erleichterung. Die Münchner Unibibliothek war 1925 die größte Universitätsbibliothek Deutschlands, doch die Zerstörungen des Zweiten Weltkriegs vernichteten rund ein Drittel des Bestands (ca. 400.000 Bände). 1945 eröffnete die Bibliothek in verschiedenen, über ganz München verteilten Dependancen neu. Das Provisorium dauerte bis 1967, dann konnte der dreigeschossige Neubau, der das Universitätsgebäude und den roten Backsteinbau verbindet, bezogen werden. 1976 setzten die Bibliotheken der LMU, der TU sowie die Staatsbibliothek erstmals die elektronische Datenverarbeitung ein, was die Nutzung erheblich vereinfachte. Heute umfasst die Universitätsbibliothek über 2,5 Mio. Bände, fast 4.000 Handschriften sowie Tausende von Inkunabeln und Zeitschriften.

Das Altarbild *Das jüngste Gericht* in St. Ludwig ist das zweitgrößte Wandfresko der Welt.

1.34 St. Ludwig

»Kurz und gut, Klenze, ich sage Ihnen, diese Arbeit ist eine wahre Sauerei«, tobte König Ludwig I. Es war nicht Klenzes Werk, das den Monarchen so in Rage gebracht hatte. Ludwig I. hatte eben das erste Mal die fertige Ludwigkirche besichtigt und sich über das zweitgrößte Altarwandgemälde der Welt empört, das der Maler Peter Cornelius 1839/40 geschaffen hatte. Cornelius' Darstellung des Jüngsten Gerichts, so wütete Ludwig I., werde hoffentlich noch einen Firnis bekommen, »um die Farben heraustreten zu machen«. Den König ärgerte, dass »seine« Kirche nun nicht in dem gewünschten Glanz erstrahlte. Nachdem die Schönfeldvorstadt durch den Ausbau der Ludwigstraße ihre einzige Kirche verloren hatte – die Maximilianskapelle stand an der Stelle des Kriegsministeriums (heute Hauptstaatsarchiv, Ludwigstraße 14) –, nutzte Ludwig I. die Gelegenheit, um in der Sichtachse der Löwenstraße (heute Schellingstraße) eine monumentale Kirche errichten zu lassen. Er bezuschusste das Unternehmen mit 100.000 Gulden aus seiner Privatkasse – unter der Bedingung, dass Friedrich von Gärtner ausführender Architekt wurde und die Grundsteinlegung am Tag des Hl. Ludwig, also am 25. August 1829, erfolgte. Der Magistrat lehnte die königlichen Pläne rundweg ab. Viel zu teuer! Und außerdem benötigte niemand eine Kirche mitten im Niemandsland, die Bebauung der Gebiete um die Ludwig- und Schellingstraße, so der damalige Bürgermeister Jakob Klar, wäre auch in 100 Jahren unwahrscheinlich. Ludwig I. ließ sich nicht beeindrucken und drohte mit der Verlegung von Universität und Regierungssitz in eine andere Stadt. Also beugte sich der Magistrat und die Stadt verschuldete sich bis an die Grenzen des Ruins. 1832 kam es durch Seuchen und die allgemeine Teuerung zum Baustopp. Erst drei Jahre später baute man weiter, nachdem König und Stadt sich auf einen Finanzausgleich geeinigt hatten. Das Fresken-Fiasko führte zum Bruch zwischen Regent und Cornelius, der daraufhin nach Berlin ging. Zufriedener zeigte sich Ludwig mit den vier Evangelisten und dem Christus, die Ludwig von Schwanthaler entworfen hatte.

1844 weihte Erzbischof Lothar Anselm von Gebsattel die Ludwigskirche, die Gärtner in Form einer dreischiffigen byzantinischen Basilika mit der geometrischen Grundfigur eines Antonius-Kreuzes entworfen hatte. St. Ludwig hatte damals einen deutlichen Bezug zur Theatinerkirche, die am Anfang des architektonischen Gesamtensembles Odeonsplatz und Ludwigstraße steht. Die beiden Kirchen bildeten eine Art Klammer, die heute durch die weitere Bebauung verloren gegangen ist. 1903/04 machte man sich daran, die Fresken von Cornelius aufzupeppen und prunkvoller zu überarbeiten. Nach schweren Schäden im Zweiten Weltkrieg beschlagnahmten die Amerikaner die Kirche und machten daraus ihre Garnisonskirche, die sie bis 1949 blieb. Ab 1954 erfolgte der Wiederaufbau durch Erwin Schleich, der gleichzeitig die Beseitigung der »Verbesserungen« an Cornelius' Fresken von 1903/04 veranlasste. 1957 wurde der neue Hochaltar geweiht. Die sechs Glocken der beiden 71 m hohen Türme tragen übrigens Namen der Familienmitglieder Ludwigs: im Südturm die Ludwigs- und Theresienglocke (nach dem Königspaar), im Nordturm die Maximilians-, Otto-, Luitpold- und Adalbertglocke (nach den Kindern).

1.35 Bayerische Staatsbibliothek

Ein kunstsinniger Fürst legte den Grundstock: Herzog Albrecht V. erwarb 1558 die Privatbibliothek des österreichischen Kanzlers Johann Albrecht Widmanstetter, die 300 Handschriften, darunter 140 hebräische und 50 arabische, und 500 Bände mit insgesamt 900 verschiedenen Drucken umfasste. 1571 schwoll die Bibliothek auf einen Schlag um mehr als 10.000 Bände an, als Albrecht V. die Bibliothek des Augsburger Patriziers Johann Jakob Fugger kaufte. Schnell galt die Münchner Bibliothek als eine der bedeutendsten und größten Büchersammlungen Europas. Doch die Bestände schrumpften durch Plünderungen im Dreißigjährigen Krieg. In der Folgezeit führte die Bibliothek einen Dornröschenschlaf, bis sie Kurfürst Maximilian III. Joseph für Hofbeamte und Professoren öffnete.

Und dann kam 1802 die Säkularisation: Aus rund 150 Klöstern mit teilweise bis zu tausendjähriger Tradition flossen umfassende Bestände an bedeutenden Büchern und kostbarsten Handschriften in den Bestand der königlichen Bibliothek ein. Kurz danach verlegte Max IV. Joseph (später König Max I. Joseph) die 100.000 Bände umfassende kurpfälzische Bibliothek von Mannheim nach München. 1818 zählte man über 500.000 Druckwerke und 18.600 Handschriften, das bedeutete Platz zwei in Europa, nach der Bibliothèque Nationale in Paris. Fortan bemühte man sich in der Hof- und Staatsbibliothek, wie sie seit 1829 hieß, zeitgenössische Literatur umfassend zu erwerben. Dazu weitete man das seit 1663 bestehende Pflichtexemplarrecht aus, das alle bayerischen Verleger verpflichtete, je ein Exemplar jedes Druckwerks zur Archivierung abzuliefern. Gleichzeitig wuchsen die Orient-, Ostasien- und vor allem die Musiksammlung.

Der prachtvolle Uta-Codex, ein Evangelistar, das die Äbtissin Uta von Niedermünster um 1020 in Regensburg anfertigen ließ, gehört zu den Kostbarkeiten der Stabi.

König Ludwig I. plante schon früh in seiner Amtszeit ein repräsentatives Gebäude für seine Hof- und Staatsbibliothek, zunächst gegenüber der Glyptothek am Königsplatz. Später entschied er sich für die Lücke zwischen Kriegsministerium und Ludwigskirche. 1832 beauftragte Ludwig I. seinen Architekten Friedrich von Gärtner mit dem Bau und wünschte nicht mehr und nicht weniger als das »großartigste Gebäude in München«. Nur »notorisch tüchtige und zuverlässige Leute« bekamen die Aufträge, allerdings zu Dumpingpreisen. Der zwei Innenhöfe umschließende Bau an der Ludwigstraße ist mit

Während des Zweiten Weltkriegs stapelten sich die ausgelagerten Bücher z. B. in der Schlosskapelle Haimhausen.

Bücher über Bücher

Teilweise nicht minder bedeutend als die Stabi sind weitere Bibliotheken in der Maxvorstadt. Da sind zum einen viele Stadt-, Pfarr- und Studentenbüchereien, außerdem zahlreiche Institutsbibliotheken und dann noch die Bibliotheken:

der Abtei St. Bonifaz *(Karlstr. 34)*
der Akademie der Bildenden Künste *(Akademiestr. 2)*
des Amerikahaus *(Karolinenplatz 3)*
des Bayerischen Rundfunks *(Rundfunkplatz 1)*
des Evangelischen Landeskirchenamts *(Katharina-von-Bora-Str. 11)*
der Fachhochschule *(Lothstr. 34)*
der Hochschule für Film und Fernsehen *(Gabelsbergerstr. 33)*
der Hochschule für Philosophie *(Kaulbachstr. 33)*
des Institut Français *(Kaulbachstr. 13)*
der Landeszentrale für politische Bildungsarbeit *(Brienner Str. 41)*
der TU *(Arcisstr. 21)*
des Zentralinstituts für Kunstgeschichte *(Katharina-von-Bora-Str. 10)*

Außerdem große Archive, wie z. B.
Monumenta Germania Historica *(Ludwigstr. 16)*
Archiv des Deutschen Theatermuseums *(Galeriestr. 4a)*
Archiv der Industrie- und Handelskammer *(Max-Joseph-Str. 2)*

152 m Länge, 78 m Tiefe und 24 m Höhe der größte Blankziegelbau Deutschlands. Bei seiner Eröffnung 1843 galt er als fortschrittlichster deutscher Bibliotheksbau. Ludwig von Schwanthaler gestaltete die vier Steinfiguren an der Freitreppe – von den Münchnern als »Die vier Heiligen Drei Könige« betitelt. Sie verweisen auf die Vielfalt der Wissenschaften. Es sind: Thukydides, Begründer der wissenschaftlichen Geschichtsschreibung, Homer, Dichter der Ilias und Odyssee, Aristoteles, Philosoph und Lehrer Alexanders des Großen, sowie Hippokrates, berühmtester Arzt der Antike. Die heutigen Figuren sind Kopien, die Originale stehen seit Kriegsende im Hof einer Schule in Bernau am Chiemsee
Wegen der stark steigenden Buchproduktion konzentrierte sich der Sammlungsaufbau gegen Ende des 19. Jh. auf die Geisteswissenschaften. Um das Jahr 1900 gehörten zwar bereits über 1 Mio. Bände zum Bestand, doch die Königliche Bibliothek in Berlin verfügte über noch mehr.
Der Zweite Weltkrieg geriet dann zur dunkelsten Stunde der Staatsbibliothek. Die wertvollsten Handschriften und Drucke waren zwar rechtzeitig ausgelagert worden, doch fast 500.000 Bände oder ein Viertel des Bestandes sowie 85 % der Bausubstanz fielen den Bomben zum Opfer. Komplette Sachgebiete gingen verloren und konnten bis heute nur zum kleinen Teil wiederbeschafft werden: Theologie einschließlich der bedeutenden Bibelsammlung, kunstgeschichtliche Literatur, historisch-geographisches Schrifttum, Altertumskunde, Akademieschriften, Reisebeschreibungen und Dissertationen. Erst in der Mitte der 1960er Jahre standen genügend Mittel zur Verfügung, um der Tradition gemäß umfassend zu sammeln. Seitdem verfügt die Staatsbibliothek über den größten und fachlich umfassendsten Bestand an wissenschaftlicher Literatur im deutschsprachigen Raum. Die Architektengemeinschaft Hans Döllgast, Sep Ruf und Helmut Kirsten entwarf einen Erweiterungsbau, der 1966 fertiggestellt wurde. 1970 ging mit der Eröffnung des Südflügels die Wiederaufbauphase zu Ende. Seit 1988 sichert die 2005 erneut erweiterte Speicherbibliothek Garching den dringend benötigten, ständig wachsenden Stellplatzbedarf für rund 6 Mio. Bände. Ende 2011 zählten 9.809.000 Bände zum Gesamtbestand, darunter 93.800 Handschriften. Heute ist die Staatsbibliothek täglich von 8 bis 24 Uhr geöffnet.

1.36 Der 1. Wienerwald

»Linzer Stüberl« hieß das Lokal, das der ehemalige Oberkellner Friedrich Jahn 1955 in der Amalienstraße 23 eröffnete. Schon kurz danach nannte er es in »Weinstube zum Wienerwald« um. Hühnersuppe mit Nudeln wurde der Renner. Ein Stammgast brachte den Wienerwald-Gründer dann auf die Idee, die Hendl zur Abwechslung auch mal zu braten. Die beliebten Grillhendl, für die Jahn zunächst billige Hähnchen aus den USA importierte, machten aus dem einzelnen Lokal in der Maxvorstadt eine internationale Schnellrestaurantkette.

1.37 Café Stefanie

»Das Bohème-Café Stefanie bestand aus einem Nebenraum, an dessen Fenstertischen Münchner Berühmtheiten jeden Nachmittag Schach spielten vor zuschauenden Straßenpassanten, und dem größeren Hauptraum mit einem glühenden Kohlenofen, versessenen, stark nach Moder riechenden Polsterbänken, rotem Plüsch, und dem Kellner Arthur, der in ein zerschlissenes Büchlein, notdürftig zusammengehalten von einem Gummiband, die Pfennigsummen notierte, die seine Gäste ihm schuldig blieben. Irgendwo im Haus oder im Himmel musste ein Elektrizitätswerk sein. Die Gäste, angeschlossen an den Starkstrom, zuckten unter elektrischen Schlägen gestikulierend nach links und nach rechts und vor und von den Polsterbänken hoch, fielen ermattet zurück und schnellten mitten im Satz wieder hoch, die Augen aufgerissen im Kampf der Meinungen über Kunst«, so beschrieb Leonhard Frank in *Links wo das Herz ist* das berühmte Künstlercafé. Das Café Stefanie an der Ecke Amalien-/Theresienstraße war Treff für die »Schwabinger« Bohème zur Jahrhundertwende. Wie die beiden anderen legendären Cafés seiner Zeit, das Café des Westens in Berlin und das Café Griensteidl in Wien, erhielt es den Beinamen »Café Größenwahn«. Damals war es eines der wenigen Lokale in München, das erst um drei Uhr nachts schließen musste. Hier ein kleiner Auszug aus der Liste der Stammgäste: Johannes R. Becher, Kurt Eisner, Leonhard Frank, Eduard von Keyserling, Paul Klee, Alfred Kubin, Gustav Landauer, Heinrich Mann, Gustav Meyrink, Erich Mühsam, Erwin Piscator, Alexander Roda Roda, Ernst Toller, Frank Wedekind.

1.38 Vinzenz Murr-Stammhaus

1902 übernahm Metzgermeister Vinzenz Murr ein alteingesessenes Charcutiergeschäft in der Sendlinger Straße. Weil das Geschäft gut lief, eröffneten Vinzenz und seine Frau Rosa weitere Filialen in der Innenstadt. Bald folgte die Ausdehnung nach Norden in die Maxvorstadt. 1911 siedelte der Hauptbetrieb in die Schellingstraße 21 und eröffnete gleichzeitig eine Filiale in der Georgenstraße 88. Fünf Jahre später heiratete die Tochter Rosa Murr den Metzger Karl Deuringer. Nach dem Tod des Firmengründers 1949 leiteten Schwiegersohn und Tochter die Großmetzgerei und verbanden geschickt Metzgertradition mit neuen Ideen, so richteten sie z. B. in jedem ihrer Fachgeschäfte eine Grill- und Imbissecke ein. Zehn Jahre später stieg die Enkelin Evi Deuringer in das stetig wachsende Unternehmen ein. »Es gab gar keine andere Wahl. Ich bin ins kalte Wasser gesprungen, habe aber dadurch alles von der Pike auf gelernt«, erinnerte sich Evi Deuringer, die gerade 20 Jahre alt war, als sie für ihre schwerkranke Mutter einspringen musste und nach deren frühem Tod 1963 als geschäftsführende Gesellschafterin die Firma Vinzenz Murr übernahm. Damals beschäftigte der Betrieb 66 Mitarbeiter und machte 3,8 Mio. DM Umsatz. Evi Deuringer baute das Filialnetz weiter aus. 1969 heiratete sie Rudolf Brandl, ein Jahr später kam dann das Aus für den Standort Maxvorstadt. Neue Produktionsanlagen in der Sendlinger Hofmannstraße lösten den alten Hauptbetrieb in der Schellingstraße ab. 1996 konnte die 200. Filialeröffnung gefeiert werden, 2001 übernahm Vinzenz Murr dann auch die Filialen der Firma Mayer Murr. Die Brandl-Söhne Markus und Alexander stehen längst bereit, um Bayerns größtes Metzgerfilialunternehmen in der vierten Generation zu übernehmen.

1.39 Ringelnatz' Tabackhaus

Der ehemalige Schiffsjunge Joachim Ringelnatz trieb sich gerne in der Weltgeschichte herum und war in seinen Wanderjahren 1908 schließlich in München gestrandet, wo er eine Stelle als Buchhalter in einem Reisebüro fand. Er flog allerdings hochkant raus, als sein Chef merkte, dass Ringelnatz mitnichten die angekündigten fünf Fremdsprachen beherrschte. Ringelnatz arrivierte zum Hausdichter in der Künstlerkneipe Simplicissimus, wofür er eine Mark pro Tag und alle Getränke frei erhielt. 1909 eröffnet er in der Schellingstraße 23 das »Tabackhaus Zum Hausdichter«. Werbewirksam gestaltete er das Schaufenster mit einem Skelett und ausgestopften Tieren. Das verursachte jedoch so großen Aufruhr, dass die Polizei eingriff und das Gerippe entfernen ließ. Der Laden erwies sich letztlich als Flop. Die Kundschaft blieb aus, Ringelnatz gab auf und verschenkte seine Waren an die letzten Kunden.

1.40 Amalienpassage/ Aktion Maxvorstadt

Es begann mit dem Ausbau des Altstadtrings, der eine brutale Schneise in die Maxvorstadt schlug. Teil davon war auch die Untertunnelung des Prinz-Karl-Palais. Die massiven Eingriffe in die von Kriegszerstörung ohnehin schwer gebeutelten Maxvorstadt riefen Bürgerprotest auf den Plan. 1971 gründete sich die Aktion Maxvorstadt mit dem Ziel, das Stadtviertel lebenswert zu erhalten.
Die Aktion wehrte sich gegen eine weitere Ausdehnung der LMU ebenso wie gegen den Bau der Amalienpassage. Anstelle von alten Häusern und verwinkelten Hinterhöfen sollte eine moderne Passage mit gehobenen Wohnungen die Amalien- mit der Türkenstraße verbinden. Die Aktion wehrte sich jahrelang gegen das, was man heute Gentrifizierung nennt: den Verlust preisgünstigen Wohnraums, die Veränderung der sozialen Struktur, die Verschnöselung des Viertels. Vergebens. Die Amalienpassage mit ihren über 200 Wohnungen wurde 1979 gebaut.

1.41 Antitheater

Ein abgewrackter Hinterhof Mitten in der Maxvorstadt, Amalienstraße 87. Vorne besoffen sich Studenten in dem schäbigen Wirtshaus »Witwe Bolte«. Im Hinterhaus hatte sich 1968 eine Künstlerkommune eingenistet, die in ihrem »antitheater« das zeitgenössische Theater ad absurdum führen wollte. Kopf der Truppe: Rainer Werner Fassbinder, der zuvor schon mit dem »Actiontheater« in der Müllerstraße (Isarvorstadt) für Aufsehen gesorgt hatte.
Dass Fassbinders Konzept von einigen Kritikern als »Scheißhausparolentheater« beschimpft wurde, war ihm »wurscht«. Schließlich feierten ihn andere Kritiker als Deutschlands »einzigen fortschrittlichen Theatermacher«. Die Truppe drehte auch Filme, erhielt 1970 sogar das Filmband in Gold. Drei Jahre ging das Experiment gut, dann musste das »antitheater« pleite und völlig überschuldet schließen. Fassbinder wandte sich verstärkt seinen Filmprojekten zu. Das alte Gebäude sucht man heute vergebens, es musste der Amalienpassage (s. o.) weichen.

1.42 Schaubühne

»Wir gehen zu Papa Steinicke«, war ein geflügeltes Wort. Papa Steinicke hieß eigentlich Carl Georg mit Vornamen und besaß in der Adalbertstr. 15 eine Buchhandlung. So weit, so normal. Doch hinter der Buchhandlung befand sich ein Raum mit einer Kleinkunstbühne, auf der neben Schauspielaufführungen auch Vorträge und Diskussionsrunden stattfanden. Bedeutend wurde die kleine Schaubühne während der NS-Diktatur, denn Papa Steinicke war erklärter Nazi-Gegner. In seinem Minitheater trafen sich Antifaschisten der verschiedenen politischen Lager: Sozialdemokraten, Kommunisten, Zentrumsleute und die Anhänger der Bayerischen Volkspartei, wo sie Flugblattaktionen u. ä. austüftelten. Das Gebäude wurde im Krieg zerstört, an Papa Steinicke erinnert heute noch eine Bronzetafel, deren Inschrift verwirrend, aber symptomatisch für die Nicht-Wahrnehmung der Maxvorstadt ist: Steinicke war natürlich kein Schwabinger, sondern Maxvorstädter!

Eine Gedenktafel am Haus erinnert an den »Schwabinger« Papa Steinicke.

1.43 ARRI

And the Oscar goes to: Türkenstraße 89! Besser gesagt an ARRI! Schon 16 Mal konnte die Münchner Firma den begehrtesten Filmpreis der Welt in der Kategorie technische Innovation in die Maxvorstadt holen. Begonnen hatte alles eigentlich wie bei vielen erfolgreichen Technikunternehmen mit zwei fanatischen Tüftlern in einem Hinterhof. Die Freunde August Arnold und Robert Richter, Maschinenbauabsolventen der TU, bauten im Jahr 1914 ihren erste eigenen Kinoprojektor mit Elektromotor um und statteten ihn mit einer selbstgebauten Bogenlampe aus. Beim deutschen Filmpionier Peter Ostermayer (Gründer der Bavaria Filmstudios) lernten sie die Spielfilmherstellung. Richter ging schließlich in die USA, jobbte sich quer durchs Land und arbeitete sogar als Hilfskameramann bei Fox. Nach seiner Rückkehr nach München gründete er mit dem alten Kumpel August am 12. September 1917 die Firma Arnold & Richter. Den großen Durchbruch schaffte ARRI 1937 mit Erich Kästner – nein, nicht mit dem Autor, sondern dem gleichnamigen Konstrukteur –, der die Spiegelreflexoptik für Filmkameras serienreif machte. ARRI produziert u. a. auch Scheinwerfer, Filmprojektoren, Laser-Geräte für die Datenausbelichtung auf Film und medizinische Kameras. Auf dem Gelände befinden sich außerdem Filmstudios.

Für Filmfans, die nicht ganz so technikaffin sind, ist das ARRI dennoch eine gute Adresse. Gemeint ist hier das Kino in der Türkenstraße 91. Die Älteren erinnern sich noch an das Vorgängerkino auf dem ARRI-Gelände, die Capitol-Lichtspiele. Der Neubau des ARRI-Kinos wurde 1958 mit *Die Brücke am Kwai* eröffnet. Bekannt wurde das Kino vor allem durch die Mitternachtsvorstellungen mit Eddie-Constantine-Filmen und es war das erste deutsche Kino, das 1978 eine Dolby-Stereo-Tonanlage einbaute.

Filmbegeisterte Maxvorstädter: In der Türkenstraße etablierten Robert Richter und August Arnold (kl. Foto links, v. l.) ihre Firma ARRI. Der Eingang ist auf dem großen Foto ganz links zu erkennen. Der heutige Neubau an dieser Stelle ist komplett in ARRI-Hand.

»Und so wos hoaßt ma heutzutog Kunscht! Pfui Teifi!«, echauffierte sich einer der Gaffer, die sich 1911 vor einem Schaufenster in der Türkenstraße versammelt hatten. Zwei Maler hatten hier ihr Atelier eingerichtet, der eine malte links auf einer großen Leinwand, der andere rechts. Sie ließen sich vom Tumult vor der Tür nicht stören. Schließlich musste die Polizei eingreifen, damit es nicht zum Krawall kam. Der eine malte munter weiter an seinem blauen Ross, der andere an seinem »ausgelaufenen Darm«, wie es einer der Gaffenden titulierte. Eines Tages waren die Maler verschwunden. Ein Dienstmann tauchte auf und brachte die fertigen Gemälde zur kgl. Buch- und Kunsthandlung Littauer am Odeonsplatz. Littauer belieferte den Hof und die ersten Adressen Münchens mit Gemälden. Der Dienstmann trug die Bilder unverhüllt mit der Gemäldeseite nach außen. Begleitet wurde er schnell von einem wütenden Mob, den berittene Polizei nur mühsam in Zaum halten konnte, weil er die Machwerke verbrannt sehen wollte. Kunsthändler Littauer schlug die Hände über dem Kopf zusammen, als er die beiden Gemälde von Franz Marc und Wassily Kandinsky sah und verbat sich solch »Sudelzeug« in seiner Galerie. Da bot sich ein gutaussehender, großer Mann, der sich als Hans Goltz vorstellte, an, Littauer aus der Patsche zu helfen. Man solle die Bilder in seinen Buchladen in die Brienner Straße 8 bringen. Littauer tat nichts lieber als das und dürfte sich anschließend bis an sein Lebensende in den Allerwertesten gebissen haben.

Heute würde man die Aktion einen raffinierten PR-Gag nennen. Kandinsky, Marc und ihre Gruppe Blauer Reiter waren plötzlich in aller Munde. Die erste Ausstellung des Blauen Reiters in der renommierten Galerie Thannhauser (Theatinerstraße) war nämlich ziemlich gefloppt. Keiner nahm Notiz, keiner regte sich auf, keiner kaufte was. Nun änderte sich das schlagartig. Kandinskys und Marcs Zusammenarbeit mit Goltz endete zwar schon nach wenigen Jahren, dennoch wurde der 1912 ins Leben gerufene Kunstsalon Hans Goltz am Odeonsplatz 1 die erste Adresse für deutschen Expressionismus und Abstraktes (1928 zog Goltz in die Brienner Straße 56, heute betreiben die Nachfahren die renommierte Kunstbuchhandlung in der Türkenstraße). Kandinsky hatte 1901 erst die Phalanx, 1909 dann die Neue Künstlervereinigung München ins Leben gerufen und dann, als ihm seine eigene Gründung die Teilnahme an einer Gruppenausstellung verweigerte, 1912 mit Franz Marc den Blauen Reiter gegründet.

Gabriele Münter fotografierte einige Mitglieder des Blauen Reiters (v. l.): Maria und Franz Marc, Bernhard Koehler, Heinrich Campendonk, Thomas von Hartmann, Wassily Kandinsky (vorne sitzend).

Picasso beneidet »Munick«

München genoss Ende des 19. Jh. und Anfang des 20. Jh. den Ruf der weltweit führenden Kunstmetropole. Den Grundstein dazu hatte einst der kunstbesessene König Ludwig I. gelegt, der mit allen ihm zur Verfügung stehenden Mitteln aus dem mittelalterlichen Nest München eine moderne weltgewandte Großstadt gemacht hatte. Ende des 19. Jh. beherrschten die großen Malerfürsten wie Lenbach, Kaulbach und Piloty den Kunstmarkt, auch der gigantische Ausstellungstempel Glaspalast sowie die 1880 neueröffnete Kunstakademie trugen Münchens Ruf in alle Welt. Aus just dieser aller Welt strömten Künstler nach München, um hier zu studieren. 1906 sollen es 4.000 gewesen sein, darunter allein 800 Amerikaner. Niemand geringerer als Pablo Picasso sagte schon 1897 ganz ohne Ironie, dass man weder in Paris noch in Madrid ernsthaft Kunst studieren könne, sondern nur in »Munick«. Weil hier die Kunst frei sei! Von dieser Freiheit profitierten jene, die zu den ganz großen Namen der klassischen Moderne werden sollten: neben Franz Marc und Wassily Kandinsky, der in der Maxvorstadt eine komplett neue Kunstrichtung, nämlich die Abstraktion, erfand, auch Alexander Jawlensky, Emil Nolde, Alfred Kubin, Paul Klee und Gabriele Münter.

Kandinsky, Jawlensky und viele andere mehr verdankten ihren künstlerischen Erfolg nicht zuletzt einem großen Lehrer: Anton Ažbe. Der gebürtige Slowene galt als so talentiert und technisch ausgereift, dass er bereits als Student an der Münchner Kunstakademie Lehraufträge bekam. Statt seine künstlerische Karriere voranzutreiben, gründete Ažbe 1891 in der Türkenstraße seine Malschule mit für damalige Verhältnisse revolutionären Ansätzen: bei ihm durften Frauen studieren, seine Schüler konnten ihren eigenen Stil frei entwickeln und er nahm bei den Kursgebühren Rücksicht auf die sozialen Verhältnisse der Schüler. Bald drängten sich so viele Studenten in seiner Malschule, dass die Räume zu klein wurden und man in die Georgenstraße 16 umzog.

Malerklischee: Das Atelier von Max Ebersberger (Foto von 1889) entspricht dem Prototyp eines klassischen Künstlerateliers, das Sittenwächter verteufelten.

»Schwabylon« wird zum Zustand

Doch in der Maxvorstadt blühte nicht nur die Malerei. Literaten trafen sich im Café Stefanie, die Redaktion des Simplicissimus veranstaltete wilde Partys im Lokal Simplicissimus und Thomas Mann war Gast bei Séancen im Palais Adalberts von Schrenck-Notzing – wild waren jene Jahre, in denen die Maxvorstadt gemeinsam mit dem nördlichen Nachbarn Schwabing zum legendären »Schwabylon« verschmolz, jenem Begriff, der keinen Ort, sondern einen Zustand beschreibt.

Mittendrin in den Ateliers, Künstlerkneipen und literarischen Salons war auch eine der schillerndsten Figuren, die die Münchner Bohème jemals hervorgebracht hat: Franziska Gräfin zu Reventlow. Sie hatte in München Malerei studiert, war dann vor einer arrangierten Ehe geflohen und schlug sich als Französischübersetzerin für den Langen Verlag durch. Die Reventlow schrieb nebenher Satiren für den Simplicissimus und stark autobiografisch geprägte Bücher, in denen sie ihre Zeitgenossen mit einem ungewöhnlichen Frauenbild schockte. Sie machte keinen Hehl daraus, dass sie häufig wechselnde Herrenbekanntschaften hatte, mitunter mehrere Herren gleichzeitig beglückte und dafür durchaus auch Geld nahm, um sich und ihren Sohn Rolf durchzubringen. Wegen der ständigen Geldnot wechselte die Reventlow häufig ihre Wohnungen. Sie zog kreuz und quer durch die Maxvorstadt und machte auch Ausflüge nach Schwabing. Erich Mühsam riet ihr, den als »Saufbaron« berüchtigten Baron Rechenberg-Linten zu ehelichen, denn der würde erst dann sein Erbe antreten können, wenn er mit einer echten Adeligen verheiratet sei. Die arrangierte Scheinehe flog zwar bald auf, doch die Reventlow kassierte immerhin eine Abfindung. Eine wie die Reventlow würde auch heute noch Aufsehen erregen.

Doch zurück zur Malerei: Münchner Malerei war neben Münchner Bier und Nymphenburger Porzellan eine weltweit geschätzte Handelsmarke. Der Kunstbetrieb zählte zu einem der wichtigsten Wirtschaftsfaktoren. Der große Boom begann einst mit der 1858 im Glaspalast veranstalteten 1. Deutschen Allgemeinen und Historischen Kunstausstellung. Sie war so ein enormer (Verkaufs-)Erfolg, dass 1869 die 1. Internationale Kunstausstellung stattfand, bei der Gustave Courbet und Wilhelm Leibl gewaltiges Aufsehen erregten und München zum Zentrum der »Moderne« machten. Bereits bei der 3. Internationalen Kunstausstellung überschritt der Umsatz die 1 Mio. Mark-Grenze, wobei ein Drittel der Arbeiten aus Münchner Ateliers stammten.

Kunst in der Vorstadt

Kunsthändler suchten die Nähe zum Glaspalast, ebenso wie die Galerien heute zu den Pinakotheken. Die Kunsthandlungen des 19. Jh. darf man sich freilich nicht wie heutige Galerien vorstellen, man handelte neben Gemälden und Skulpturen oft auch mit Büchern, Möbeln, Antiquitäten, Teppichen, Gobelins etc.

Münchens Ruf als Kunstmetropole wurde in den 1930er Jahren von Hitlers Kulturverständnis brutal, gründlich und nachhaltig zerstampft. Zudem waren viele der Kunsthändler Juden.

Nach dem Zweiten Weltkrieg dauerte es lange, bis sich in München wieder eine Kunsthandelsszene etablierte. Als neue Kunstmeile fand zunehmend die innenstädtische Maximilianstraße Zulauf. Erst in den 1970ern positionierten sich kleine Galerien wieder in den Vorstädten. Speziell mit der Eröffnung der Pinakothek der Moderne erlebte die Maxvorstadt einen neuen Boom an Galerie-Gründungen, plötzlich war nicht mehr die Isarvorstadt das Kunstviertel Münchens, zu dem es sich in den 1980/90ern hochgearbeitet hatte.

1.44 Alter Simpl/Simplicissimus

Es war eine wilde Nacht: Angeführt von dem Laute spielenden Dramatiker Frank Wedekind zog eine illustre Schar in der Walpurgisnacht des Jahres 1903 vom beliebten Künstlertreff Dichtelei (Türkenstraße 81) zur Türkenstraße 57, wo die Neue Dichtelei ihre Türen öffnete. Wirtin des neuen Lokals war Kathi Kobus (Bild Mitte stehend), die früher in der Dichtelei bedient hatte. Kobus schaffte es, dass all die Kreativen ihre Neue Dichtelei zum neuen Hotpsot machten. Der Wirt der alten Dichtelei tobte und klagte ebenso umgehend wie erfolgreich gegen die Verwendung des Namens. Was tun? Kathi Kobus überlegte nicht lange: viele Gäste gehörten zur Redaktion des Satiremagazins Simplicissimus oder zumindest zu deren Umfeld – also beschloss sie, dass ihr Lokal fortan Simplicissimus heißen sollte. Den Simplicissimus-Verleger Albert Langen zu überzeugen, muss ein schweres Stück Arbeit gewesen sein, letztendlich stimmte Langen jedoch zu. Mehr noch: Die Kneipe durfte auch das Logo des Simplicissimus, die von Th. Th. Heine entworfene rote Bulldogge, als Hauszeichen verwenden und damits besser passte, bekam der Hund kurzerhand eine Sektflasche zwischen die Pfoten. Eine Legende war geboren. Die Maxvorstädter Wirtschaft gilt bis heute als eine der Keimzellen des »Schwabing« Mythos. Wer auch immer in München dichtete, malte, schauspielerte, tanzte oder komponierte, verkehrte hier – oder trat sogar in dem rappelvollen Lokal auf. Einem Bonmot zufolge soll die Wirtin, wenns eng wurde, die Gäste sogar auf den Bilderrahmen platziert haben. Isodora Duncan tanzte im Eisbärfellmantel auf den Tischen, Erich Mühsam schleuderte beißende Satiren ins Publikum. Zu den Stammgästen gehörten neben Wedekind und Ringelnatz (zudem das Gspusi der Wirtin) auch Oskar Maria Graf, Thomas Mann und Franziska zu Reventlow. Wenn die jungen Maler mal völlig blank waren, konnten sie mit Bildern zahlen, so betrank sich z. B. Franz Marc unter seinen eigenen Bildern. Es geht sogar das Gerücht, dass der Dadaismus hier geboren wurde – noch bevor das Cabaret Voltaire in Zürich die Keimzelle des Dadaismus wurde. So soll die Diseuse Marietta di Monaco bereits 1914 ein Gedicht von Hugo Ball und Klabund rezitiert haben, in dem die für die Kunstrichtung namensgebende Lautfolge »Dada« gestammelt wurde.

Nach dem Krieg und mehreren Wirtewechseln gelang es Anfang der 1960er Jahre der Wirtin Toni Netzle, an die großen Zeiten anzuknüpfen. Nun hieß das Lokal »Alter Simpl« und wieder zählten Prominente aus Showbusiness und Politik zu den Stammgästen: Brigitte Bardot feierte 1968 ein legendäres Fest, Rock Hudson kam unbehelligt auf ein paar Bier herein; Maria Schell, Willy Brandt, Liv Ullmann, Curd Jürgens, Ella Fitzgerald, Duke Ellington, Bernd Eichinger und sogar der spätere RAF-Terrorist Andreas Baader … die Liste liest sich wie das Who 's who der Nachkriegszeit und alle konnten sich auf die Diskretion der Wirtin verlassen. Nachdem sich Toni Netzle 1992 zurückzog, spielt der Alte Simpl keine besondere Rolle mehr im Münchner Kneipenleben und ist vor allem bei Studenten und Touristen beliebt.

1.45 Türkenschule

Lange hatten die katholischen Majestäten sich bemüht, den Zustrom von Protestanten nach München einzudämmen oder gar zu sabotieren. Es gelang nicht. München musste sich den »Fremdgläubigen« öffnen. Ab 1873 kam es dann zu einer pädagogischen Revolution: Simultanschulen, also gemischtkonfessionelle Schulen, wurden erlaubt. Dazu durften aber keine bestehenden umgewandelt werden, es mussten schon Neugründungen sein. Ein Jahr später eröffnete die Türkenschule an der Türkenstraße 68 als Konkurrenz zur rein katholischen Amalienschule. Das Gebäude hatten die Architekten Arnold Zenetti und August Voit entworfen. Die Schüler, entweder Türkenstraßler oder Amalienstraßler lieferten sich jahrzehntelang erbitterte Revierkämpfe in den Ecken der Maxvorstadt. Heute gibt es keine Revierkämpfe mehr, denn die Amalienschule gibt es nicht mehr. Nur die Türkenschule hat als Grundschule überlebt. Vor wenigen Jahren wurde das Gebäude generalsaniert.

1.46 Buchgewerbehaus

Unrühmlich ist die Vergangenheit des Gebäudekomplexes Schellingstraße 39/41. Hier wurde ab 1920 der Völkische Beobachter, das Kampfblatt der nationalsozialistischen Bewegung Großdeutschlands sowie Produkte des NSDAP-Verlags Franz Eher Nachf., darunter auch rund 10 Mio. Exemplare von Hitlers *Mein Kampf*, produziert. Die süddeutsche Ausgabe des Völkischen Beobachters, der 1944 eine Gesamtauflage von 1,7 Mio. erreichte, kam bis Kriegsende aus der Schellingstraße. Die Lettern von *Mein Kampf* wurden am 5. Oktober 1945 zu neuen Lettern umgeschmolzen, um damit die erste Ausgabe der Süddeutschen Zeitung drucken zu können.
Später residierte die Münchner Redaktion der Bild-Zeitung in dem Gebäude, weshalb es hier 1968 zu tragischen Ereignissen kam: Anlässlich des Schah-Besuchs protestierten Studenten friedlich gegen Menschenrechtsverletzungen in Persien (Iran). Als am Gründonnerstag die (Falsch-)Meldung die Runde machte, Studentenführer Rudi Dutschke sei bei einem Attentat ums Leben gekommen, brodelte die Studentenschaft auch in München. Wo der politische Feind saß, war klar: bei der Springer-Presse, die der Studentenbewegung kritisch bis ablehnend gegenüberstand. Also griff man die Bild-Redaktion an und versuchte durch Sitzblockaden die Auslieferung der Zeitung zu verhindern. Es kam zu anhaltenden, bürgerkriegsähnlichen Straßenschlachten, den sogenannten Osterunruhen. Am 15. April traf ein Pflasterstein den Pressefotografen Klaus-Jürgen Frings vor dem Buchgewerbehaus so schwer am Kopf, dass er zwei Tage später starb. Auch der Student Rüdiger Schreck wurde bei den Auseinandersetzungen tödlich verletzt. Die Täter konnten nie ermittelt werden.

1.47 Schelling Salon

Grüß Gott, liebe Gäste hieß der Film, den Thomas Honickel 1998 für den BR über den Schelling Salon (Schellingstraße 54) drehte. Es ist eine Liebeserklärung an das Gasthaus, in dem irgendwie die Zeit still zu stehen scheint. Hier ist nichts schick und neumünchnerisch, die Gentrifizierung bekommt keinen Fuß in die Tür. Nach wie vor treffen sich hier Alt und Jung, Studenten und Rentner in den würdevoll vergilbten Räumen. Die meisten wollen ratschen und spielen: Karteln, Würfeln und Kickern kann man auch, aber besonders beliebt sind die vielen Billardtische. Der Schelling-Salon betreibt sogar Münchens einziges Billardmuseum. Evelin Mehr führt das 1872 gegründete Lokal nun in vierter Generation. Der Schelling Salon war einst eine Gartenwirtschaft, wo sich häufig die Trauergesellschaften nach einer Beerdigung im Alten Nordfriedhof zum Leichenschmaus trafen. 1911 wurde im neu errichteten Vorderhaus Münchens erstes Wiener Café-Restaurant mit Billard eingerichtet. Zu den »Schwabinger« Bohèmezeiten verkehrten hier Wedekind, Brecht, Kandinsky und Rilke. Auch Lenin und Adolf Hitler gehörten zu den Stammgästen, wobei Hitler schließlich Hausverbot bekam, weil er mehrere Rechnungen nicht begleichen konnte.

1.48 Türkengraben

Hoheit wünschten einen bequemeren Weg zu seinen Schlössern im Umland. Die Straßenverbindung war doch etwas zu holprig. Also kam Kurfürst Max Emanuel (1662-1726) auf die Idee, die Münchner Residenz durch ein Kanalsystem mit den Schlössern Nymphenburg und Schleißheim zu verbinden. Max Emanuel beauftrage den kurfürstlichen Geometer Mathias Paur mit der Planung. 1702 begannen die Aushubarbeiten, zu denen die Soldaten der kurfürstlichen Infanterie verdonnert wurden. Trotzdem hält sich bis heute das Gerücht, dass türkische Kriegsgefangene an den Arbeiten beteiligt gewesen seien. Die letzten türkischen Gefangenen aus dem Großen Türkenkrieg hatten München allerdings bereits 1699 in Richtung Heimat verlassen. Das Gerücht führte aber dazu, dass der Grabenabschnitt in der Maxvorstadt den Namen »Türkengraben« bekam, wovon sich auch die den Graben begleitende Türkenstraße ab-

leitet. Die Richtung des Kanals entspricht heute dem Verlauf von Fürstenstraße, Nordendstraße, Kurfürstenstraße und Belgradstraße. Nach nur zwei Jahren kamen die Arbeiten zum Erliegen, der »Türkengraben« reichte knapp bis zur Georgenschwaige (Milbertshofen). Fertig gestellt wurde hingegen das erste Teilstück des Kanals von der Residenz bis zur Mündung in den Nymphenburg-Biederstein-Kanal. Das große Problem: Wassermangel. Der Kanal erwies sich als nicht schiffbar. Also ließ man ihn 1811 auffüllen und zum Teil überbauen. Heute erinnern an der Ecke Schelling-/Türkenstraße fünf in eine Mauer eingelassene »Fenster« des Künstlers Joachim Jung an den Türkengraben. Sie wurden 2005 eingeweiht.

1.49 Pachmayr

Vom Apotheker zum Limonadenfabrikanten: Otto Pachmayr hatte einst bei Max Pettenkofer das Apotheker-Handwerk gelernt und in der königlichen Hofapotheke gearbeitet. 1867 schließlich wandte er sich anderen Rezepturen zu und gründete die Mineralwasser- und Limonadenfabrik Otto Pachmayr. 1873 kaufte er das Fabrik- und Wohnhauses in der Theresienstraße 33, wo noch heute das Stammhaus seinen Sitz hat.

1.50 Elf Scharfrichter

siehe S. 49

1.51 Heyne-Verlag

Die Verlegerfamilie Heyne floh 1948 aus dem zerstörten Dresden nach München und wagte hier einen Neuanfang. Zunächst bezog der Verlag 1950 Räume in der ehemaligen Türkenkaserne, dann zog man elf Jahre später in die Türkenstraße 24. 1969 übersiedelte der mit Taschenbüchern inzwischen sehr erfolgreich gewordene Verlag in die Türkenstraße 7. Mittlerweile ging der Heyne-Verlag, wie viele seiner früheren Konkurrenten, in der Verlagsgruppe Random House auf.

1.52 St. Markus

Eigentlich hätte St. Markus einen ganz anderen Platz bekommen sollen: Im Osten der Stadt auf der anderen Isarseite nahe der Kohleninsel, da wo zahlreiche Arbeiter aus den evangelischen Gebieten Frankens zugezogen waren, sollte eine große, freistehende Kirche entstehen. Auch ein großzügiges Grundstück an der Schellingstraße fasste man ins Auge. Doch das Königshaus fürchtete, München könnte mit so einem Bau seinen Status als Bollwerk des Katholizismus verlieren. Schließlich hatten die Protestanten schon mit St. Matthäus am Sendlinger Tor eine unübersehbare Repräsentanz. Also bot man der Gemeinde ein Grundstück gegenüber dem Wittelsbacher-Palais am südlichen Ende der Maxvorstadt an. Hier, eingeklemmt zwischen Bürgerhäusern, blieb kein Platz für eine freistehende Kirche als Zentrum des Stadtteillebens. Da die Stadt den Bau mit 100.000 Gulden bezuschusste und auch Ludwig II. 250.000 Gulden stiftete, akzeptierte die evangelische Gemeinde schließlich den ungünstigen Bauplatz.

Rudolf Gottgetreu entwarf die Kirche im neugotischen Stil – und stieß damit bei der Gemeinde auf heftigen Widerstand, die keinen »modernen« Stil wünschte. Als Gottgetreu dann auch noch die Bogenpfeiler im damals hypermodernen Gusseisenverfahren statt gemauert errichten lassen wollte, kam es zum endgültigen Bruch. Georg Eberlein übernahm die Arbeit von Gottgetreu und änderte nicht viel, lediglich die Bögen ließ er statt aus Eisen aus Backstein bauen. Am 28. Oktober 1877 wurde

1.50 Die 11 Scharfrichter

Deutschlandpremiere: Nicht mehr und nicht weniger als das erste politische Kabarett auf deutschem Boden eröffnete am 13. April 1901 in der Türkenstraße 28 seine Pforten. Im Rückgebäude der Gaststätte »Zum Goldenen Hirschen« befand sich ein ungenutzter Paukboden, in dem einst Fechter trainierten. Das Wirtshaus stand genau gegenüber der Türkenkaserne. Soldaten, Arbeiter, Dienstleute gehörten zum Stammpublikum. Max Langheinrich, ein junger Architekt, gestaltete den Paukboden um zu einem Theater mit modernster Technik, so z. B. einem versenkbaren Orchester. Die Initiatoren des Theaters hatten Anteilsscheine an Mäzene verkauft, um das Projekt zu finanzieren. Am Eingang zum Zuschauerraum, der Platz für 100 Gäste bot, wachte ein Totenschädel mit Perücke, in dem ein Beil steckte.

Regisseur Otto Falckenberg inszenierte den aufsehenerregenden Auftritt, mit dem jede Aufführung begann: die Akteure, darunter auch Frank Wedekind, kamen als Scharfrichter mit scharlachroten Kapuzenumhängen vermummt auf die Bühne und kündigten an »scharf und herzlich« zu richten. Jeder wählte sich einen dramatischen Künstlernamen – bis auf Wedekind. Falckenberg nannte sich z. B. Peter Luft, Wilhelm Hüsgen war Till Blut und Leo Greiner Dionysius Tod. Heimlicher Star und einzige Frau des Ensembles: Marie Biller alias Marya Delvard, die als düsterer Vamp die damals neue Liedgattung Chanson mit morbidem Timbre nach München brachte. Pro Woche gab es drei Vorstellungen, jeden Monat wechselte das Programm. Um Steuern zu sparen und die harte Zensur zu unterlaufen, verlangten die Scharfrichter zunächst keinen Eintritt, sondern nur eine exorbitante Garderobengebühr, und deklarierten die Aufführungen zur geschlossenen Veranstaltung. Aber die Staatsmacht ließ sich nicht an der Nase herumführen. Schließlich mussten die Scharfrichter eine Theaterkonzession beantragen. Im Theaterraum stellte man zudem moderne Kunst, nämlich Jugendstil, aus. Der Erfolg schien den Scharfrichtern recht zu geben.

Doch mit dem Erfolg kam der Niedergang. Einzelne Darsteller stiegen zu Stars auf, Kollegenneid zerstörte das Kollektiv. Durch exzessive Misswirtschaft kam das Kabarett an den wirtschaftlichen Ruin und die Zensur verbot zudem immer wieder bestimmte Programme. Schon 1904 waren die Elf Scharfrichter am Ende und lösten sich auf.

die zweite protestantische Kirche Münchens geweiht. Seit 1896 ist St. Markus bis heute Sitz des Münchner Dekanats, obwohl es damals noch eine Filialkirche von St. Matthäus war und bis 1900 blieb. Die Entscheidung hatte einen ganz praktischen Grund: Dr. Adolf Kahl, der damalige Pfarrer von St. Markus, war zum Dekan ernannt worden und wollte nicht umziehen. 1926 und vor allem 1936 entgotisierte man die Kirche umfassend, die anschließend im Zweiten Weltkrieg schwer zerstört wurde. Max Unglehrt sicherte nach dem Krieg die Ruine, die 1955 bis 1957 durch Gustav Gsaenger mit Rücksicht auf die neugotische Bausubstanz neu errichtet wurde. Statt des neugotischen Gewölbes zog Gsaenger ein Tonnengewölbe mit ornamentierter Stuckdecke ein. Die Münchner nennen die Dekoration »Breznstuck«. Zudem erhielt die Kirche eine neue Fassadengliederung aus Beton – insgesamt blieb Gsaengers Umgestaltung in der Gemeinde sehr umstritten. Mit der Vollendung der Steinkanzel 1963 endete der Wiederaufbau. Bei einer Sanierung 1977 bis 1979 durch Theodor Steinhauser, erhielten die Fenster eine ornamentale Verglasung und Walter Senf gestaltete den Innenraum farblich neu.

1.53 Siemensforum

Die markante weiße Rotunde des Siemensforums könnte das Entrée zum Museumsareal sein, man sieht ihm auch an, dass es als solches geplant wurde, doch es leidet unter der katastrophalen Verkehrsführung, der breite Altstadtring trennt es brutal von der restlichen Maxvorstadt. Neue Konzepte zur Neugestaltung des Areals werden immer wieder diskutiert, bislang hat sich nichts geändert. So steht das Technikmuseum einsam auf der Altstadtseite. Das Gebäude nach Plänen des New Yorker Architekten Richard Meier wurde 1999 eröffnet. Damit zog das Firmenmuseum, das zuvor in der Prannerstraße zuhause war, in den Neubau.

Das Siemensforum sieht sich als ein Ort der Begegnung, das nicht ausschließlich auf ein technikaffines Fachpublikum ausgerichtet ist. Besonders die Ängste vieler Menschen vor einer scheinbar übertechnisierten Welt sollen mit Offenheit und leicht verständlich aufbereiteten Informationen zerstreut werden. Schwerpunkt des Museums bildet natürlich die eigene Firmengeschichte, beginnend mit dem Zeigertelegraphen, den Werner von Siemens 1846 entwickelte. Die Dauerausstellung stellte die Entwicklung von Elektrotechnik und Elektronik durch firmeneigene Produkte dar. Aber auch Ausblicke auf die Herausforderungen der Zukunft kommen nicht zu kurz. Während dieses Buch entsteht, ist das Siemensforum leider geschlossen. Es soll voraussichtlich im Jahr 2015, zeitgleich mit der Neugestaltung der benachbarten Konzernzentrale, wieder eröffnen. Was zu hoffen wäre, denn im obersten Stockwerk bietet sich von der Restauranterrasse ein herrlicher Blick über die Maxvorstadt.

1.54 Siemens

Dass heute die Siemens AG am Wittelsbacherplatz 2 ihren Hauptsitz hat, ist nicht mit der Geschichte des Unternehmens verbunden. Die aus Berlin stammende Firma suchte nach dem Zweiten Weltkrieg eine neue Bleibe für ihr Haupthaus, da der Kalte Krieg und der schwierige Besatzungsstatus den Standort Berlin unattraktiv und unsicher machten – und fand einen schmucken Klenze-Bau. Nach Willen des Architekten Leo von Klenze sollte eine Kirche die Sichtachse zwischen Palais Leuchtenberg und Odeon vom Odeonsplatz her abschließen – doch weil Ludwig I. dafür kein Geld ausgeben wollte, beschloss Klenze, den Abschluss der Sichtachse privat zu nutzen: für ein Wohnhaus. Der Gold- und Silberdrahtfabrikant K. A. Vogel erwarb 1824 das Grundstück am Wittelsbacherplatz 4 und beauftragte Klenze mit der Fassadengestaltung. Den Grundriss entwarf der Bauunternehmer F. X. Widmann, der auch die Bauarbeiten ausführte. Widmann kaufte das fertige Haus – und vermietete den ersten Stock an Leo von Klenze. 25 Jahre lebte der Baumeister hier inmitten seiner Werke. 1878 erwarben die Wittelsbacher das Gebäude und machten daraus eines von mehreren Stadtpalais für ihren Nachwuchs. Die Prinzen Alfons und Ludwig Ferdinand zogen ein. Nach erheblichen Zerstörungen im Zweiten Weltkrieg wurde das Ludwig-Ferdinand-Palais renoviert. 1949 mietete sich die Firma Siemens & Halske ein und nutzte das Anwesen zunächst für Fuhrpark und Kasinobetrieb. Nachdem Prinz Ludwig Ferdinand am 23. November 1949 verstarb, veräußerte die Erbengemeinschaft Prinz Adalbert und Prinzessin Pilar das Anwesen am Wittelsbacherplatz 4 – nach einigen Streitigkeiten zwischen den Erben und der Testamentsvollstreckerin Gräfin Wrbna-Kaunitz – 1957 an die Siemens Grundstücksgesellschaft zum Preis von 2,5 Mio. DM. Seitdem hat die Verwaltung der Siemens AG dort ihren Hauptsitz.

1.55 Oldenbourg Verlag

Rudolf Oldenbourg, Sohn eines Leipziger Großhändlers, entwickelte schon früh ein sicheres Gespür für das Geschäft mit Büchern. 1843 gründete er die Bibelanstalt der Cottaschen Buchhandlung, zwei Jahre später kaufte er die Vogelsche Buchhandlung in Landshut, die das Verlagsrecht der einzigen approbierten katholischen Bibelübersetzung besaß. Ein Coup, der nicht nur für Jahrzehnte den Verlag finanziell absicherte, sondern auch Oldenbourg zum Handlungsgesellschafter machte. 1858 schließlich gründete er in der Glückstraße einen eigenen Verlag mit der technischen Zeitschrift *Journal für Gasbeleuchtung und verwandte Beleuchtungsarten*, damals eine Sensation, denn es war eine der ersten technischen Fachzeitschriften in Deutschland. Sie erscheint auch heute noch unter dem Titel *Das Gas- und Wasserfach* als *gwf – Gas/ Erdgas* sowie als *gwf – Wasser/ Abwasser*. Oldenbourg verkehrte mit den wissenschaftlichen Größen seiner Zeit, war mit Justus von Liebig und Pettenkofer befreundet und konnte große Namen als Autoren für seine Publikationen gewinnen. Das erste Buch kam zwei Jahre später auf den Markt: *Handbuch für Steinkohlegasbeleuchtung*.

Gleichzeitig übernahm Oldenbourg Teile der Cottaschen Verlagsanstalt, die Anfang der 1860er aufgelöst wurde. 1873 erwarb Rudolf Oldenbourg von Friedrich Pustet die Verlagsrechte des Königlich Bayerischen Zentral-Schulbücherverlags, der 1785 durch ein Dekret von Wilhelm dem Frommen ins Leben gerufen worden war. 1883 gründete Rudolf Oldenbourg zudem eine Groß-Buchbinderei. Nach dem Tod des Firmengründers blieb der Verlag lange in Familienbesitz, verlegte aber den Sitz von der Maxvorstadt in die Rosenheimer Straße. 2004 wurde die Oldenbourg Verlagsgruppe Teil der Cornelsen Gruppe.

In der Buchbinderei von Oldenbourg fanden um die Jahrhundertwende viele Frauen Arbeit.

1.56 Palais Arco-Zinneberg

Die beiden Münchner Bauunternehmer Rudolf Reschenauer und Franz Xaver Gampenrider wollten am Boom der neuen Maxvorstadt teilhaben und sie waren im Besitz eines Palais-Entwurfs von Klenze, der ihnen dabei helfen sollte. Also errichteten sie ab 1824 ein Palais am Wittelsbacherplatz 1, das zwar in seinen äußeren Proportionen die deutliche Handschrift des gereiften Klenzes verriet, in seiner ziemlich unregelmäßigen Grundrissdisposition jedoch die echten Bauherren verriet. 1833 erwarb Maximilian Graf Arco-Zinneberg das Anwesen (die Abb. zeigt das Arco-Wappen). Der Graf machte sich als Jäger und Sammler einen Namen: Er galt als ausgezeichneter Adlerjäger und es gelang ihm, die letzte Zigarettenkippe von Lola Montez, die die Geliebte Ludwigs I. skandalöserweise in der Öffentlichkeit rauchte (denn Damen rauchten nicht öffentlich!), aufzusammeln. Das Palais erfuhr im 19. Jh.

mehrere Umbauten. Im Ersten Weltkrieg diente es als Lazarett. 1928 ließen die Deutschen Werkstätten das Anwesen für ihre Zwecke ausbauen. Die schweren Zerstörungen des Zweiten Weltkriegs ließen keine andere Wahl, als den Schuttberg bis auf die Grundmauern abzutragen und das Palais komplett neu zu errichten. Erst Ende der 1950er Jahre rekonstruierten die Architekten Winkler die historische Fassade.

1.57 Palais Eichthal

Von Leo von Klenze 1818 im wuchtigen, strengen Rustikastil Florentiner Paläste an der Brienner Straße 12 erbaut. Rustika oder auch Bossenwerk ist Mauerwerk aus Steinquadern, deren Stirnseite nur grob behauen (bossiert) ist.

1.58 Palais Almeida

Ursprünglich sollte hier die Pinakothek ihren Platz finden. Denn der alte Deupont- oder Rechenberggarten vor den Toren Münchens schien ein idealer Ort für eine Pinakothek zu sein. Doch 1823 erwarb Prinz Karl, Bruder Ludwigs I., die Parzelle und beauftragte Leo von Klenze mit dem Entwurf eines Palais. Schon ein Jahr später war Klenze aus dem Rennen, Jean-Baptiste Métivier übernahm die Bauplanung und errichtete an der Brienner Straße 14 einen vorneh-

men Bau mit Pariser Flair, bei dem Architektur, Innenausstattung und Mobiliar ein klassizistisches Gesamtkunstwerk bildeten. Métivier baute dabei auf eigene Kosten, das Palais sollte als Spekulationsobjekt dienen. Sein Kalkül ging auf. Prinz Karl gefiel das Haus so gut, dass er es 1834 seiner Frau schenkte. Karl hatte seine Geliebte, die bürgerliche Marie Anna Sophie Petin, 1823 ehrbar gemacht und geheiratet. Seither durfte sie den Titel Baronin Bayrstorff führen. Seinen heutigen Namen Palais Almeida verdankt das Palais der Heirat ihrer Tochter Franziska von Bayrstorff mit dem Brasilianer Paolo Martins, Viscount d'Almeida.

1923 erwarb die München-Aachener Versicherung das Anwesen und gestaltete das Innere um. Im Bombenhagel des Zweiten Weltkriegs brannte das Palais aus. Beim Wiederaufbau Anfang der 1950er Jahre achtete man weitgehend auf die genaue Rekonstruktion der Fassade, hinzu kam ein moderner Anbau nach Norden. Heute beherbergt das Palais Almeida Büros sowie das Schweizer Konsulat. Ursprünglich war mit diesem Palais der benachbarte Bau der Disconto-Gesellschaft mit Rundbogenarkaden verbunden.

1.59 Bayerische Landesbank

Beim Skandal um die Spitzederin, der als größter Finanzskandal Bayerns des 19. Jh. galt, mag es nach heutiger Auffassung nur um Peanuts gegangen sein. Ganz anders hingegen lief es bei der Bayerischen Landesbank Anfang 2008, hier konnten selbst versierteste PR-Strategen nicht mehr von Peanuts sprechen. Immerhin verspekulierte sich die BayernLB um rund 1,9 Mrd. Euro und brachte gestandene Politiker ins Schleudern, die natürlich von absolut nichts wussten. Apropos Landesbank: Die sitzt seit Mitte der 1970er Jahre auf geschichtsträchtigem Boden an der Ecke Brienner-/Türkenstraße. Hier stand einst das Wittelsbacher-Palais, das Maximilian II. noch als Kronprinz 1848 erbauen ließ, aber nie bezog, weil sein Vater Ludwig I. zurücktreten musste. Statt Max II. zog dann Exkönig Ludwig I. in das Wittelsbacher-Palais. Nach den Revolutionsjahren von 1918 nutzte das Sozialministerium den Bau, später richtete die Gestapo hier ihr Zentrum des Grauens ein. Nach dem Zweiten Weltkrieg sollte nach dem Willen von Stadt und Staat auf dem Ruinengrundstück eine Grünanlage mit einem Löwendenkmal entstehen. Doch weil guter Baugrund in München schon immer teuer war, veräußerte die Stadt das 4.200 m² große Areal dann in den 1970ern doch lieber an die Bayerische Landesbank, die bereits 1964 an der benachbarten Brienner Straße 20 einen Neubau bezogen hatte. Das Architektenbüro Beck-Enz-Yelin baute von 1977 bis 1982 den Verwaltungskomplex und bezog dabei den Bau der ehemaligen Disconto-Gesellschaft an der Brienner Straße 16 (von Max Littmann 1922 erbaut) mit ein.

Die Landesbank geht auf ein Gesetz zur Schaffung einer Landeskultur-Rentenanstalt von Ludwig II. zurück, dessen Ziel es war, »die Beschaffung von Kapitalien zur Ausführung von Kulturunternehmungen zu erleichtern«. Mit Kultur meinte der König diesmal ausnahmsweise die Bodenkultur, also Landwirtschaft. 1914 gründeten die bayerischen Sparkassen den Giroverband, der den bargeldlosen Zahlungsverkehr fördern sollte. Die Girozentrale zog sechs Jahre später von Nürnberg nach München und trennte sich 1925 komplett vom Sparkassenverband. Fortan nannte sie sich Bayerische Gemeindebank. Nach dem Zweiten Weltkrieg bekam auch die Landeskultur-Rentenanstalt einen neuen Namen: Bayerische Landesbodenkreditanstalt. Diese fusionierte 1972 mit der Bayerischen Gemeindebank zur Bayerischen Landesbank Girozentrale. Das Institut bekam 400 Mio. DM als Grundkapital, an dem sich der Freistaat Bayern und die Sparkassen beteiligten. Die Landesbank definierte sich hauptsächlich als Sparkassenzentralbank, Hausbank des Freistaates Bayern, Kreditinstitut der Kommunen und Universalbank mit Schwerpunkt im Wertpapier- und Auslandsgeschäft. Seit 2005 heißt die Bank offiziell BayernLB.

An der Gabelsbergerstraße steht ein steinerner Löwe (von Alfred Göring) vor der Bayern LB, der an die Portallöwen (von Johann Halbig) des zerstörten Wittelsbacher-Palais erinnern soll.

1.60 Wittelsbacher-Palais

»Das ist mir der zuwiderste Bau, den ich geführt habe!«, polterte der Architekt Friedrich von Gärtner angesichts des Bauwerks, das er 1848 im Auftrag von Kronprinz Maximilian II. an der Ecke Brienner-/Türkenstraße errichtet hatte. Der Prinz hatte sich etwas Gotisches gewünscht. Gärtner, der gemeinsam mit Klenze für Ludwig I. die klassizistischen und romantischen Prachtbauten der Maxvorstadt geschaffen hatte, verabscheute die Gotik, doch er musste sich den royalen Wünschen fügen. Maximilian II. bezog jedoch nie den »zuwideren Bau«. Kurz nach der Fertigstellung des Palais musste König Ludwig I. abdanken, aus dem Kronprinz wurde der neue König. Maximilian und sein Vater tauschten die Wohnsitze. Der eine zog in die Residenz, der andere ins Palais. Doch wie Gärtner hasste auch Ludwig I. den gotischen Stil seines Sohns. Der Exkönig haderte bis an sein Lebensende damit, dass er nun ausgerechnet in diesem scheußlichen Kasten wohnen musste. Später zog der Sohn von Prinzregent Luitpold, der als König Ludwig III. Bayerns letzter Regent sein sollte, ins Wittelsbacher-Palais. Nach dessen Flucht 1918 richteten sich die Revolutionäre unter dem neuen Ministerpräsidenten Kurt Eisner im Palast ein und riefen hier die Räterepublik aus. Zu Eisners revolutionären Ideen zählte auch ein Sozialministerium, in dem (ebenfalls höchst revolutionär) ein eigenes Frauenreferat eingerichtet wurde. Der gelernte Schlosser Hans Unterkeitner zog als erster Staatsminister für soziale Fürsorge in seinen Dienstsitz: ins Wittelsbacher-Palais.

Das um Pervertierung nie verlegene Terrorregime der Nazis machte aus dem Sozialministerium kurzerhand die Gestapo-Zentrale. In einem Erweiterungsbau richtete man ein Gefängnis ein, in dem Regimegegner brutalst gefoltert wurden. Das war der Hauptgrund, warum das Wittelsbacher-Palais letztlich auch fast allen Münchnern zuwider wurde. Auch die Geschwister Scholl saßen vor ihrer Hinrichtung hier ein. Nachdem der Krieg zu Ende war und vom Palais nur noch Trümmer standen, setzte sich niemand für die Restaurierung des verhassten Gebäudes ein. Ironie des Schicksals: Der Erweiterungsbau mit der Gestapo-Folterzentrale blieb beinahe unbeschädigt und wurde zunächst vom Autohaus Hans Hanauer als Kfz-Werkstatt genutzt. Erst im Jahr 1964 riss man die letzten Gebäudeteile ab. Stadt und Freistaat planten eine Grünanlage mit Löwendenkmal als Erinnerungsort für die Schreckenszeit. Aber Filetgrundstücke mitten in München ließ man auch damals nur ungern ungenutzt, also verkaufte die Stadt in den 1970ern das 4.200 m² große Gelände doch lieber an die Bayerische Landesbank.

Der zuwidere Bau: Das Wittelsbacher-Palais erlebt eine wechselvolle Geschichte (Postkarte von 1910). Eine Bronzetafel an der Ecke Türken-/Brienner Straße erinnert heute daran.

1.61 Tonhalle

»Merkwürdigerweise ist es fast immer der Kaimsaal, wo ich Sie sehe – was daher kommt, dass ich Sie früher oft dort durch das Opernglas beobachtete, bevor wir uns kannten«, schrieb Thomas Mann im Mai 1904 an seine spätere Ehefrau Katja Pringsheim. Der Literat verkehrte also ebenso wie alle kulturell interessierten Münchner in dem beliebten Kulturzentrum in der Türkenstraße 5, das auf private Initiative entstanden war. 1895 ließ sich Orchesterleiter Franz Kaim von dem Jugendstilarchitekten Martin Dülfer einen Konzertsaal für sein Kaim'sches Philharmonisches Orchester und den Philharmonischen Chor erbauen. Schnell erspielte sich das Orchester unter dem Dirigenten Felix Weingartner zwischen 1898 und 1905 internationalen Ruf. 1905 verließ Franz Kaim München und der Kaim-Saal wurde in Tonhalle umbenannt. Der Münchner Konzertverein übernahm das Orchester. Ein Jahr später gab Wilhelm Furtwängler sein Debüt als Dirigent des Philharmonischen Orchesters. 1928 erfolgte die Umbenennung des Orchesters in Münchner Philharmoniker.

Im Kaim-Saal wurde aber nicht nur auf höchstem Niveau musiziert, es fanden auch Ausstellungen, Konferenzen und sogar legendäre Faschingsbälle statt. So konnte das Münchner Publikum im Jahr 1897 im Kaim-Saal den Phonographen und die Röntgenstrahlen bestaunen. 1907 lud Rudolf Steiner zum Theosophischen Kongress, im interessierten Publikum wurden auch Christian Morgenstern, Erich Mühsam, Wassily Kandinsky und Käthe Kollwitz gesichtet. Und im November 1926 wütete der Literaturnobelpreisträger Thomas Mann bei einem Vortrag in der Tonhalle über den erschreckenden politischen Klimawandel, der sich in München vollzogen hatte: »Wir mussten es erleben, dass München in Deutschland und darüber hinaus als Hort der Reaktion, als Sitz aller Verstocktheit und Widerspenstigkeit gegen den Willen der Zeit verschrien war, mussten hören, dass man es eine dumme, die eigentlich dumme Stadt nannte.«

Die Tonhalle wurde im Krieg zerstört und nicht wieder aufgebaut. Die Philharmoniker fanden ein Interimsdomizil im Herkulessaal und konnten erst 1985 im Kulturzentrum Gasteig einen eigenen Konzertsaal beziehen. In der Türkenstraße 5 steht heute ein Bürohaus mit dem Sitz des Bayerischen Hotel- und Gaststättenverbands.

1.63 Haus der Deutschen Ärzte

Relativ unauffällig fügt sich das Münchner Haus der Deutschen Ärzte (ehemals Palais Poschinger) in die frühere Bebauung ein. Das Haus an der Brienner Straße 23 gibt geschickt vor, alt zu sein, ist es aber nicht sonderlich. Was man vor allem daran merkt, dass es pseudobarocke Elemente hat, die nicht in die klassizistische Konzeption Klenzes passen. Tatsächlich entstand das Haus auf dem Grundstück des ehemaligen Poschinger-Palais nach Plänen des Architekten Roderich Fick 1936/37, der sich mit dem Gebäude bei Hitler für einen Lehrstuhl für Architektur an der Münchner Uni empfahl. Der

Ein Wappen verdeckt heute notdürftig die Äskulap-Schlangen am Ärztehaus.

Bildhauer Bernhard Bleeker schuf einen Windspiele-Brunnen, der noch heute im Innenhof des Gebäudes steht. In den Obergeschossen saßen die Büros der Kassenärztlichen Vereinigung Deutschlands, unten gab es Arztpraxen. Ab 1955 nutzte die Kassenärztliche Vereinigung München das Haus. Seit 2003 gehört das Anwesen der Raiffeisenbank Oberösterreich, die es zum »Oberösterreich Haus« mit Restaurant umbaute.

1.62 Haus Böhler

Erhalten ist heute noch das in der Brienner Straße 25 errichtete Haus Böhler, von Gabriel von Seidl ab 1904 auf den Grundmauern eines spätklassizistischen Palais als Haus für den Sammler und Antiquitätenhändler Julius Böhler gebaut. Dabei mixte Seidl Renaissance- und Barockelemente, was sich ursprünglich nicht in die klassizistische Struktur der Brienner Straße eingliedern wollte. Doch nach diversen Bausünden der Neuzeit ist das Haus Böhler wohl der geringste Fremdkörper hier.

Auf Intrigen gebaut ...

Zwei Baumeister teilten sich den Ruhm, aus dem unscheinbaren München des ausgehenden 18. Jh. innerhalb weniger Jahrzehnte eine repräsentative Großstadt mit internationalem Flair gemacht zu haben: Leo von Klenze und Friedrich von Gärtner. Beide waren nicht nur begnadete Architekten, sondern Meister des gnadenlosen Intrigenspiels.

So verlor Klenze keine Zeit, als er sich das Vertrauen des Kronprinzen Ludwig gesichert hatte und Hofarchitekt geworden war. Er, und nur er wollte das Sagen haben, was und wie in München gebaut wurde. Zielstrebig räumte er seinen 74-jährigen Vorgesetzten Andreas Gärtner aus dem Weg. Gärtner sei zu alt, um noch architektonische Maßstäbe zu setzen, flüsterte Klenze dem Kronprinzen ein. So wurde Klenze erst Bayerischer Hofbauintendant und schon einen Monat später ging er aus dem Gerangel mit seinem schärfsten Rivalen Karl von Fischer um die Stelle des Oberbaurats am Oberbaukommissariat als Sieger hervor. Klenzes steile Karriere weckte natürlich den Unmut der Münchner Künstlerschaft, doch das Multitalent jonglierte geschickt mit dem zerstrittenen Haufen und festigte seine Position immer mehr.

Klenze auf Jobsuche

Vielleicht lag es an Klenzes Werdegang, dass er in München so energisch die Ellenbogen ausfuhr. Der 1784 in Bockeleh im Harz geborene Leo wurde von seinen wohlhabenden Eltern an die Universität in Berlin geschickt, um Jurist zu werden. Der Student interessierte sich aber viel mehr für Architektur, wechselte das Studienfach und lernte an der Bauakademie unter David Gillys. Geprägt von Aloys Hirt entwickelte Klenze sein Faible für griechische Architektur, die er zeitgemäß neu interpretieren wollte.

Nach dem Studium ging Klenze 1803 nach Paris, war dort vermutlich Gasthörer an der École Polytechnique, und zog noch im selben Jahr erst nach Südfrankreich, dann nach Italien. Ein Jahr später landete er in Kassel, wo Napoleons Bruder Jérôme regierte. 1808 gelang es Leo Klenze endlich bei Hofe eingeführt zu werden und einen Auftrag zu ergattern. Fünf Jahre später, nach Napoleons Sturz, war Klenze wieder arbeitslos. Er zog mit seiner Frau nach Paris und suchte vergebens Arbeit in München (wo er Ludwig das erste Mal begegnete) sowie in Wien. 1815 kam Ludwig zur Unterzeichnung des Zweiten Pariser Friedens in die französische Metropole. Klenze nutzte die Gunst der Stunde und punktete bei dem Kronprinzen mit seiner Leidenschaft für die Antike. Ludwig trug Klenze an, sich um den Bau der Glyptothek zu bewerben. Aus dem Wettbewerb ging Klenze als Sieger hervor – seine Münchner Zeit begann. Er ahnte schnell, »daß es mir an Hindernißen und Verdrießlichkeiten in Bayern nicht fehlen würde.« Ludwig I. redete nicht nur überall rein, mehr noch, er kletterte ständig auf den Baugerüsten herum, weil er überall live dabei sein wollte. Die Bauarbeiter nannten ihn »Oberpalier«.

Gärtner in Warteposition

Als Oberbaurat musste Klenze nur noch einen potenziellen Konkurrenten aus dem Weg schaffen: Andreas Gärtners Sohn Friedrich, der hoffte, in die Fußstapfen seines Vaters treten zu können. Doch er musste mit ansehen, wie Klenze einen Auftrag um den anderen an sich raffte. »Klenze brachte mich zum Kronprinzen«, erinnerte sich Gärtner. »Dass Klenze das Faktotum geworden, ersah ich schon längst, den Grad aber erfuhr ich dann näher. Nach mehreren Fragen kam die Sprache auf seine jetzige Beschäftigung, wobei Klenze auf eine unbegreifliche Weise das Wort nahm und seine Meinung und Ansichten anpries und jede andere verwarf, mit einer solchen Geschicklichkeit, dass ich versteinert dastand, bis endlich sein Gönner ihn mit einem lauten Bravo auf die Achsel schlug und ihm ganz beistimmte.«

Klenze schob den begabten jungen Gärtner auf einen Praktikantenposten ab, was der sich nicht gefallen ließ, schließlich hatte der 1791 in Koblenz geborene Friedrich erst an der Münchner Kunstakademie und dann ab 1812 zwei Jahre in Paris studiert. Gärtner beschloss zu warten. Er verließ München, das er ohnehin als verregnetes »Windloch« verachtete, bereiste Italien, arbeitete in London und überlegte gar, nach Amerika auszuwandern.

Verhasste Gegner auf einem Platz vereint: Leo von Klenzes Büste (l.) und die Friedrich von Gärtners (r.) stehen heute Rücken an Rücken in der Isarvorstadt, dort, wo die Klenzestraße den Gärtnerplatz kreuzt.

1819 nahm er eine Professur für Baukunst an der Münchner Akademie an und leitete zudem die Porzellanmanufaktur Nymphenburg.
Ludwig I. sah sich Mitte der 1820er Jahre gezwungen, Klenzes Monopolstellung zu schwächen – zu oft geriet der egomanische und wankelmütige Regent mit dem ehrgeizigen Baumeister vor allem bei Fragen um die Gestaltung der Glyptothek aneinander. Der König setzte als Kontrollinstanz die Akademie der Bildenden Künste ein. Das Gremium, dem auch Friedrich Gärtner angehörte, entschied nun über die Durchführbarkeit von Klenzes Monumentalbauten. Klenze schäumte, doch schon 1826 konnte er den König überzeugen, dass das Gremium seine Kreativität massiv beschneide und erhielt den Titel eines Geheimen Oberbaurats, womit er noch mächtiger wurde.

Feucht-fröhliche Nächte in Rom

Letzten Endes lohnte sich Friedrich Gärtners geduldiges Warten. Er hatte zudem verlässliche Freunde, wie z. B. Martin von Wagner, der für den neuen König als Kunstagent in Italien tätig war. 1827, als Ludwig I. mal wieder in Rom seinen beiden Leidenschaften nachging – Kunst und Liebeleien –, sorgte Wagner dafür, dass sich Regent und Baumeister ganz zufällig begegneten und eine Nacht durchzechten, wobei die beiden feststellten, dass Klassizismus nicht mehr en vogue war, sondern der von Gärtner favorisierte romantische Stil. Ludwig behandelte seine Architekten wie seine Maitressen – je nach Lust und Laune wechselte sein Geschmack. Romantik? Klang gut! Das Ergebnis der feucht-fröhlichen Runde: Gärtner durfte die Staatsbibliothek bauen.
Klenzes Monopol war gebrochen – Gärtner jubilierte. Aber Klenze gab so leicht nicht auf, er warf seinem Konkurrenten Knüppel zwischen die Beine, wo er nur konnte. »Kadavröse Antike«, beschimpfte er eine von Gärtners Arbeiten. Klenzes Wut steigerte sich noch, als sich herauskristallisierte, dass Gärtner den ganzen nördlichen Teil der Ludwigstraße bis zum Siegestor gestalten sollte, inklusive Ludwigskirche und Universität. Zudem entwarf Gärtner mit der Feldherrnhalle auch noch den Ausgangspunkt der Prachtstraße. Das Großprojekt trieb die Stadt München zwar in die Verschuldung, doch innerhalb von zwanzig Jahren entstand unter Gärtners Händen ein städtebauliches Gesamtkunstwerk von europäischem Rang.
Leo Klenze, den Ludwig I. 1833 in den Adelstand erhob, trieb in der Zwischenzeit den Bau der Pinakothek voran und ging mit Ludwigs Sohn, dem neuen griechischen König Otto I., nach Griechenland, um in Athen ein neues München zu erschaffen. Klenze ist es vor allem zu verdanken, dass die Akropolis gerettet wurde, die man für Militärbauten und ein neues Schloss schleifen lassen wollte. Später baute Klenze für Zar Nikolaus I. die neue Eremitage in St. Petersburg. Seine Rolle als internationaler Stararchitekt befriedigte seinen Geltungsdrang und brachte ihm wieder Ludwigs Respekt.

Klenzes späte Rache

Daheim in München belohnte Ludwig I. Friedrich Gärtner 1840 mit der Erhebung in den Adelsstand. Im selben Jahr reiste Gärtner nach Athen, um für Otto I. den königlichen Palast zu vollenden – er hatte erfolgreich Klenzes Entwurf aus dem Rennen geworfen. Die Großprojekte zehrten allerdings am Baumeister. 1847 starb Friedrich von Gärtner 54-jährig an einem Schlaganfall mitten in den Bauarbeiten zur Befreiungshalle bei Kelheim. Sie wurde erst nach seinem Tod fertig gestellt – ausgerechnet von Klenze, der kurzerhand die Pläne so überarbeitete, dass von Gärtners Entwurf kaum noch etwas übrig blieb.
Nachdem Ludwig I. im Jahr 1848 abdanken musste und mit Maximilian II. ein König an die Macht kam, der einen völlig anderen architektonischen Geschmack hatte (nämlich die Gotik), endete auch Klenzes große Zeit. Sein Trost für die Nachwelt: Er hatte mit Ludwig I. das bedeutendste deutsche Architekturensemble des 19. Jh. neben Schinkels Arbeit in Berlin geschaffen. Die Fertigstellung der letzten Klenze-Bauten – der Befreiungshalle, der Ruhmeshalle und der Propyläen – musste Ludwig privat finanzieren.

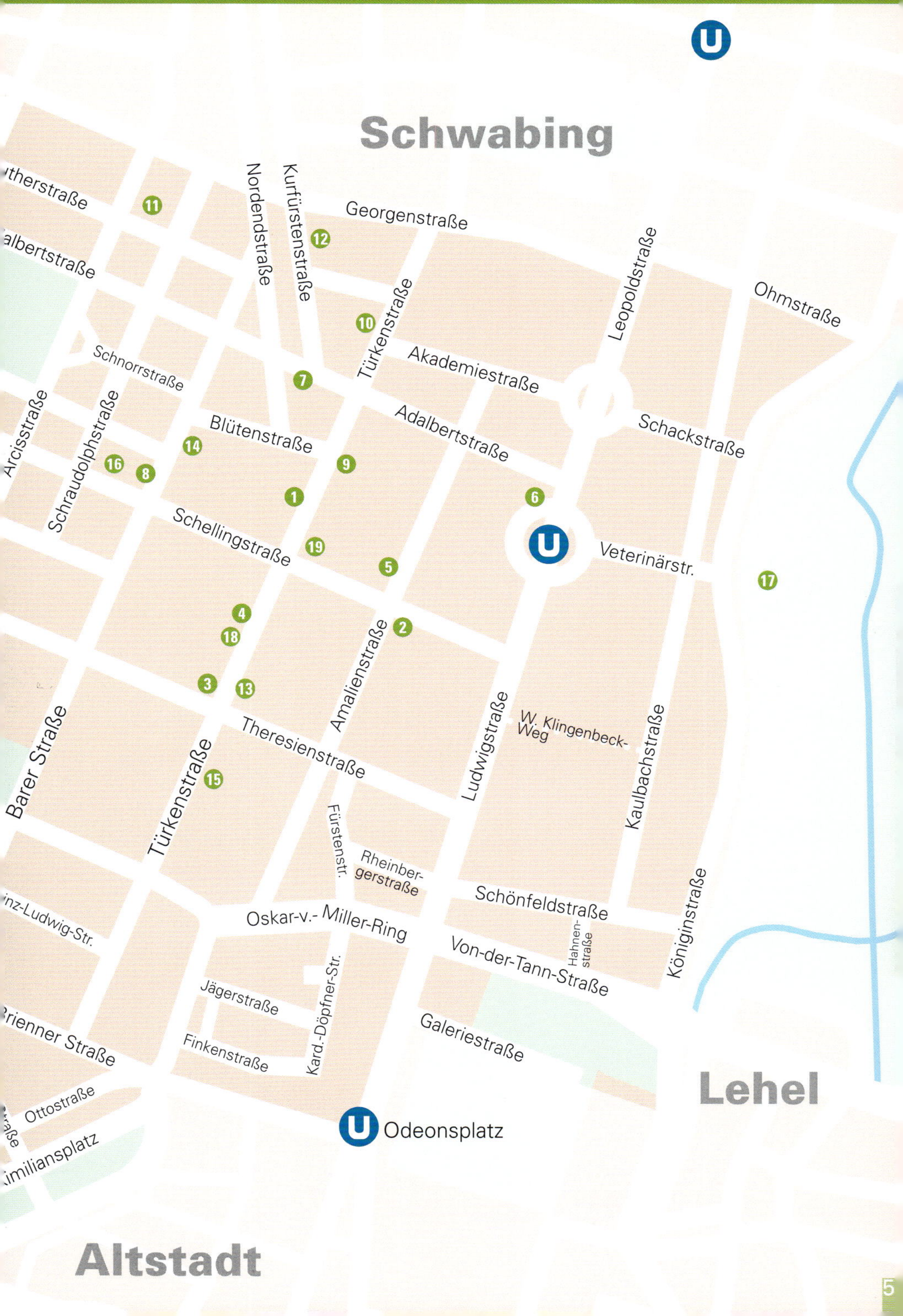
Schwabing
Lehel
Altstadt
Odeonsplatz
Georgenstraße
Nordendstraße
Kurfürstenstraße
Türkenstraße
Leopoldstraße
Ohmstraße
Akademiestraße
Schackstraße
Adalbertstraße
Veterinärstr.
Schnorrstraße
Arcisstraße
Schraudolphstraße
Blütenstraße
Schellingstraße
Amalienstraße
Ludwigstraße
W. Klingenbeck-Weg
Kaulbachstraße
Theresienstraße
Barer Straße
Türkenstraße
Fürstenstr.
Rheinbergerstraße
Schönfeldstraße
Königinstraße
Hahnenstraße
Oskar-v.-Miller-Ring
Von-der-Tann-Straße
Jägerstraße
Kard.-Döpfner-Str.
Finkenstraße
Galeriestraße
Brienner Straße
Ottostraße
1
2
3
4
5
6
7
8
9
10
11
12
13
14
15
16
17
18
19

Verhungern und verdursten muss man bei einem Maxvorstadtbummel sicher nicht. Nur wenige andere Münchner Viertel bieten eine solche Fülle an Cafés, Kneipen und Restaurants. Dieser Abschnitt der Maxvorstadt ist auch ein Shoppingparadies vor allem für Mode, Antiquitäten, Kunst und Bücher. Pulsierende Hauptschlagadern für Shopper und Kaffeedurstige sind die Türken-, die Amalien- und die Schellingstraße sowie Teile der Theresienstraße. Hier nur eine Auswahl, deren Aktualität wir leider nicht garantieren können:

Cafés • Kneipen

1 Alter Simpl
Türkenstr. 57
eine der legendärsten Kneipen Münchens, *siehe S. 46*

2 Atzinger
Schellingstr. 9
einst DIE Studentenkneipe im Univiertel, quasi der ausgelagerte Seminarraum …

Batty Baristas Coffee Lounge
Barer Str. 42

Brown's Tea Bar
Türkenstr. 60
very british, Café, Teestube

Cabane Bar
Theresienstr. 40
kleine Bar im Fifties-Retro-Style

Café Altschwabing
Schellingstr. 56
Café, Restaurant mit türk. Spezialitäten

Café an der Uni (CADU)
Ludwigstr. 24
Studentenkneipe schräg gegenüber Unihauptgebäude

Café Luna
Königinstr. 43

4 Café Puck
Türkenstr. 33
sehr beliebte/s Studentenkneipe/Café

Café Zeitgeist
Türkenstr. 74

Der verrückte Eismacher
Amalienstr. 77
Eisdiele

Dinatale Café
Veterinärstr. 4
sizilianische Espressothek

Erbshäuser
Glückstr. 1
Café, Konditorei

Gartensalon
Türkenstr. 90 (Amalienpassage)

Gegenüber
Barer Str. 80
Café, Bar

Gelateria Adria
Türkenstr. 59
Eiscafé

I love Leo
Kaulbachstr. 37
Frozen Yogurt, Eisdiele

5 Konditorei Schneller
Amalienstr. 59
köstliche Kuchen seit 1884 – also über 125 Jahre Tradition im Univiertel!

Schall & Rauch
Schellingstr. 22
kleine, lässige, sehr beliebte Studentenkneipe, Essen bis zwei Uhr morgens

6 Unilounge Munich
Geschwister-Scholl-Platz 1
Café, Lounge, direkt an der LMU

Vianne Chocolate
Türkenstr. 55
Chocolaterie, Café

Essen

Akakiko Running Sushi
Amalienstr. 39
japanisch

Alta Marea
Schönfeldstr. 15a
Restaurant, Fischspezialist

Arte in Tavola
Schellingstr. 51
italienisch

Arti-Schocken
Barerstr. 48
traditionelle Trattoria

3 Ballabeni Icecream
Theresienstr. 46
extrem beliebte Eisdiele, angeblich (wieder mal) das »beste Eis in ganz München«

BarCelona Bar
Theresienstr. 38
Café, Fußballkneipe

Barer 61
Barer Str. 61
Café, Bar

Barer 47
Barer Str. 47
Café, Bar, Fr/Sa bis 3 Uhr

Caffetteria Signor Rossi
Amalienstr. 71

Coffee & More
Türkenstr. 69

Deli Star Bagel und Coffee
Kaulbachstr. 41

Deli Star
Amalienstr. 40

Der Laden
Türkenstr. 37
Bistro, Café

Königin 43
Königinstr. 43

Kostbar
Barer Str. 67
Café, Restaurant, Kunst

News Bar
Amalienstr. 55
kleines Café mit Bar, das sich selbst allerdings leider als mitten in Schwabing lokalisiert

Asaka
Amalienstr. 39
japanisch

Bar Tapas
Amalienstr. 97
Tapas-Bar

Bar Triana
Neureutherstr. 8
spanisch

Buxs
Amalienstr. 38
vegetarisch

Chao-Khun
Türkenstr. 9
thailändisch

Das Leben ist schön
Ludwigstr. 26–28
italienisch

Esskultur
Türkenstr. 90
internat. Küche

Il Grappolo
Adalbertstr. 28
italienisch

Osteria Italiana
Schellingstr. 62
italienisch – und, nein, wir schreiben hier nicht, dass das Vorgängerlokal Osteria Bavaria Hitlers Lieblingslokal war …

Pommes Boutique
Amalienstr. 46
schickes Imbiss-Café mit belgischen Pommes

Red Hot
Amalienstr. 89
laut Eigenbeschreibung: »Long-Drinks & Short Ribs«

Tung Thong
Barerstr. 68
thailändisch

9 Türkenhof
Türkenstr. 78
eine Institution unter den Studentenkneipen

Vorstadt Café
Türkenstr. 83
beliebtes, immer gut besuchtes Restaurant, Bar

Warmi Nudelbar
Barer Str. 56
japanisch

Theater

11 Marionettentheater Kleines Spiel
Neureutherstr. 12
Marionettentheater für Erwachsene

12 Theater …und so fort
Kurfürstenstr. 8
renommierte Off-Bühne, die von der Isarvorstadt in die Maxvorstadt zog

Kun-Tuk
Amalienstr. 81
thailändisch

Kushiage Enn
Barer Str. 65
japanisch

Last Supper
Fürstenstr. 9
mediterranes Crossover-Resto, an den Wänden hängen Heiligenbilder

Lo Studente
Schellingstr. 30
italienisch

Man Fat
Barer Str. 53
chinesisch

Mario
Adalbertstr. 15
italienisch

7 Max Emanuel Brauerei
Adalbertstr. 33
beliebtes bayr. Restaurant

Nido
Theresienstr. 40
italienisch

Rossini
Türkenstr. 76
italienisch

Rosso Pizza
Amalienstr. 45
italienisch

8 Schelling-Salon
Schellingstr. 54
legendäres Restaurant u. beliebte Kneipe mit Billard, Kicker, siehe S. 47

Shidu
Türkenstr. 38
crossover euro-asiatisch

Theresa
Theresienstr. 29
cooles Steakhouse-Lounge-Restaurant mit Kegelbahn

Trattoria Binotheka al torchio
Amalienstr. 42
italienisch

Truffaldinos
Türkenstr. 63
internat. Küche

Zahlbar 38
Türkenstr. 38
Bar, Restaurant mit Kegelbahn

Zest
Adalbertstr. 23
Bar, Restaurant

Zum Koreaner
Amalienstr. 46
koreanischer Imbiss

Nachtleben

Bob Beaman Music Club
Gabelsbergerstr. 4
Club, Disco, Elektro

Tumult
Blütenstr. 4
Kellermusikkneipe der Subkulturen

Kino

10 ARRI Kino
Türkenstr. 91
Komfortables (Arthouse- und Programm-)Kino

Bücher

Antiquariat Hauser
Schellingstr. 17

Basis Buchhandlung & Antiquariat
Adalbertstr. 41b
hat ihre Keimzelle in der Studentenbewegung der 70er Jahre

Buch & Töne
Amalienstr. 46
modernes Antiquariat und aktuelle Bücher

13 Goltz
Türkenstr. 36
traditionsreiche und dennoch moderne Kunstbuchhandlung

ItalLIBRI
Nordendstr. 19
italienischsprachige Bücher

Kitzinger J. Buchhandlung und Antiquariat
Schellingstr. 25

Libreria Espanola en Munich
Nordendstr. 19
spanischsprachige Bücher

14 Lillemor's Frauenbuchladen
Barer Str. 70
erster Frauenbuchladen Deutschlands; Off-Limits für Männer

Rupprecht Universitäts-Buchhandlung
Amalienstr. 79, Schellingstr. 3

15 Buchhandlung Werner
Türkenstr. 30
spezialisiert auf Architektur, Grafik und Kunst

Zweitausendeins
Türkenstr. 67

Galerien

DG Deutsche Gesellschaft für christliche Kunst
Wittelsbacher Platz 2 (Eingang Finkenstr.)

Galerie an der Pinakothek der Moderne
Gabelsberger Str. 7

Galerie Christa Burger
Theresienstr. 19

Galerie Esther Donatz
Amalienstr. 45 Mgb.

Galerie f5,6 für Fotografie
Ludwigstr. 7

Galerie Andreas Grimm
Türkenstr. 11

Galerie Jo van de Loo
Theresienstr. 48

Galerie Jordanow
Fürstenstr. 11

Galerie Francoise Heitsch
Amalienstr. 19

Galerie Rüdiger Schöttle
Amalienstr. 41

Galerie Spektrum
Theresienstr. 46

Beim Shopping-/Kneipenbummel durch die Türken- und Schellingstraße sollte man auch mal den Blick nach oben wenden, sonst entgehen einem einige der schönsten Beispiele des Münchner Jugendstils wie dieses Haus an der Schellingstraße 26 von Architekt Martin Dülfer.

Galerie Thomas Modern
Türkenstr. 16

mbf – Kunstprojekte
Maximiliansplatz 9 UG.

Micheko Galerie
Theresienstr. 18

Steinle Contemporary
Kurfürstenstr. 29

Galerie Wittenbrink
Türkenstr. 16

Special

16 Kunstkammer Laue
Schellingstr. 56
von der Decke hängt ein riesiges Nilkrokodil und auch sonst gibt es hier all das zu kaufen, was man sonst nur aus royalen Kunst- und Wunderkammern kennt

17 Milchhäusl
Königinstr. 6
der äußerst beliebte Kiosk mit Bio-Imbiss und Mini-Biergarten existiert schon seit 100 Jahren direkt am Eingang zum Englischen Garten

18 Suckfüll
Türkenstr. 31
die garantiert schischi-freie Oase in der Maxvorstadt; hier gibts vom einzelnen Schräubchen bis zur Guglhupfform alles, was das Bastler- und Hausfrauenherz begehrt

19 Bürgerbüro Bezirksausschuss 3 Maxvorstadt
Schellingstr 28a

2 Museumsquartier und TU

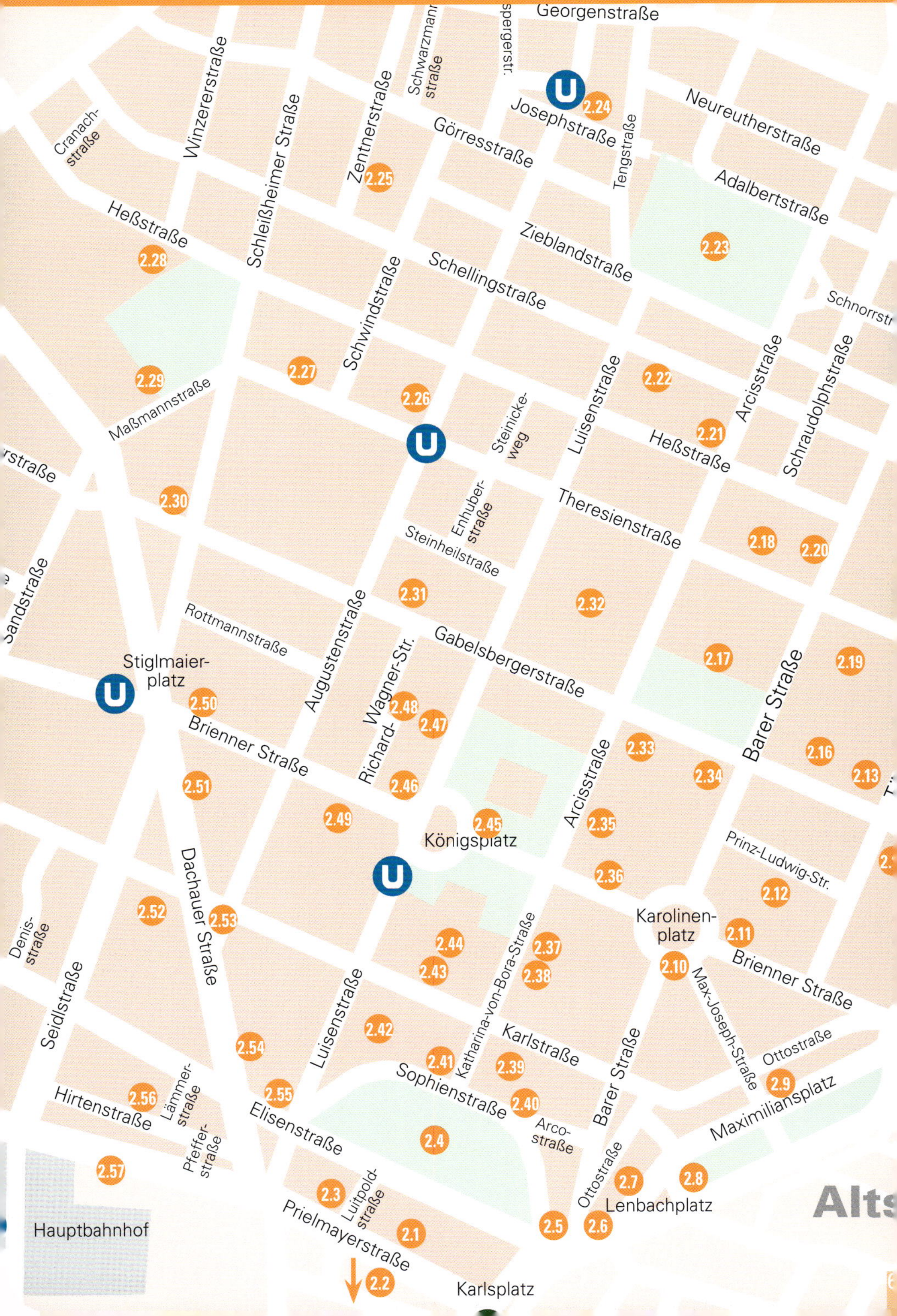

2.1 Justizpalast

Ein romantisches Schlösschen vor den Toren der Stadt inmitten eines französischen Gartens – das hatte Clemens Franz de Paula Herzog in Bayern im Sinn, als er 1752 das Grundstück erwarb, auf dem heute der Justizpalast steht. Clemens Franz de Paula hätte sich freilich nicht träumen lassen, dass einst Soldaten seinen Landsitz belegen würden. Denn da der Herzog kinderlos starb, ging der Landsitz an die Krone über. 1827 ordnete Ludwig I. an, dass das Kadettenkorps in das im Volksmund »Herzoggarten« genannte Palais einziehen sollte. In der zweiten Hälfte des 19. Jh. warf der Landtag einen begehrlichen Blick auf den Herzoggarten, denn man suchte händeringend nach einem geeigneten Bauplatz für ein neues Justizgebäude. Das Justizministerium und mehrere Gerichte zwängten sich seit 1802 in die beengten Räumlichkeiten des ehemaligen Augustinerklosters in der Neuhauser Straße. Mit der Verlagerung des Kadettenkorps auf das Marsfeld waren 1886 endlich die Voraussetzungen geschaffen, den neuen Justizpalast zwischen Hauptbahnhof und Stachus zu errichten. »Mit der Uebertragung der Planbearbeitung an Hrn. Thiersch war zugleich der Bruch mit den bisherigen spiess-bürgerlichen-kleinlichen Anschauungen und Absichten vollzogen; denn man wusste, dass ein solcher Künstler den Auftrag nicht übernehmen

würde, ohne Alles daran zu setzen, (...) um einen Bau hinzustellen, der sowohl seinem eigenen künstlerischen Können, als auch dem der Stadt München Ehre mache«, berichtete ein Jahr später die Deutsche Bauzeitung über die Entscheidung, Friedrich Thiersch mit dem Neubau zu beauftragen. Zehn Jahre dauerten Planung und Bau des monumentalen Behördenpalasts, auf 5.990.000 Goldmark war die Bausumme veranschlagt. Der Haupteingang lag damals gegenüber dem Alten Botanischen Garten, die Adresse, heute Prielmeyerstraße 7, war Elisenstraße 1a. Die ursprünglich für den Justizminister vorgesehene Wohnung im Gebäude strich man schnell, weil sie zu viel Platz rauben würde. Platz, so zeigte sich nach der Eröffnung 1897, war trotz der gigantischen Dimensionen des Bauwerks Mangelware. Also beauftrage man Thiersch schon 1902 mit einem Erweiterungsbau, diesmal beschränkte sich das Budget auf nur 1,6 Mio. Goldmark. Thiersch entschied sich für einen gänzlich anderen Baustil, und setzte neben den neobarocken »Altbau« ein neues Justizgebäude im strengen Stil der Backsteingotik, das 1905 übergeben werden konnte. Die heutige Optik entspricht jedoch nicht dem Urzustand, denn das Gebäude war größtenteils bunt bemalt (siehe Abb.).

2.2 Maxvorstadtschule

Die erste Schule des Viertels befand sich noch vor den Mauern der Stadt: 1770 wurde erstmals die Seidelsche Schule, später einfach Maxvorstadtschule genannt, urkundlich erwähnt. Sie stand in der Schützenstraße, diente ab 1829 als Kinderbewahranstalt und wurde schließlich abgerissen, um dem neuen Hauptbahnhof Platz zu machen. Nach den heutigen Grenzen der Stadtbezirke stand die Maxvorstadtschule in der Ludwigsvorstadt.

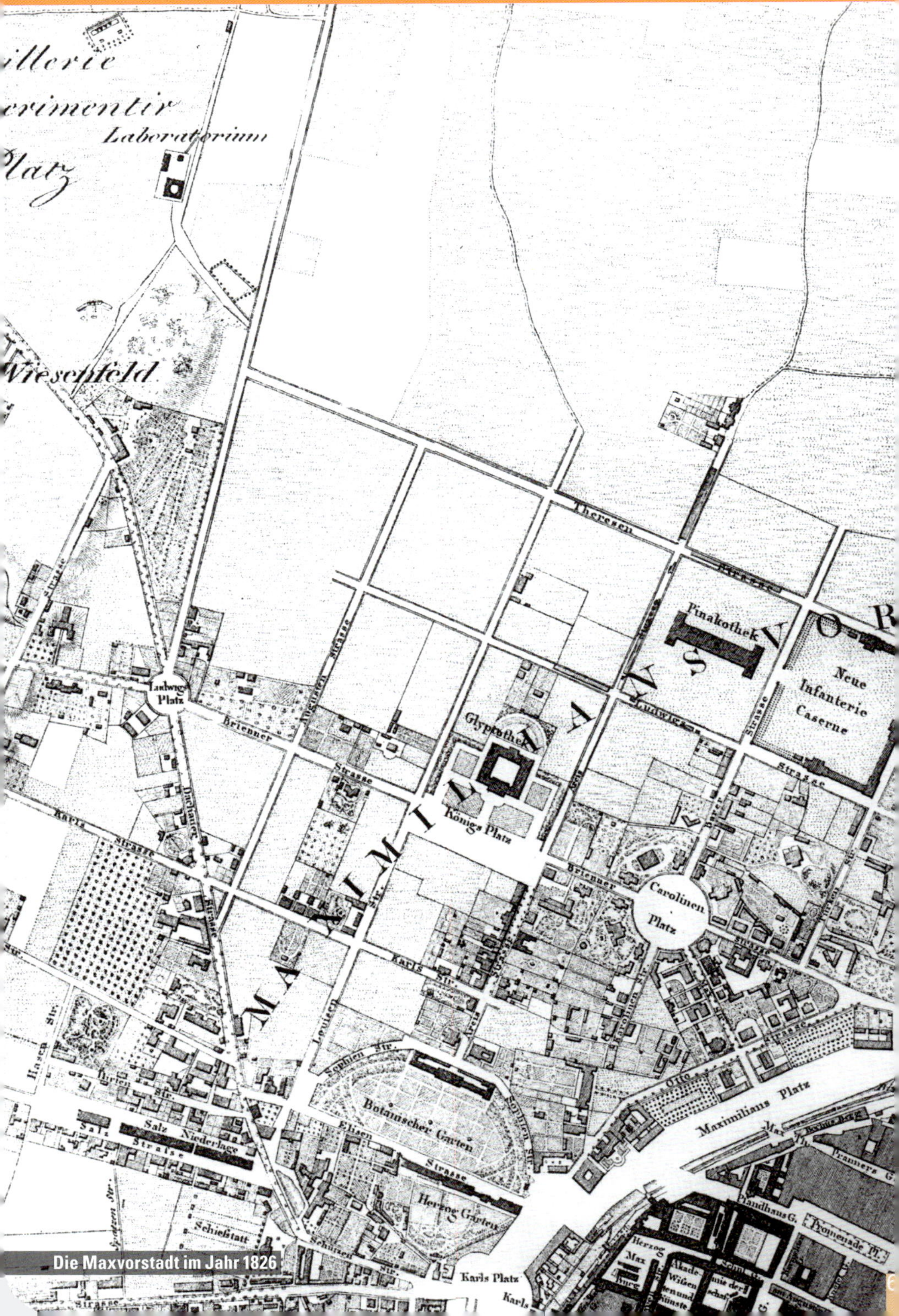

Die Maxvorstadt im Jahr 1826

2.3 Münchner Künstlergenossenschaft

Die Münchener Künstlergenossenschaft, königlich privilegiert von 1868, kurz MKG, ist die älteste Vereinigung freischaffender Künstler in Bayern. Bereits 1858 schlossen sich mehrere Künstler anlässlich der Deutschen allgemeinen und historischen Kunstausstellung im Glaspalast zur Münchner Künstlergenossenschaft zusammen. Zehn Jahre später genehmigte Ludwig II. die Statuten und verlieh der Genossenschaft das königliche Privileg. Ziel war es, den Mitgliedern international zu Ausstellungen zu verhelfen. Die Jahresausstellungen fanden im Kunstausstellungsgebäude auf dem Königsplatz statt. Ab 1878 bestimmte die MKG, die zwei Jahre zuvor ein eigenes Haus in der Luitpoldstraße 3 erstanden hatte, wer im Glaspalast ausstellen und somit wer mit seiner Kunst Geld verdienen durfte.

Das rief natürlich Rebellion gegen das Diktat auf den Plan, zumal MKG-Chef Franz von Lenbach einst selbst ein Rebell gewesen war. 1873 hatte er mit dem Bildhauer Lorenz Gedon die **Allotria** gegründet. Vorausgegangen war ein Zwist in der MKG über eine Ausstellung in Wien. Der Präsident Konrad Hoff soll alle neuen Vorschläge mit den Worten abgewiesen haben: »Auf solche Allotria kann man sich nicht einlassen!« Daraufhin verließen rund 50 Abtrünnige laut »Allotria« rufend den Saal und gründete in der Gaststätte Abenthum am Maximiliansplatz ihre neue Vereinigung. Zwischen 1893 und 1914 wurden aus Protest gegen die MKG ca. 20 neue Vereinigungen ins Leben gerufen, darunter der am 4. April 1892 u. a. von Franz von Stuck, Max Liebermann und Lovis Corinth gegründete Verein bildender Künstler Münchens **Secession**. Ab 1898 stellte die Secession im Ausstellungsgebäude am Königsplatz (heute die Antikensammlung) aus. Dort hatten lange Jahre zuvor die MKG und die Akademie ihre Verkaufsausstellungen veranstaltet. Später organisierte die Secession gemeinsam mit der MKG die Internationalen Kunstausstellungen im Glaspalast. Die Secession hat heute ihren Sitz in Bogenhausen.

2.4 Alter Botanischer Garten

siehe S. 66 ff

2.5 Max-Vorstadt-Theater

Für Theaterdirektor Eduard Binder war es ein Triumph nach 20 Jahren Dauerkampf mit der Obrigkeit: Endlich konnte am 5. Juni 1873 sein Max-Vorstadt-Theater im Rückgebäude der Gaststätte Elysium eröffnen. Die Behörden, die ihm so lange die Konzession verwehrt hatten, machten es ihm allerdings nicht leicht. Jedes Stück musste bei der Polizei eingereicht werden und in jeder Vorstellung saß ein Polizeibeamter samt Assistent, die überprüften, ob die freigegebene Textversion und das gesprochene Wort übereinstimmten. Binder brachte gerne aktuelle Themen auf die Bühne. Mehr als einmal wurde ein Stück verboten, so 1876 die Wagner-Parodie *Der Ring, der nie gelungen.* Wenn Binder in dem Bereich mal nichts vorzuwerfen war, dann überschüttete man ihn eben mit Verwarnungen wegen Rauchen im Theatersaal oder zu kleinen Pissoirs. Obwohl Binder fast immer volles Haus und das Theater beim Publikum sehr beliebt war, musste es 1877 schließen. Binder konnte nicht mit Geld umgehen und schließlich brach ihm eine drastische Pachterhöhung das Genick.

2.6 Alte Börse

Das Gebäude wurde von 1896 bis 1898 nach Plänen von Albert Schmidt für die Deutsche Bank gebaut. Es sollte das Platzensemble Karlsplatz/Lenbachplatz nach Nordosten abschließen und optisch mit dem neuen Justizpalast schräg gegenüber korrespondieren. Zuvor stand hier ein seinerzeit spektakuläres und ebenso angefeindetes Mietshaus, ein gigantischer Kasten: das 1816 von Johann Ulrich Himbsel errichtete »Himbselhaus«. Das einstige Börsengebäude am Lenbachplatz befindet sich seit 2007 im Besitz der Firma Kondor Wessels Bouw Berlin GmbH, die es umfassend sanierte und einer neuen Nutzung als Bürogebäude zuführte.

2.4 Alter Botanischer Garten

Was heute eine winzigkleine grüne Lunge mitten in der City ist, war bei seinem Entstehen ein bedeutender Botanischer Garten vor den Toren der Stadt. International berühmt wurde der Park, weil er einst Münchens Antwort auf den Kristallpalast in London beherbergte: den Glaspalast.

Die Katastrophe suchte München nachts heim. Um 3.30 Uhr wurde der Alarm ausgelöst. »Durch einen Regen von Ruß, Asche und glühendem Holz laufe ich die Karlstraße entlang gegen die Arcisstraße, dem mächtig lohenden Feuerschein zu. An der Straßenkreuzung steht ein Häuflein Menschen, ein paar Schutzleute und Feuerwehrmänner, im Widerschein der Flammen. Und jetzt öffnet sich die schwarze Kulisse der Häuser und zeigt uns ein schaurig-schönes, ein ungeheuerliches, grauenvolles Bild: Der ganze Glaspalast steht in Flammen!«, schrieb Eugen Roth am 7. Juni 1931 in den Münchner Neuesten Nachrichten über den Brand des Glaspalasts. Als der Morgen graute, waren von dem stolzen Gebäude im Alten Botanischen Garten, in dem jahrzehntelang bedeutende Industrie- und Kunstausstellungen stattgefunden hatten, nur noch geschmolzenes Glas und verbogene Eisenträger übrig. Es war das traurige Ende einer Ära, die 1853 begann. Damals wünschte sich König Maximilian II., dass sein München mit anderen Metropolen gleichziehen sollte und forderte eine große Industrieausstellung. Was Paris oder London konnten, würde München schon lange können – auch wenn die Realität anders aussah. Bayern war beinahe reines Agrarland, die Industrialisierung blieb weit hinter jener anderer deutscher Länder zurück, die Arbeitslosenzahl stieg und stieg. Max II. wollte und musste ein Zeichen setzen. Zehn Orte standen für die Industrieausstellung zur Diskussion und das geeignete Gelände schien schnell gefunden: der Dultplatz (Maximiliansplatz) wäre ideal, schließlich fanden hier sowieso immer Dulten (Verkaufsmessen) statt. Aber die zuständige Kommission entschied sich letztlich dann doch für eine bessere Verkehrsanbindung, also für größere Nähe zum Bahnhof. Auch, weil die Dimensionen des von August Voit geplanten Ausstellungsgebäudes den Dultplatz gesprengt hätten.

Eröffnungsflop dank Cholera

Der Alte Botanische Garten war 1804 bis 1814 von dem Landschaftsarchitekten Ludwig von Sckell als Einrichtung der Königlichen Akademie der Wissenschaften angelegt worden. Das klassizistische Eingangsportal am Lenbachplatz, das 1812 von Emanuel Joseph d'Herigoyen geschaffen wurde, steht heute noch. Karl Friedrich von Martius, Direktor des Gartens und renommierter Naturforscher, wehrte sich vehement dagegen, dass der Nordteil »seiner« Anlage bebaut werden sollte und hoffte auf den König, denn der galt bekanntermaßen als Naturfreund. Doch Max II. hörte lieber auf seinen neuen Berater in Sachen Natur: den erfolgreichen Chemiker Justus von Liebig. Erbost bat Martius daraufhin um Versetzung in den Ruhestand. Max II., vom schlechten Gewissen geplagt, ließ als eine Art Wiedergutmachung den preußischen Garten- und Städteplaner Peter Joseph Lenné nach München kommen und einen neuen Stadtentwicklungsplan (»Schmuck- und Grenzzügeplan München«) entwerfen, in dem Grünanlagen den Vorrang bekamen.

Dass das Ausstellungsgebäude eine Gusseisen-Glas-Konstruktion nach Vorbild des Crystal Palace in London werden sollte, stand schnell fest. Max II. hatte bereits von Franz Jakob Kreuter einen Glas-Eisen-Wintergarten zwischen Königsbau und Residenz errichten lassen. Dieser neuartige Typus stand für Modernität. Geplant wurde ohnehin nur ein temporäres Gebäude und einen herkömmlichen Stein-Holz-Bau hätte man in der Kürze der Zeit sowieso nicht verwirklichen können. Die dazu benötigten 700 Flöße hätten auf der winterlichen Isar

Bildhauer Josef Wackerle schuf den *Neptunbrunnen* 1937 und lehnte die Hauptfigur bewusst an Michelangelos berühmten *David* an.

nicht genug Holz nach München bringen können. In denkbar kurzer Zeit baute nun der königliche Oberbaurat August Voit seinen gigantischen Komplex – Planungs- und Bauzeit: neun Monate. Die Firma Cramer-Klett aus Nürnberg lieferte 1.700 t vorgefertigte Eisenteile. Cramer-Klett galt als Marktführer für Eisenkonstruktionen, sie hatte schon für die Großhesserloher Brücke und den königlichen Wintergarten gearbeitet. Nach nur zwei Monaten stand das Fundament und schon am 7. Juni 1854 begannen die Arbeiter mit der Montage der 37.000 Glastafeln an der Gusseisenkonstruktion.

Im Gegensatz zum Londoner Crystal Palace war der Münchner Glaspalast klar gegliedert. Die fünfschiffige und im Hauptbau zweigeschossige Halle mit Querschiff in der Mitte und rechteckigen Anbauten an den Enden des Längsschiffes war 234 m lang, 67 m breit und 25 m hoch. Insgesamt dauerte der Bau, der 800.000 Gulden verschlang, sechs Monate. Am 15. Juli des Jahres öffnete die 1. Allgemeine Deutsche Industrieausstellung ihre Glastüren. »... wir stehen nunmehr bei hellem Tage, nüchtern und vernünftig, mitten im Glaspalast. – Ueberraschend! – Erhebend! – Auf den ersten Blick nichts von der Trödelmeßbude, die dir das Vorurtheil gemalt hat! Unleugbar ein schöner, mächtiger Eindruck!«, jubilierte A. Teichlein im Deutschen Kunstblatt vom 14. September 1854. Leider schmälerte eine Epidemie den Erfolg der Ausstellung. Die Cholera wütete diesen Sommer besonders grausam in München, auch Königinmutter Therese zählte zu den über 3.000 Opfern. »Alle Gasthöfe leer; noch leerer die Theater; am allerleersten der Glaspalast, aus dessen zum Ersticken heißen Räumen ein schwüler Hauch, wie aus der Tiefe des Seuchenherdes oder aus einem schwefelichen Krater, den wenigen, schattenhaft umherirrenden Besuchern entgegenqualmte«, wie der Theaterintendant Franz Dingelstedt die Situation blumig beschrieb.

Hightech und Kunst

Nach der großen Industrieausstellung sollte der Glaspalast wieder abgerissen werden, doch das hätte 200.000 Gulden gekostet. Also entschied man sich für die anderweitige Nutzung. Die Pläne, daraus ein gigantisches Gewächshaus, ein Kaufhaus, einen Viktualienmarkt oder einen Wintergarten mit Badebetrieb zu machen, fanden wenig Anklang. So nutzte das Militär den Bau für Waffenübungen, kurzfristig zogen gar 200 Soldaten ein. Schließlich etablierte sich der Glaspalast als Raum für Großveranstaltungen, vor allem für Landwirtschaft- und Gewerbeausstellungen. 1882 erstaunte Oskar von Miller die Fachwelt bei der ersten elektrisch beleuchteten Internationalen Elektricitäts-Ausstellung mit einer elektrischen Pumpe für einen künstlichen Wasserfall. Dazu hatte er eine Gleichspannungs-Freileitung von Miesbach nach München legen lassen, um die Möglichkeiten der Übertragung von elektrischer Energie über große Distanzen zu demonstrieren. Noch sensationeller: Fernsprechleitungen und riesige Lautsprecher übertrugen aus Münchner Theatern Musikdarbietungen in den Glaspalast.

Doch wichtiger als für die Industrie wurde der Glaspalast dann für die internationale Kunstszene. Ludwig II.

2.4 Alter Botanischer Garten

hätte den Glaspalast gerne für seinen Günstling Richard Wagner genutzt. Aber die Pläne von Gottfried Semper, das Wagnersche Festspielhaus in das Gebäude zu integrieren, scheiterten. Mehr Erfolg blieb den regelmäßigen Kunstausstellungen beschieden, sie zogen Tausende von Besuchern an. 1869 fand die weltweit beachtete 1. Internationale Kunstausstellung statt. Auch an jenem Unglückstag im Juli 1931, als der Brand wütete, gab es einen Besuchermagnet als Ausstellung: »Deutsche Romantiker«. 110 Werke der bedeutendsten Romantiker wie Caspar David Friedrich, Karl Friedrich Schinkel und Moritz von Schwind wurden Raub der Flammen. Weitere 1.000 Arbeiten wurden schwer beschädigt, nur 80 konnte man unversehrt retten. Die genaue Brandursache ließ sich nie klären. Während die Polizei von Putzmaterial, das sich selbst entzündete, ausging, kam eine Regierungskommission zu dem Schluss, es habe sich um Brandstiftung gehandelt.

Hitler und die Folgen

Wiederaufbaupläne mit Adolf Abel als ausführendem Architekten fielen Hitlers Machtergreifung zum Opfer. Der wollte nichts Gläsernes für sein Kunstverständnis, noch bei der Eröffnung des Hauses der Kunst rühmte er sich, er hätte München vor Abels Baus einer »Zwirnfabrik« oder »Badeanstalt« bewahrt. Hitler ließ seinen Lieblingsarchitekten Paul Ludwig Troost das steinerne Haus der (deutschen) Kunst an der viel repräsentativeren Prinzregentenstraße bauen. Troost durfte auch im Alten Botanischen Garten schalten und walten. Ihre Bedeutung für die Botanik hatte die Anlage seit 1914, als der Botanische Garten in Nymphenburg eröffnet worden war, verloren. Troost richtete 1937 einen öffentlichen Park ein und ließ auf der Ruine des Glaspalasts das Parkcafé mit Biergarten bauen. Josef Wackerle entwarf den heute noch erhaltenen Neptun-Brunnen. Neu hinzu kam auch ein repräsentativer Pavillon, der als Ausstellungsort gedacht war, aber letztlich dem Bildhauer Joseph Thorak als Atelier diente. Thorak, Schöpfer zahlreicher Monumentplastiken, vor allem mit extrem breitschultrigen Männern, was ihm den Spitznamen »Thorax« einbrachte, zählte zu Hitlers Lieblingsbildhauern. Nach dem Krieg nutzten Schwarzhändler die Pavillonruine als Treff. Ab 1948 machten sich Münchner Künstler auf Initiative Hannes Königs, Gründer des unabhängigen Schutzverbands Bildender Künstler (SBK), daran, das Thorak-Atelier in einen Ausstellungsraum für die Münchner Künstlerschaft zu verwandeln. Die Bauarbeiten finanzierte man mit Kunstlotterien und Spendensammlungen. Quasi als Honorar für den Wiederaufbau erhielt der Schutzverband einen Pachtvertrag zur alleinigen Nutzung des Gebäudes.

Der unzerstört gebliebene Glaspalast-Brunnen befindet sich seit 1971 übrigens auf dem Weißenburger Platz in Haidhausen. Noch ein übrigens: Einer der wenigen Holzbauten der Münchner Nachkriegszeit ist hier bis heute erhalten geblieben – das sogenannte Kinderhaus, ein Treff für Kinder und Jugendliche nahe der Kunstplattform, wurde 1947 vom Erbauer des Prinzregentenstadions Fritz Krantz gestiftet.

In der Nacht zum 6. Juni 1931 brannte der Glaspalast komplett nieder.

2.7 Palais Bernheimer

Meier Bernheimer kam aus dem württembergischen Buttenhausen zweimal jährlich nach München, um auf der Dult Textilien zu verkaufen. Die Dult fand damals auf dem heutigen Maximiliansplatz statt. Das Geschäft lief gut und Meiers Sohn Lehmann witterte seine große Chance – raus aus der Provinz und rein in die Großstadt mit den vielen geldigen Leuten, die edle Tuche und Luxusartikel zu schätzen wussten. Also kaufte Lehmann Bernheimer als 22-jähriger 1864 die Textilfirma Robert Warschauer und siedelte sich an der Kaufingerstraße an. Nach dem Deutsch-Französischen Krieg 1870/71 erweiterte Bernheimer sein Angebot um Möbelstoffe und Teppiche. Der Laden brummte und Bernheimer erwarb das Englische Kaffeehaus am Dultplatz (Maximilians-/Lenbachplatz), ließ es abreißen und Stararchitekt Friedrich von Thiersch von 1889 bis 1891 das prächtige Palais erbauen. Die Fassaden entwarf Martin Dülfer. Eine echte Neuheit bot der neobarocke Palast: große, verglaste Schaufenster mit sichtbarer Eisenkonstruktion.

Prinzregent Luitpold, der die Eröffnung mit seiner Anwesenheit adelte, meinte mitleidig: »Sie machen dort Pleite mit einem Unternehmen so weit außerhalb der Stadt!« Der Prinzregent irrte gründlich. Das Palais bezeugte nun in steinerner Pracht, dass die Kaufmannsfamilie Lehmann Bernheimer unumstritten zur Nummer eins aufgestiegen war: Man war der führende Lieferant für Teppiche,

Das Englische Teehaus musste dem Palais weichen.

Stoffe, Skulpturen, Antiquitäten, Asiatika und Kunstgegenstände aller Art. Zu den Kunden zählten nicht nur das bayerische Königshaus, sondern der Hochadel, Geldaristokraten und Wirtschaftsmagnaten. Die Bernheimers reisten selbst durch die Welt, um vor Ort Kunst und authentische Kostbarkeiten für die verwöhnte Kundschaft zusammenzutragen. Lehmann und später sein Sohn Otto trugen dabei auch eine museumsreife Privatsammlung zusammen, die – in Erinnerung an die Ursprünge des Familienunternehmens – einen Schwerpunkt auf Textilien hatte, und sie stifteten Museen in aller Welt, vor allem aber in München, zahllose Arbeiten. 1909 erweiterte Thiersch das Haus um einen Neubau zur Ottostraße hin. Ein Innenhof im Renaissancestil verband nun das Haupthaus mit dem als Ausstellungsraum konzipierten Gobelinsaal, in dem die kostbarsten Teppiche präsentiert wurden. 1939 rafften die Nationalsozialisten das Bernheimersche Vermögen an sich. Die wohl bekannteste Kunsthändlerfamilie Deutschlands floh nach Amerika.

Doch schon kurz nach Ende des Zweiten Weltkriegs kehrte Otto Bernheimer nach München zurück und nahm den Kunsthandel wieder auf. Wie durch ein Wunder hatten der Innenhof und der kostbare Gobelinsaal den Krieg unbeschadet überstanden. Das stark zerstörte Palais ließ Otto Bernheimer zunächst vereinfacht wieder aufbauen. Erst 1984 restaurierte und sanierte man originalgetreu. Das Bernheimer-Palais geriet in die Schlagzeilen, als der Baulöwe Jürgen Schneider, der das Anwesen 1988 gekauft hatte, bei der aufwändigen Renovierung zwei nicht existente Stockwerke mit ein paar Tausend Quadratmetern erfand, die er sich von den Banken finanzieren ließ. Nach der legendären Schneider-Pleite übernahm die Deutsche Bank 1995 das Palais, das nun offiziell »Palais am Lenbachplatz« heißt und das Einrichtungshaus Kokon beherbergt. Die Firma L. Bernheimer selbst wurde zwar 1987 aufgelöst, doch Mitglieder der Familie blieben im Kunsthandel. Ottos Enkel Konrad O. Bernheimer repräsentiert seit 1977 die Dynastie in München, er hat sich in seiner Kunsthandlung in der Brienner Straße auf Altmeistergemälde der europäischen Schulen vom 16. bis zum 19. Jh. spezialisiert.

2.8 Wittelsbacher-Brunnen

Ein Prachtkerl, der muskelbepackte Münchner Athlet Johann Göhringer – mit dem Zirkus Barnum & Bailey hatte er die ganze Welt bereist. Und noch heute kann man ihn bewundern, denn er stand dem Bildhauer Adolf von Hildebrand Modell für den »Zerstörer«, die linke Figur des Wittelsbacher-Brunnens am Lenbachplatz. Auf einem Pferd mit Fischhinterkörper reitend, wuchtet er einen Felsen in die Höhe. Der Brunnen – 1893 bis 1895 errichtet – ist eine Allegorie auf die Urkräfte des Wassers, die zerstörenden und die segensbringenden. Göhringers Gegenüber, das »Sinnbild für den das Land befruchtenden Strom«, war Maria Trautner, eine resche Maid, die sich später züchtig bedeckte und einen Rosenheimer Geschäftsmann ehelichte. Gestiftet wurde die Brunnenanlage von der Stadt München als Erinnerung an die Fertigstellung einer neuen Hochdruck-Trinkwasserleitung aus dem Mangfalltal im Jahr 1883.

2.9 IHK

Neben vielen Banken, Versicherungen, Versorgungsunternehmen und Finanzdienstleistern ist auch die Industrie- und Handelskammer in der Maxvorstadt zu Hause – und das schon seit 1901. Die Kammer ging 1869 aus der 1843 gegründeten Handels- und Gewerbekammer, deren erster Vorsitzender der Eisenbahnpionier Johann Anton von Maffei war, sowie dem Münchner Handelsverein hervor. Sie zog mit der Börse in den von Friedrich von Thiersch am Maximiliansplatz 8 errichteten Jugendstilbau. Weil die Räume bald nicht mehr ausreichten, übernahm die von der NSDAP gleichgeschaltete IHK 1935 für 1 Mio. RM das enteignete Wohn- und Geschäftshaus des jüdischen Antiquitätenhändlers Arnold S. Drey in der benachbarten Max-Joseph-Straße 2. In unmittelbarer Nähe, Max-Joseph-Straße 4, befindet sich die 1908 aus der Handels- und Gewerbekammer ausgegliederte Handwerkskammer für München und Oberbayern.

2.10 Karolinenplatz

Am Karolinenplatz kann man ebenfalls kaum noch erahnen, welches architektonische Konzept Pate stand, Neu- und Nachkriegsbauten beherrschen die Optik. An Hausnummer 1, einst das 1811 errichtete **Kirchmaier-Haus**, findet sich das Direktionsgebäude der Bayerischen Landesbausparkasse, das Josef Wiedemann 1955/56 entwarf. Das ehemalige **Palais Montgelas**, Hausnummer 2, ursprünglich ein Métivier-Bau von 1822, ist ebenfalls ein Bürohaus der Nachkriegszeit. Und wo heute das Amerika-Haus steht, befand sich am Karolinenplatz 2a das **Palais Asbeck** – das erste Gebäude, das 1809/10 am neuen Karolinenplatz von Karl von Fischer erbaut wurde. Der spätere Eigentümer Freiherr von Lotzbeck ließ es um 1896 neobarock umbauen. Obwohl es den Krieg überstanden hatte, wurde es 1955 durch den Neubau ersetzt. Auch vom **Palais Törring**, das Fischer 1812 für Kronprinz Ludwig in Sichtachse zur

Max-Joseph-Straße am Karolinenplatz 4 errichtete, ist heute nur noch Erinnerung übrig. Der Krieg hatte den Palast zwar weitgehend verschont, dennoch kam die Abrissbirne. Der Nachfolgebau der Staatlichen Lotterieverwaltung tut nur so, als sei er alt, er ist von 1954. Alt ist letztlich nur das **Palais Hompesch**, Hausnummer 5, das 1812 in Anlehnung an Palladios Villa Rotonda bei Vicenza errichtet wurde. Weil es nicht mehr dem Geschmack der Zeit entsprach, baute es Ludwig Deiglmayr Ende des 19. Jh. zu einem herrschaftlichen neo-barocken Wohnhaus um, das danach in den Besitz Georgs Prinz von Bayern überging. Später lebte hier das Verlegerehepaar Bruckmann, das in diesem Anwesen seinen Protegé Adolf Hitler salonfähig machte. Heute hat der Bayerische Sparkassenverband seine Büros in dem Haus. Das benachbarte **Palais Freyberg-Schätz** stammt zwar von 1902, beim Bau wurden jedoch die Formen des ursprünglichen Baus von Karl von Fischer einbezogen. In Hausnummer 6, ursprünglich ein vom Architekten Deiglmayr 1894 erbautes Wohnhaus, ist seit 2009 die **Börse München** zu Hause.

2.11 Börse

Seit langen Jahren eine Maxvorstädterin: die Börse. Die 1829 als Münchner Kaufmannsstube gegründete Börse hatte ihren Sitz jahrzehntelang in wechselnden Räumen in der Münchner Innenstadt. Dann kam sie endlich in die Maxvorstadt: 1901 zog die Börse in den ersten Stock eines Jugendstilneubaus am Maximiliansplatz 8, das Friedrich von Thiersch entworfen hatte. Hier stand zuvor

das Hotel-Restaurant Achatz. Im Erdgeschoss des »Hauses für Handel und Gewerbe« befand sich das beliebte Café Neue Börse, im zweiten Geschoss die Räume der Handels- und Gewerbekammer, im dritten OG die Räume des Kaufmännischen Vereins. Direkt anschließend an die Neue Börse baute Gabriel von Seidl 1911/12 Richtung Max-Joseph-Straße das Gebäude, das später die Industrie- und Handelskammer übernahm. 1963 zog die Börse dann von ihrem bisherigen Gebäude am Maximiliansplatz in den Neobarockbau der Deutschen Bank am Lenbachplatz. Die Bayerische Börse übertrug von hier aus als erste deutsche Börse die Kurse via Fernsehen direkt zu den Banken. 2003 wurde die Bayerische Börse offiziell in Börse München umbenannt. Im Jahr 2007 zog die Börse innerhalb der Maxvorstadt um: in die Hopfenstraße 4. Seit Juni 2009 residiert die Börse München am Karolinenplatz 6 in der ehemaligen Villa Hutschenreuther, die 1894 vom Architekt Ludwig Deiglmayr für den Porzellanfabrikanten Viktor Hutschenreuther erbaut wurde. Nach einem verheerenden Brand im Dezember 1944 wurde das Gebäude in den 1950er Jahren renoviert. Vor dem Einzug der Börse musste das Gebäude vom Architekturbüro DBLB komplett entkernt und umgebaut werden.

Blick in die Münchner Börse im Jahr 1963

Brienner Straße

Zwischen Türkenstraße und Karolinenplatz beeindrucken immer noch die nach Kriegsschäden restaurierten Fassaden des **Palais Berchem**, Brienner Straße 22, das Gabriel von Seidl 1897/98 errichtete, sowie der benachbarten Häuser – wie z. B. der von Gustav von Cube 1910 erbaute **Firmensitz des Hofantiquars Jacques Rosenthal** (Hausnummer 26), der vor den Nazis fliehen musste, während diese sich den Besitz aneigneten und aus dem Palais ein »Kraft durch Freude«-Heim machten. Sie alle werden heute, ebenso wie das **Palais Matuschka**, 1895/96 von Emanuel von Seidl an der Brienner Straße 28 gebaut, als Bürogebäude genutzt.

2.12 Insel-Verlag

Das literarische Leben brodelte Ende des 19. Jh. in München. Zeitschriften- und Verlagsgründungen waren an der Tagesordnung. Nicht nur die *Jugend*, die einer ganzen Epoche den Namen geben sollte, erschien 1896 an den Kiosken, sondern drei Jahre später auch die *Insel*: Eine neue Zeitschrift »literarisch-künstlerischen Charakters«, die »Epoche machen« sollte.

Der Bremer Kaufmannssohn Rudolf Alexander Schröder, sein millionenschwerer Vetter Alfred Walter Heymel und der Schriftsteller Otto Julius Bierbaum fungierten als Herausgeber und Autoren. Sie mieteten sich eine Etage in der Pension Beckenbauer in der Prinz-Ludwig-Straße 5. Dort ging bald die Autoren-Elite ihrer Zeit ein und aus, darunter Hugo von Hofmannsthal, Frank Wedekind, Rainer Maria Rilke und Robert Walser. Rudolf Schröder hatte die Räume mit ebenso viel Geld wie Geschmack einrichten lassen, Kunst von Manet oder Gauguin zierte die Wände. Der Jugendstilkünstler Peter Behrens entwarf ein Schiff unter vollen Segeln als Signet. Noch im selben Jahr zog die Insel-Truppe von der Maxvorstadt nach Schwabing in die Leopoldstraße 4. Nach drei Jahren kam das Aus für die *Insel*-Zeitschrift. Alfred Walter Heymel ging nach Leipzig und gründete dort den heute noch existenten Insel-Verlag neu, das Jugendstil-Logo mit dem Schiff hat bis heute überlebt.

2.13 Türkenkaserne

Die Gestaltung im Umfeld des neuen Königsplatzes lag König Maximilian I. besonders am Herzen. Er plante ein regelrechtes Militärviertel mit Garnisonskirche, Kadettenkorpsgebäude und Veteranenhaus. Doch dann fürchtete man, dass ein Veteranenhaus mit Invaliden und Verwundeten womöglich demoralisierenden Einfluss auf den Nachwuchs des Offizierkorps haben könnte. Die Planung verzögerte sich, weil die passenden Grundstücke nicht preisgünstig erworben und die Probleme der Wasserver- und entsorgung nicht gelöst werden konnten. Erst 1823 segnete der König das Budget für das Kasernenprojekt im Geviert Türken-, Gabelsberger-, Barer-, Theresienstraße ab. Im November 1824 zogen die ersten Soldaten der 2. Schützenkompanie des 1. Linien-Infanterie-Regiments »König« in den ersten Bauabschnitt ein. Schon zwei Jahre später stoppte der neue König Ludwig I. den weiteren Ausbau der Kaserne, da er das Grundstück gegenüber für seine Pinakothek auserkoren hatte. Er beauftragte seinen Architekten Leo von Klenze mit der weiteren Gestaltung der Kaserne und wünschte einen Park als Übergang zur Pinakothek. Obwohl die Türkenkaserne ein moderner Neubau war, müssen die hygienischen Verhältnisse denkbar bescheiden gewesen sein, denn der Volksmund nannte die Türkenstraße bald nur noch »Wanzenallee«. Während der Revolution am Ende des Ersten Weltkriegs stellten sich die Soldaten der Türkenkaserne auf die Seite von Kurt Eisner. Inzwischen war die Türkenkaserne längst zu klein geworden, 1919 zog das letzte Regiment in neue Kasernen am Stadtrand. Ein Jahr später übernahm die Landespolizei die Räume. Das NS-Regime nutzte die Kaserne wieder militärisch. Die im Zweiten Weltkrieg teilweise zerstörte Anlage diente noch einige Jahre als Wohn- und Gewerberaum, bevor man sie endgültig abriss. Nur eine Tafel am letzten erhaltenen Gebäudeteil, dem Türkentor, erinnert heute noch an das »ruhmreiche Königlich Bayerische Leib-Regiment«. Heute stehen auf dem Kasernengelände die Pinakothek der Moderne, das Museum Brandhorst, die Mineralogische Staatssammlung und Gebäude der Ludwig-Maximilians-Universität München.

2.14 Palais Pinakothek

siehe S. 73

2.15 Sammlung Brandhorst

siehe S. 74

2.16 Pinakothek der Moderne

siehe S. 74

2.17 Alte Pinakothek

siehe S. 77

2.18 Neue Pinakothek

siehe S. 78

Pinakothek der Moderne (l.), Alte Pinakothek (M.) und Sammlung Brandhorst (r.)

2.14 Palais Pinakothek

Teil des Kunstareals und der drei Pinakotheken ist das Palais Pinakothek in der Türkenstraße. Der Architekt Franz Jakob Kreuter, Schüler Friedrich von Gärtners, erhielt 1842 den Auftrag, ein repräsentatives Palais für den Kämmerer und Obersthofmeister der Königin Therese von Bayern, Georg Friedrich Wilhelm Alfred Graf von Dürckheim-Montmartin, an der Türkenstraße 4 zu erbauen. Direkt daneben sollte kurz darauf das Wittelsbacher-Palais entstehen. Zwei Jahre später konnte der rot gestreifte Backsteinbau bezogen werden. Doch die Dürckheims blieben nicht lange Hausherren ihres Palais. Schon 1855 kaufte die königlich preußische Staatsregierung das Anwesen und richtete dort die Preußische Gesandtschaft ein. 54 Jahre blieben die Preußen im Dürckheim Palais, dann zog die Gesandtschaft in einen Neubau an der Prinzregentenstraße (heutige Schack-Galerie), den Kaiser Wilhelm II. gestiftet hatte. Das Palais Dürckheim erfuhr 1912 größere Umbaumaßnahmen, darunter auch die heute erhaltene Fassade. Im selben Jahr erwarb Graf Maximilian von Drechsel das Anwesen von der preußischen Regierung. Am 2. April 1937 kaufte der Reichspolizeifiskus das Gebäude. Nebenan, im ehemaligen Wittelsbacher-Palais, hatte sich schon seit 1933 die Gestapo ihre Zentrale eingerichtet. So wurde aus dem Palais Dürckheim ein Polizeikrankenhaus.

Die amerikanischen Truppen, die 1945 Deutschland befreiten, beschlagnahmten das Gebäude und wiesen dem im Mai 1946 gegründeten Landeserkennungsamt, dem späteren Landeskriminalamt (LKA), Diensträume in der Türkenstraße 4 zu. Anfang der 1960er Jahre tauschte die Stadt München das Areal Brienner-/Türkenstraße mit dem Freistaat Bayern gegen den Luitpold-Park ein. München plante hier zunächst das städtische Kulturhaus, das später aber am Gasteig entstand. 1968 zog das LKA in die Maillingerstraße und das Palais Dürckheim stand lange leer. Der Ausbau des Altstadtrings hätte beinahe das Schicksal des Hauses besiegelt, die Abrissbirnen standen bereit. Die Bayerische Landesbank kaufte es schließlich 1977 und richtete ein internes Schulungszentrum ein. Im November 2004 wurde das Palais den Pinakotheken von der Bayerischen Landesbank im Rahmen einer Public Private Partnership überlassen. Knapp zwei Jahre später, am 29. April 2006, eröffnete das Haus als Zentrum der Kunstvermittlung unter dem Namen »Palais Pinakothek«.

Türkentor und Sammlung Brandhorst

2.15 Sammlung Brandhorst

Direkt neben der Pinakothek der Moderne fand ab Frühjahr 2009 die bedeutende Sammlung Brandhorst ihr neues, ca. 3.200 m^2 großes Zuhause. Den 2002 ausgeschriebenen Wettbewerb gewann das Architekturbüro Sauerbruch Hutton. Die hochkarätige Sammlung des Henkel-Erben Udo Brandhorst und seiner Frau Anette umfasst über 700 bedeutende Werke weltbekannter Künstler des 20. Jh., vor allem aus der Zeit nach 1945, darunter Pablo Picasso, Cy Twombly, Andy Warhol und Sigmar Polke. Die Sammlung ist Teil einer Stiftung, die sich der Freistaat Bayern 1999 dauerhaft sicherte. Die Stiftung finanziert durch ihre Erträge den kontinuierlichen Ausbau der Sammlung auch in kommenden Jahren, dabei werden Ankäufe in Absprache mit der Pinakothek der Moderne gemacht.

2.16 Vier in einem: Pinakothek der Moderne

Extrem bescheiden begann die **Sammlung Moderne Kunst**, die heute in der Pinakothek der Moderne ihre Heimat hat. Bedingt durch die Kunst-Barbarei der Nazis, bildeten nach Ende des Zweiten Weltkriegs ganze sechs Gemälde den Grundstock – allerdings höchst bedeutende Werke von Henri Matisse, Franz Marc, Lovis Corinth, Max Beckmann und Oskar Kokoschka. Zukäufe und Stiftungen ließen die Sammlung schnell wachsen, so z. B. durch die Sammlungen Theo Wormland (Surrealismus) oder Martha und Markus Kruss (Expressionisten). Auch ein Wittelsbacher reihte sich in die Tradition seiner Vorfahren ein und stiftete seine Sammlung (zeitgenössische deutsche Maler wie Jörg Immendorff, Gerhard Richter und Sigmar Polke): Herzog Franz von Bayern. Die Archive platzten nun aus allen Nähten, was fehlte, waren Räumlichkeiten, um die Sammlung zu zeigen. Der Freistaat Bayern verwies auf akute Finanznot. Also ging die Staatsgemäldesammlung mit der Spen-

Das Werk *Lepanto* von Cy Twombly in der Sammlung Brandhorst

denbüchse herum und schaffte tatsächlich das schier Unglaubliche: 10 Mio. DM kamen zur Startfinanzierung aus Spenden zusammen. Nun übernahm der Freistaat die Finanzierungskosten und stellte das Grundstück der ehemaligen Türkenkaserne zwischen Türken- und Barer Straße zur Verfügung, das eigentlich bereits für Neubauten der Universität verplant war. Der Architekt Stephan Braunfels entwarf den großzügigen Bau mit der 30-m-Durchmesser-Rotunde im Zentrum, der am 16. September 2002 eröffnet wurde. Ein geplanter zweiter Bauabschnitt im Süden und Osten wurde vorerst aus erneutem Geldmangel auf Eis gelegt. Nach zehn Jahren war die Bausubstanz der Pinakothek bereits so marode, dass umfangreiche Sanierungsarbeiten folgten.

Die Pinakothek der Moderne beherbergt neben der Sammlung Moderne Kunst noch die Graphische Sammlung, die Neue Sammlung und das Architekturmuseum.

Die Graphische Sammlung

Der Mannheimer Buchbinder Kümmel erhielt 1760 den hoch kurfürstlichen Auftrag, »das kurfürstliche Kupferstichkabinett beständig vom Staube rein und vor Ungeziefer verwahrt halten, die ferners hinzukommenden Stücke aufziehen und in die gehörigen Bücher einsetzen, so dann denen in die Sammlung zu sehen verlangenden Personen solche mit nötiger Acht- und Behutsamkeit vorzeigen.« Das ist die erste schriftliche Erwähnung der Graphischen Sammlung, die sich heute in der Pinakothek der Moderne befindet. Mit dem Umzug Karl Theodors kam die Sammlung 1776 von Mannheim nach München, die 1806 im ehemaligen Jesuitenkolleg (Neuhauser Straße) ihre vorübergehende Heimat fand. 1834, dem Jahr in dem die Sammlung erstmals für das Publikum geöffnet wurde, verzeichnete das Inventar 66.173 Nummern. Fünf Jahre später zog die Handzeichnungs- und Kupferstichsammlung in die Alte Pinakothek. 1905 erfolgte die Umbenennung der »Kupferstich- und Handzeichnungen-Sammlung« in »Graphische Sammlung«. 1917 zog die Sammlung von der Alten in die Neue Pinakothek um. Als 1937 die Nationalsozialisten ihre Vorstellung von Kunst rabiat umsetzten, fielen bedeutende Stiftungen, wie die mit Werken von Beckmann, Heckel und Kubin des Verlegers Reinhard Piper, der Säuberung zum

Besucher in der Pinakothek der Moderne vor Werken von Arnulf Rainer

In der Neuen Sammlung

Opfer. Als die Kriegsbomben die Neue Pinakothek, in deren Erdgeschoss sich die Räume der Graphischen Sammlung damals befanden, zerstörten, gingen zahllose noch nicht ausgelagerte Kunstwerke zunichte. Die Graphische Sammlung gilt als das im Krieg in seinen Beständen am schwersten getroffene Museum Münchens. Im März 1949 zog die Sammlung in die Arcisstraße 10 (zwischenzeitlich Meiserstraße, heute Katharina-von-Bora-Straße) um. Seit der Eröffnung der Pinakothek der Moderne im September 2002 verfügt die Staatliche Graphische Sammlung München erstmals seit 1944 wieder über eigene Ausstellungsräume.

Die Neue Sammlung

Regelrecht blutjung ist die Neue Sammlung, wenngleich sie heute eines der weltweit führenden Museen für angewandte Kunst des 20. Jh. ist. Sie wurde 1925 gegründet und sollte sich bewusst von den traditionellen, historisch ausgerichteten Kunstgewerbemuseen unterscheiden. Idee und Initiative waren eng mit dem seit 1907 in München gegründeten Werkbund verflochten. Rund 2.000 Objekte bildeten den Grundstock der heutigen Sammlung. Doch von Anfang an herrschten Raumnot und Platzmangel. Die ursprünglich als Provisorium gedachte Unterbringung in einem als Dienstvilla des Generaldirektors gedachten Flügel des Bayerischen Nationalmuseums wurde zum unhaltbaren Dauerzustand. Frustriert kündigte Gründungsdirektor Günther von Pechmann 1929, »aus Raummangel!« Schon damals geiferten die Nazis gegen die Ausstellung »Der billige Gegenstand«. Der Völkische Beobachter schrieb: »Diese Ausstellung wird nämlich von den Warenhäusern selbst gemacht und ist nichts anderes als eine Anpreisung der Ramschware der Warenhäuser …« Kein Wunder, dass man nach Hitlers Machtergreifung zahlreiche Sammlungsgegenstände verschleuderte – oder Waisenhäusern zuteilte. Die Neue Sammlung wurde 1947 aus dem zwangsweisen Verband mit dem Bayerischen National-

An der Südfassade der Alten Pinakothek erkennt man deutlich die einstigen Kriegsschäden.

In der Alten Pinakothek

museum herausgelöst und als selbständiges Museum für angewandte Kunst in München eröffnet. Neubaupläne entstanden und verschwanden wieder in den Schubladen. 1996 begann der Freistaat Bayern zwei umfangreiche Neubauten für das Museum; die Pinakothek der Moderne in München und das Neue Museum in Nürnberg (wurde 2000 eröffnet).

Architekturmuseum der TU München

Bereits 1868 wurde das Architekturmuseum als Lehrsammlung für die Architektenausbildung an der Neuen Polytechnischen Schule (Vorgängerin der Technischen Universität) eingerichtet. Die Architektursammlung bekam in dem 1912 durch Friedrich von Thiersch geplanten Hochschulneubau an der Gabelsbergerstraße repräsentative Räumlichkeiten. Doch da sich die Architektenausbildung veränderte – Lichtbilder verdrängten Zeichnungen und der Entwurf konzentrierte sich zunehmend auf Konstruktion und Bautechnik –, verschwand die historische Vorbildsammlung ab den 1920er Jahren langsam aus dem Lehrbereich. Die Sammlung verwandelte sich in ein Architekturarchiv, das die Bombennächte des Zweiten Weltkriegs gut überstand. Ab 1975 begann man, die Spezialsammlung in ein Archiv mit Museumsfunktionen umzuwandeln und einer breiteren Öffentlichkeit zugänglich zu machen. Dazu konnte man die Räume des Münchner Stadtmuseums nutzen. Seit 1989 heißt die Sammlung nun Architekturmuseum der TU München und gehört seit 2002 zu den vier eigenständigen Museen in der Pinakothek der Moderne.

2.17 Die Alte Pinakothek

Bürgermeister von Regensburg hätte er werden können, doch Albrecht Altdorfer hatte für das Amt einfach keine Zeit. Der bedeutende Renaissancemaler musste ein Monumentalwerk vollenden, das ihm Herzog Wilhelm IV. von Bayern in Auftrag gegeben hatte: *Die Alexanderschlacht*. 1529 konnte der Meister dem Herrscher das Werk übergeben. Es gehörte damit zu dem Grundstock einer Kunstsammlung, aus der die heutige Alte Pinakothek hervorgehen sollte. Wilhelm IV. und seine Frau Jacobäa von Baden hatten zwischen 1528 und 1540 die größten deutschen Künstler mit einer Reihe von Historienbildern für ihre Münchner Residenz beauftragt. 1563 ließ Herzog Albrecht V. den Baumeister Wilhelm Egckl eine Kunstkammer bauen (die heutige »Münze«), die neben den damals üblichen Kuriositäten und Monstrositäten auch mehrere hundert Gemälde enthielt. Kurfürst Maximilian I. kaufte Anfang des 17. Jh. bedeutende Werke der altdeutschen Malerei auf –

darunter Albrecht Dürers *Vier Apostel*, das der Künstler eigentlich seiner Heimatstadt geschenkt hatte. Doch der Herzog ließ die Nürnberger wissen, dass er dieses Bild für seine Sammlung wünsche und eine Ablehnung als »einen sondern hohen Despect« deuten würde. 1615 bestellte Maximilian I. bei Peter Paul Rubens für sein Schloss Schleißheim einen Jagdzyklus, von dem nur noch die *Nilpferdjagd* in München geblieben ist. Dass heute mehrere bedeutende Werke von Rubens zu den Juwelen der Alten Pinakothek zählen, ist der Sammelleidenschaft Kurfürst Maximilian II. Emanuel zu verdanken. 1698 nutzte er seine Zeit als Statthalter der Niederlande, um eine Sammlung von 101 flämischen Gemälden, darunter 12 von Rubens und 13 von van Dyk, zu erwerben. Zeitgleich baute sein Vetter, Kurfürst Johann Wilhelm von der Pfalz-Neuburg, in seiner Residenz Düsseldorf eine erlesene Sammlung mit flämischen und italienischen Meisterwerken auf.
Nach dem Aussterben der bayerischen Wittelsbacher 1777 ließ der neue Kurfürst Karl Theodor von der Pfalz die Hofgartengalerie errichten. Außerdem überführte er die 758 Gemälde seiner Mannheimer Galerie nach München, darunter bedeutende Werke Jan Brueghels d. Ä. und Rembrandts, um sie vor französischen Truppen in Sicherheit zu bringen. Karl Theodor erbte zudem die Düsseldorfer Galerie Johann Wilhelms, die 1806 nach München kam. Mit Karl Theodor starb 1799 auch die pfälzische Linie aus und Kurfürst Max IV. Joseph von der Pfalz-Zweibrücken brachte bei Regierungsantritt in München seine rund 2.000 Werke zählende Gemäldegalerie aus Zweibrücken mit. Kräftige Einbußen musste die Gemäldesammlung hinnehmen, als Napoleon Bonaparte einfach mitnahm, was ihm gefiel – darunter Altdorfers *Alexanderschlacht*, die bis Napoleons Sturz dessen Badezimmer schmückte, danach zum Glück nach München zurückkehrte. Mit der Säkularisation ab 1802 gingen weitere 1.500 Gemälde in Staatsbesitz über. Und auch der Kronprinz und spätere König Ludwig I. sammelte Kunst mit Leidenschaft. Ihm hatten es vor allem die italienischen Meister von Giotto bis Raffael angetan, aber er erwarb auch für 80.000 Gulden 219 altdeutsche Gemälde aus der Sammlung Oettingen-Wallerstein.
Ludwig I. war es dann auch, der sich der Volksbildung verpflichtet sah und die bislang auf mehrere Schlösser verteilte königliche Sammlung systematisch erfassen ließ und der breiten Öffentlichkeit zugänglich machen wollte. Er beauftragte Leo von Klenze mit dem Bau eines Museums. An Raffaels Geburtstag, dem 7. April 1826, erfolgte die Grundsteinlegung zu einem Museum, dessen Bau zehn Jahre dauerte und dessen Ausmaße die Welt noch nicht gesehen hatte. Klenze hatte bereits mit dem Einsatz von Oberlichtern bei der Gemäldegalerie für Fürst Leuchtenberg experimentiert und verfeinerte diese architektonische Sensation bei der Alten Pinakothek – später wurde Klenzes Neuerung international bei Museumsneubauten kopiert. Damit das Gebäude auch richtig wirken konnte, setzte man es nicht, wie zuerst geplant, an die Ludwigstraße, sondern aufs freie Feld nahe der Türkenkaserne. Sofort zog die Pinakothek Menschenmassen an – die meisten allerdings, weil man vor der prächtigen Kulisse auf dem Rasen so schön picknicken konnte.
Während des Zweiten Weltkriegs schloss man die Alte Pinakothek, die kostbare Sammlung wurde außerhalb Münchens eingelagert. Ein Glück, denn so blieben die unschätzbaren Werke erhalten, als Bombenangriffe das Haus schwer beschädigten. Nach Kriegsende nutzte man das Haus der Kunst, um die Gemälde der Alten Pinakothek wieder der Öffentlichkeit zugängig zu machen. Ab 1952 begannen die Wiederaufbauarbeiten unter Hans Döllgast. Dabei verlegte man das Haupttreppenhaus von der Barer Straße weg zur Südfassade. 1957 erfolgte die Wiedereröffnung. Noch einmal, von 1994 bis 1998, blieb die Alte Pinakothek geschlossen, als man den Bau generalsanierte.

2.18 Neue Pinakothek

Ludwig I. sorgte nicht nur für die alten Meister, die sich im Laufe der Jahrhunderte in seiner Familie angesammelt hatten, er interessierte sich auch für moderne, also zeitgenössische, Kunst. Schon 1820 empfahl der Kronprinz seinem Baumeister Klenze »die Gestaltung des päbstlichen Pallastes neben San Giovanni in Laterano als Vorbild zu einer neuen Pinakothek« zu nehmen. Mit seinem Regierungsantritt 1825 forcierte Ludwig den Ausbau der Sammlung zeitgenössischer Malerei. Auch sie wollte er dem breiten Publikum zugänglich machen

Die neue Pinakothek vor der Kriegszerstörung

und beauftragte Friedrich von Gärtner und August von Voit mit Plänen zu einem Gebäude. 1846 erfolgte die Grundsteinlegung zur Neuen Pinakothek gegenüber der Alten. Die Abdankung des Königs zwei Jahre später gefährdete die Bauarbeiten kurzfristig, doch Ludwig I. zahlte alles aus eigener Tasche weiter. 1853 eröffnete dann das erste Museum der Welt für »moderne« Kunst. Bei Ludwigs Tod 1868 umfasste der Gemäldebestand 418 Werke.

Einst zierten Fresken Wilhelm von Kaulbachs die Fassade des gesamten ersten Stocks, die die Entwicklung der Kunst mit ihren wichtigsten Vertretern illustrierte. Sie konnten allerdings der Witterung nicht standhalten und wurden um 1900 entfernt. Mit dem Generaldirektor Hugo von Tschudi erweiterte sich ab 1909 das Sammelspektrum. Lag das Hauptaugenmerk auf Münchner Schule und Romantik, zogen nun französische Impressionisten in die Neue Pinakothek. Die sogenannte Tschudi-Spende brachte Hauptwerke von Manet, Monet, van Gogh, Gauguin und Cezanne an die Isar. Van Goghs Selbstbildnis wurde allerdings 1938 als »entartet« entfernt und verkauft.

Die Kriegsbomben trafen die Neue Pinakothek so schwer, dass die Ruine 1949 abgebrochen werden musste. Ausgewählte Werke zeigte man im Haus der Kunst. 1966 gewann der Architekt Alexander von Branca den Ideenwettbewerb für einen Neubau. Neun Jahre später kam es zur Grundsteinlegung, 1981 dann zur Eröffnung der »neuen« Neuen Pinakothek. Heute zeigt die Neue Pinakothek aus ihrem Bestand von über 3.000 Gemälden und 300 Skulpturen des 19. und frühen 20. Jh. eine Auswahl von rund 400 Werken.

Die neue Pinakothek heute

2.19 Museum Reich der Kristalle – Mineralogische Staatssammlung

Napoleons Stiefsohn Eugène de Beauharnais pflegte viele Leidenschaften – neben schönen Frauen und Kunst zählten auch Mineralien dazu. Eugène, nach Napoleons Sturz in München, der Heimat seiner Gattin Auguste von Bayern, gestrandet, konnte seine Hobbys ausgiebig pflegen. Denn Schwiegervater Max I. Joseph verlieh dem Franzosen den Titel eines Herzogs von Leuchtenberg und Fürsten von Eichstätt samt den zugehörigen Latifundien. Die väterliche Sammlung an Mineralien führte der älteste Sohn August von Leuchtenberg fort. Er begleitete seine Schwester Amalie Auguste 1829 nach Brasilien, weil sie den brasilianischen Kaiser Dom Pedro I. heiratete, und schickte zahllose Kisten mit hervorragenden Mineralstufen nach Eichstätt, um das Naturalienkabinett zu bereichern. Nach dem plötzlichen Tod Augusts gingen Titel und Sammlung an seinen jüngeren Bruder Maximilian über, der 1839 die Tochter des russischen Zaren, Großfürstin Maria, heiratete und fortan in St. Petersburg lebte. Die Sammlung blieb dennoch in Eichstätt und wurde nun um russische Mineralien erweitert. 1852, nach Ankauf der Sammlung des Münchner Arztes Prof. Dr. Johann Nepomuk von Ringseis, konnten die Leuchtenbergs über 17.000 Stücke ihr Eigen nennen. Noch im selben Jahr starb Maximilian und das Fürstentum samt Naturalienkabinett fiel an den Staat. Fünf Jahre später ließ Franz von Kobell die Sammlung nach München bringen und mit der bereits existierenden Staatssammlung vereinigen. Der Bombenhagel des Zweiten Weltkriegs vernichtete dann über 80 % der nicht ausgelagerten Mineralogischen Staatssammlung. 1972 kam das nächste Desaster: Kurz vor dem Umzug in das heutige Gebäude in der Theresienstraße 41 raubten Einbrecher eine große Anzahl der besten Stücke. Heute sind sowohl Schauausstellung und Magazinräume nach modernsten sicherheitstechnischen Gesichtspunkten ausgebaut und gesichert, so dass solche Verluste nach menschlichem Ermessen nicht mehr eintreten können.

2.20 Doerner Institut

Das Doerner Institut in der Barer Straße 29 spielt eine bedeutende Rolle für die Bayerische Staatsgemäldesammlung. Die 1937 gegründete und nach dem Akademieprofessor Max Doerner benannte »Staatliche Prüf- und Forschungsanstalt für Farbentechnik« betreut (und konserviert) seit 1977 sämtliche Bestände der Staatsgemäldesammlungen.

2.21 Diakoniewerk Maxvorstadt

Eine große evangelische Einrichtung im Viertel ist das Diakoniewerk München-Maxvorstadt. Kirchenrat Feez regte 1867 an, dass die protestantische Gemeinde Münchens an der Arcis-/Ecke Heßstraße 22 eine Diakonissenanstalt der Inneren Mission als Wartestation für Privatkrankenpflege einrichtete. Die evangelische Königinmutter Marie, Witwe Königs Max II., sicherte die Grundfinanzierung mit 5.000 Gulden. Zwei Jahre später kamen fünf Diakonissen aus dem Mutterhaus in Neuendettelsau, um hier Patienten zu versorgen. 1895 wurde das Krankenhaus mit Operationssaal fertiggestellt, Erweiterungsbauten folgten. Nach dem Zweiten Weltkrieg lag auch die Diakonissenanstalt in Trümmern. Doch man baute schnell wieder auf. Beim 125-jährigen Jubiläum 1992 verfügte das Diakoniewerk über eine Klinik mit 111 Betten, ein Seniorenwohnheim, ein Seniorenpflegeheim, eine Berufsfachschule für Krankenpflegehilfe und eine Physikalische Therapie. Dazu kommt der Gemeindesaal von St. Markus. Seit 1993 heißt die Diakonissenanstalt nun Diakoniewerk München-Maxvorstadt. 2005 konnte die Geriatrische Rehabilitation eröffnet werden.

2.22 Fürstenhäuser

Prachtvoll gestaltete Fassaden prägten einst die »Fürstenhäuser« genannten Anwesen in der Schellingstraße 83–93 (Foto von 1905). Historienmaler Ferdinand Wagner (1847–1927) bemalte die Fassaden 1889 mit Motiven zum Thema »Die fünf bayerischen Herrscher und deren Beförderung der Wissenschaften«. Heute bestimmt fade Nachkriegsarchitektur das Straßenbild.

2.23 Alter Nördlicher Friedhof

siehe S. 82 ff

2.24 St. Joseph

Die Stadt dehnte sich aus. Der Pfarrer von St. Ludwig fürchtete größere seelsorgerische Lücken in den immer dichter besiedelten Neubaugebieten im Nordwesten und regte 1895 den Bau einer Kirche an. Ein Jahr später beauftragte das Erzbistum das Provinzkapitel der Kapuziner, am Josephsplatz ein Konvent einzurichten. P. Linus Mörner gründete einen Kirchenbauverein und klapperte Spender ab, um die Finanzierung zu sichern. 1898 folgte die Grundsteinlegung für die neue Hallenkirche mit Tonnengewölbe und tragfähigen Seitenpfeilern, die Hans Schnurr im Stil des Neobarock entworfen hatte. Der Aushub an Sand und Kies konnte gleich als Baumaterial weiterverwendet werden. Erzbischof Franz Josef von Stein weihte St. Joseph 1902 als Filialkirche von St. Ludwig. 1913 wurde das Gotteshaus zur Pfarrei erhoben. Zwei Sprengbomben hinterließen 1944 nur noch Schutt und Asche von der Kirche, auch die monumentale Kreuzwegstation von Gebhard Fugel ging unwiederbringlich verloren. Einzig der 63 m hohe Turm überstand das Bombardement. Da die Maxvorstadt insgesamt schwer zerstört und rund drei Viertel ihrer Bevölkerung obdachlos war, stand nach dem Zweiten Weltkrieg der Wohnungsbau an erster Stelle. Eine Holzbaracke diente zunächst als Notkirche. Ab 1950 begann man, die Josephskirche wieder aufzubauen. Zwei Jahre später weihte Bischof Anton Scharnagl den Hochaltar. Von 1984 bis 1990 sanierte man den Nachkriegsbau komplett, und verzierte das Tonnengewölbe mit Stuck und Rosetten, um die ursprünglich neobarocke Optik wiederherzustellen. Da St. Joseph weite Teile Schwabings mitbetreut, gilt die Kirche heute irrtümlicherweise meist als Schwabinger Pfarrei. Ab 1965 war das Provinzialat der Bayerischen Provinz der Kapuziner an die Kirche angegliedert, bis es 2009 an die Klosterkirche St. Anton in der Isarvorstadt verlegt wurde.

2.23 Der Alte Nördliche Friedhof

Ein neuer Friedhof mitten in der funkelnagelneuen, strahlenden Maxvorstadt? Undenkbar! So wetterten auch die Münchner Neuesten Nachrichten vom 6. und 10. März 1863: »Übrigens wurde in anderen Städten schon vor vielen Jahren die Notwendigkeit erkannt, dass der Leichen-Acker einer Weltstadt nicht weit genug von derselben entfernt werden kann …«

Man beschwor das Horrorszenario eines »abschreckenden und gesundheitsschädlichen Orts« in den düstersten Farben: »Die nachteiligen Einflüsse seiner Nachbarschaft entwerten Haus- und Wiesengrund, veröden die Häuser, hemmen die Baulust und entvölkern den Stadtteil …« Es half nicht viel – der neue, dringend benötigte Friedhof für München wurde für das Areal zwischen Teng-, Ziebland-, Adalbert- und Arcisstraße geplant.

München verfügte bis dahin nur über einen zentralen Friedhof: den Alten Südfriedhof vor dem Sendlinger Tor, der 1563 als Pest- und Armenfriedhof eingerichtet worden war. Hier – und nur hier – fanden die Münchner seit 1788 ihre letzte Ruhe, denn in jenem Jahr erließ Kurfürst Karl Theodor die Verfügung, dass niemand mehr im Stadtgebiet begraben werden dürfe und dass alle Friedhöfe innerhalb der Stadtmauern aufzulösen sein. Mitte des 19. Jh. drohte der Alte Südfriedhof trotz ständiger Erweiterungen aus allen Nähten zu platzen. Mit über 20.000 Grabstätten quoll er beinahe sprichwörtlich über. Der Friedhof in der Maxvorstadt sollte die Situation entzerren. Stadtbaurat Arnold Zenetti übernahm die Planung des neuen Gottesackers, im Juni 1866 begannen die Bauarbeiten. Am 5. Oktober 1868 weihte Erzbischof Gregor von Scherr im Beisein hoher Würden- und Amtsträger nach einer kurzen Ansprache und einer Messe die Anlage ein. Nachmittags segnete Dekan Meyer den Friedhof für die Protestanten. 7.272 Gräber in 16 Abteilungen und 30 Arkadengrüfte konnten nun innerhalb der neoromani-

Das Grab des Bildhauers Michael Wagmüller schmückt eine Skulptur des Künstlers. Wagmüller fertigte sie 1876 für seine früh verstorbenen Töchter an. 1878 wurde Wagmüller für diese Skulptur auf der Pariser Weltausstellung mit dem Kreuz der Ehrenlegion ausgezeichnet.

Hüpfburg zwischen Gräbern: Die Maxvorstädter haben keinerlei Berührungsängste mit dem Tod.

schen Ziegelmauer genutzt werden. Das Haupttor zierten zwei Statuen, die Barmherzigkeit und Gerechtigkeit symbolisierten. Die Aussegnungshalle mit Kapelle befand sich an der Westseite, auch hier Symbolfiguren: Glaube und Hoffnung. Fresken von Ludwig Thiersch zierten die Abschlüsse des Arkadengangs, ein Kreuz des Bildhauers Johann von Halbig markierte die Achsenmitte des Friedhofs. Am Einweihungsabend wurde die Leiche des Stadtpfarrers von St. Ludwig, des Geistlichen Rats Stumpf, in der ersten öffentlichen Gruft beigesetzt. Damit galt der Alte Nördliche Friedhof als offiziell eröffnet.

Der Friedhof stört den Diktator

Rund 62.000 Münchner fanden in den kommenden Jahrzehnten hier ihre letzte Ruhe, darunter nicht nur der Erfinder des U-Boots, sondern auch viele Maler und Schriftsteller – bis dann Hitlers Wahn, seine »Hauptstadt der Bewegung« radikal aus- und umzubauen, auch den Friedhof bedrohte. Luisen- und Isabellastraße sollten miteinander verbunden und zu einer Prachtallee ausgebaut werden. Außerdem plante der Diktator für sich selbst einen Altersruhesitz auf einem Teil des Geländes. Da störte der Friedhof. Oberbürgermeister Karl Fiehler, Hitler seit Urzeiten treu ergeben, setzte schnell die Ruhefrist für diesen Friedhof von 15 auf sieben Jahre herab.

Am 20. Juli 1939 lasen dann viele Münchner geschockt in der Münchner Gemeinde-Zeitung Nr. 56, dass der Alte Nördliche Friedhof ab sofort für weitere Beerdigungen gesperrt sei. Was sollte nun aus Familiengräbern werden? Die Stadt blieb hart. Der Zweite Weltkrieg schließlich rettete den Gottesacker, auch wenn er ihm schwere Wunden zufügte. Die meisten Friedhofsbauten und ein Teil der Arkadengrüfte wurden zerstört und nicht wieder aufgebaut. Ab 1944 sperrte man den Friedhof komplett. Im Mai 1945 errichtete die US-Army ein Internierungslager für 114 hochrangige Nazis auf dem Gelände des Nordfriedhofs, es wurde drei Jahre später wieder aufgelöst.

Anfang der 1950er Jahre kam erneut kurzfristig die Idee bei Stadtplanern auf, die Teng- mit der Luisenstraße zu verbinden und den Friedhof einzuebnen. Man arbeitete gezielt darauf hin, indem in den folgenden Jahren baufällige und ungepflegte Gräber beseitigt wurden. Letztlich kam es doch nicht zur Umsetzung der Pläne und eine neu gebildete Gräberkommission verhinderte die völlige Zerstörung der letzten Epitaphe. Seine heutige Gestalt erhielt der Friedhof durch Hans Döllgast. Von den heute noch rund 800 Grabstellen verfügen längst nicht mehr alle über ein Denkmal. Auf dem Gelände der zerstörten Aussegnungshalle errichtete man einen abgetrennten Spielplatz. Heute ist der Alte Nördliche Friedhof für die Bewohner der Maxvorstadt eine beliebte Naherholungsoase, ein grüner Ruhepol mitten in den dichten Straßenschluchten.

2.21 Der Alte Nördliche Friedhof

Wer liegt wo?

Sie haben nicht unbedingt die schönsten Grabmäler, und viele kennt man nur noch als Namensgeber Münchner Straßen, doch ein Besuch bei den berühmten Toten auf dem Alten Nordfriedhof lohnt sich immer – und sei es nur, um andere schöne Epitaphe zu entdecken.

1. Karl Max von **Bauernfeind** erhob die Geodäsie zur wissenschaftlichen Disziplin • 1816–1894
2. Rudolf **Oldenbourg** brachte die erste deutsche technische Fachzeitschrift heraus und gründete den nach ihm benannten Verlag • 1811–1903
3. Carl August **Lebschée** dokumentierte in Gemälden und Zeichnungen das alte München • 1800–1877
4. Kunsthändler Josef **Maillinger** überließ der Stadt München seine Privatsammlung, die Grundlage für das 1888 eröffnete Stadtmuseum wurde • 1831–1884
5. Wilhelm **Bauer** ließ 1850 mit seinem *Brandtaucher* das erste U-Boot der Welt zu Wasser • 1822–1875
6. Johann Nepomuk von **Fäustle** war bayerischer Justizminister während der deutschen Reichseinigung • 1822–1887
7. Gottfried von **Neureuther**, kgl. Oberbaudirektor und Architekturprofessor, errichtete u. a. die Akademie der Bildenden Künste • 1811–1887
8. Das Münchner Original August **Gemming** wettete, dass er unbehelligt nackt durch die Straßen reiten könnte und gewann, weil er sich eine Uniform auf den Körper malen ließ • 1837–1893
9. Hofballettdirektrice Lucille **Grahn-Young** galt als eine der bedeutendsten Primaballerinen des 19. Jh. • 1819–1907
10. Ludwig **von und zu der Tann-Rathsamhausen** führte als Infanteriegeneral das 1. bayr. Armeekorps im Deutsch-Französischen Krieg 1871 • 1815–1881
11. Ex-Armeearzt Dr. med. Hermann von **Lingg** machte sich als Dichter einen Namen. Sein bekanntestes Werk ist *Das Krokodil zu Singapur* • 1820–1905
12. Georg von **Krauss** gründete 1866 die Lokomotivfabrik Krauss & Comp. am Marsfeld, aus der später die Firma Krauss-Maffei hervorging • 1826–1906

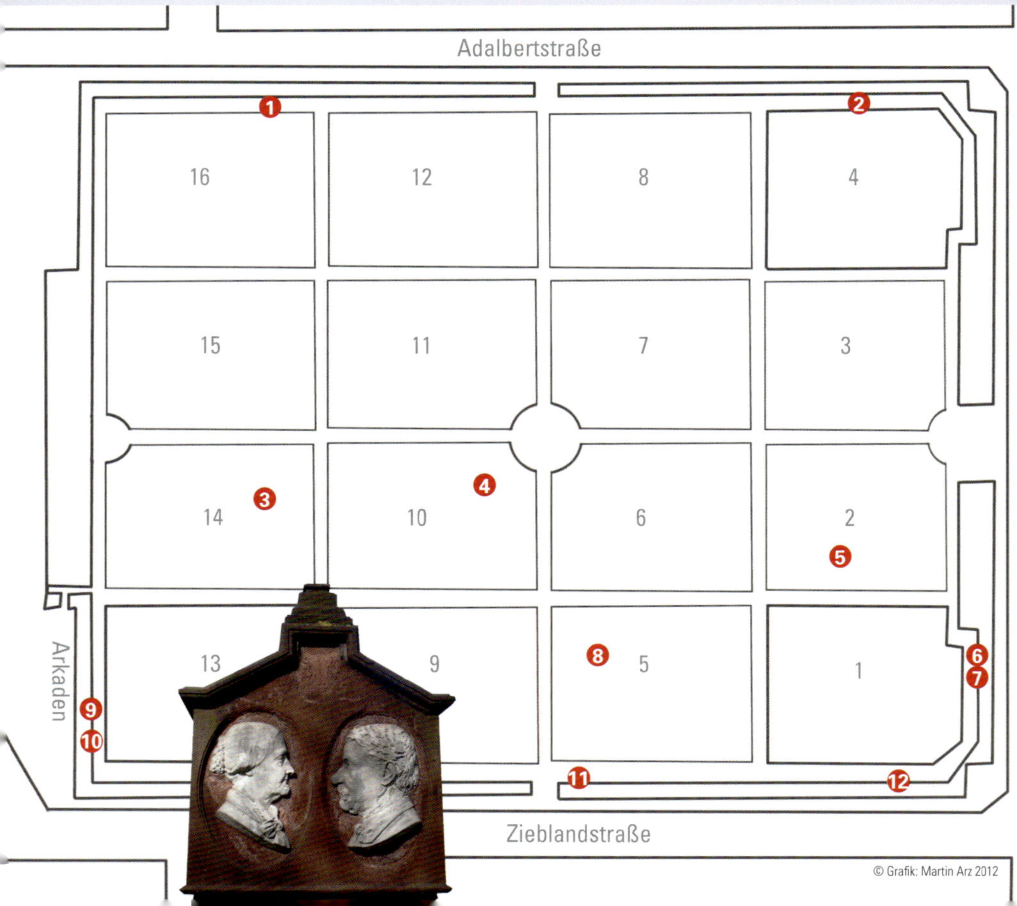

2.25 Schwindschule

998 Schüler in 18 Klassen: Schon bei der Eröffnung im Jahr 1891 herrschte in der Schule Schwindstraße volles Haus. Architekt Carl Hocheder, der mit seinem Müllerschen Volksbad ein architektonisches Juwel geschaffen hatte, hatte das Schulgebäude entworfen. Weil die Schule bereits 1903 aus allen Nähten platze, mussten Holzbaracken für weitere 18 Klassen angebaut werden. Zwei Jahre später stapelten sich 1991 Kinder in 38 Klassen, also über 50 Schüler pro Klasse. Kaum vorstellbar, aber irgendwie muss es während des Ersten Weltkriegs gelungen sein, die Kindermassen auf umliegende Schulen zu verteilen, damit das Schulgebäude als Kaserne genutzt werden konnte. 1944 zerstörten Bomben die Schwindschule. Der Neubau zog sich lange hin. Erst 1958 konnte die neue Schwindschule bezogen werden. Wenn auch im Schichtunterricht, denn die Schule war schon wieder zu klein. Mittlerweile hat sich in der Single-Hochburg Maxvorstadt die Lage für die einzige Hauptschule des Viertels deutlich entspannt, sie teilt sich die Räume mit der Grundschule und der Kindertagesstätte.

2.26 Lustspielhaus = Kammerspiele

Die Geschichte der Kammerspiele beginnt in der Maxvorstadt und sie ist ein wenig länger, als die offizielle Website des heutigen Theaters zu berichten weiß. 1906 übernahm Hofrat Köpke in der Augustenstraße 89 das Varieté Universum und machte daraus das Lustspielhaus – immer noch mehr Varieté denn ernsthaftes Theater. Geboten wurden Einakter und Gesangseinlagen. Doch Köpke und mehreren anderen Direktoren blieb der Erfolg versagt. Schließlich übernahm Eugen Robert, der zuvor das Berliner Hebbel-Theater geleitet hatte, 1912 die Bühne und nannte sie »Zum großen Wurstel. Grand Guignol«. Sehr zum Unwillen von Heinrich Mann, mit dessen Einakter *Varieté* das Theater eröffnet werden sollte. Der Autor sah sich in die Nähe des Kasperltheaters gerückt. Robert lenkte ein und benannte das ehemalige Lustspielhaus um in die Münchner Kammerspiele. Das ambitionierte Programm machte die Kammerspiele schnell über Münchens Grenzen hinaus bekannt. Robert musste nach einem Flop jedoch seinen Hut nehmen und Erich Ziegel, der bereits am Haus tätig war, wurde der neue Intendant. 1915 holte Ziegel den Mann an die Kammerspiele, der das Geschick des Theater für Jahrzehnte entscheidend prägen sollte: Otto Falckenberg, der einst bei den Elf Scharfrichtern mitgewirkt hatte. Falckenberg übernahm 1917 die Direktion. Er machte die Kammerspiele zu einer der wichtigsten deutschsprachigen Bühnen und holte die bedeutendsten Autoren und Schauspieler ans Haus. Berthold Brecht inszenierte sein eigenes Stück *Trommeln der Nacht* (das Foto zeigt die Uraufführung 1922) und *Leben Eduards des Zweiten von England* von Christopher Marlowe. Brecht arbeitete zudem als Dramaturg. Für die ständig schwierige finanzielle Situation des damals noch privat finanzierten Theaters nicht unwichtig waren die publikumswirksamen Gastspiele von Karl Valentin und Lisl Karlstadt. Im September 1926 schließlich verließen die Kammerspiele die Maxvorstadt und zogen in ihr heutiges Domizil in der Maximilianstraße.

Selbst ist der Maler: Franz von Stuck posierte für sein Gemälde *Salome*.

2.27 Franz von Stuck

Ein rechter Schwerenöter wird er wohl gewesen sein, der 18-jährige Müllersohn Franz Stuck aus dem niederbayrischen Tettenweis, der in München Kunst studieren wollte. Er interessierte sich besonders für nackte Tatsachen und betrieb eifrig Aktstudien nach der Natur. Seine Zimmerwirtin beschwerte sich in einem Brief an Stucks Onkel, dass die Köchin aus dem 3. Stock dem Neffen splitterfasernackt Modell gestanden habe. Skandal! Stuck aber blieb bei seinem Lieblingssujet, wurde daher ebenso skandalumwittert wie erfolgreich. Immer wieder wurden seine Gemälde wegen Unsittlichkeit beschlagnahmt. In der Theresienstraße 148 bezog er sein erstes Atelier. Dort soll auch Prinzregent Luitpold ein gern gesehener Gast gewesen sein. Einmal, so heißt es, sei der Prinzregent überraschend vorbei gekommen, während Stuck gerade eine Aktsitzung hatte. Das Mädchen wollte sich sofort anziehen, doch Stuck bat sie, zu bleiben, wie sie war – einen größeren Gefallen konnte er seinem Regenten nicht tun. Mit seinen Akten ermalte sich Franz von Stuck schließlich seine eigene Villa, ein von ihm gestaltetes Gesamtkunstwerk. Leider nicht in der Maxvorstadt, sondern in Haidhausen an der Prinzregentenstraße.

2.28 Wohnheimsiedlung Maßmannplatz

Gemeinsam mit einem engagierten amerikanischen Besatzungsoffizier entwickelte der Münchner Kunsthistoriker Hermann Mau (später Direktor des Instituts für Zeitgeschichte) die Idee für eine Wohnheimsiedlung, in der Studenten und Lehrlinge gemeinsam leben sollten. Ohne Baugenehmigung, aber mit Unterstützung von Stadt und US-Army entstand 1948 das erste Haus nach Entwürfen des Architekturstudenten Werner Wirsing am ehemaligen Maßmannbergl; ein Haus in Doppel-H-Form, das heute unter Denkmalschutz steht. Die 1951 fertiggestellten Erweiterungsbauten in westlicher Richtung stammten von Erik Braun, Gordon Ludwig, Jakob Semmler, Wolfgang Fuchs und Herbert Groethuysen. Die jungen Architekten wollten mit der Siedlung auch ein Zeichen setzen, dass sie einen modernistischen Wiederaufbau der Stadt München wünschten. Träger der Siedlung ist der am 22. Juli 1949 gegründete Verein Wohnheimsiedlung Maßmannplatz e.V. Die Wohnanlage bekam eine Selbstverwaltung, das Zusammenleben von Studenten und Auszubildenden sollte auch das Demokratieverständnis fördern. Die Selbstverwaltung besteht aus mehreren Gremien, die jährlich neu gewählt werden. Zwei- bis viermal jährlich tagt die Aufnahmesitzung, in der über die Belegung der Zimmer entschieden wird. Ein »Barministerium«, das jedes Semester von einem anderen Haus gestellt wird, sorgt dafür, dass die Kellerbar in Haus D immer donnerstags geöffnet ist. In den fünf Häusern, die untereinander verbunden sind, teilen sich zwischen 22 und 28 Bewohner je eine Küche und einen Aufenthaltsraum. Insgesamt gibt es 124 Einzelzimmer. Die Siedlung ist bei Studenten beliebt, weil sich in unmittelbarer Nähe die Fachhochschule München (FHM) sowie die Technische Universität München (TUM) befinden.

2.29 Oberwiesenfeld

Der Garten, der dem Oberwiesenfeld seinen Namen gab, lag einst am Rand der Maxvorstadt. Auf dem Maßmannbergl an der Dachauer Straße richtete sich der kurfürstliche Hofkammer- und Kommerzienrat Dominikus von Schweygern ein großzügiges Anwesen ein, das 1790 erstmals als »Wiesenfeld« bezeichnet wurde. Ein Chronist beschrieb das Areal 1805 als eine »dem Sandberge durch Fleiß und Cultur abgedrungene Oekonomie nebst Garten«. Die Abbildung oben zeigt das Wiesenfeld im Vordergrund mit Blick auf München. Die baumgesäumte Allee in der Bildmitte ist die spätere Brienner Straße. Dieser Garten bildete aber nur die winzige Keimzelle des späteren Oberwiesenfelds. Das Oberwiesenfeld erstreckte sich ab 1794 über das komplette Ödland der Schotterebene im Münchner Norden und wurde mit zahllosen Militäreinrichtungen bebaut.

2.30 Haus an der Gabelsbergerstraße

Direkt neben dem Gesundheitszentrum der Stadt München liegt das grüne »Haus an der Gabelsbergerstraße«, Gabelsbergerstraße 72, das der Katholische Männerfürsorgeverein betreibt. Hier finden ältere wohnungslose Männer mit sozialen Schwierigkeiten und Suchtproblemen ein umfassendes und differenziertes Leistungsangebot. So z. B. ein langfristiges Dach über dem Kopf, Vollverpflegung, sozialpädagogische Betreuung, die Übernahme pflegerischer Maßnahmen durch Fachpersonal, aber auch Gruppen- und Freizeitangebote. 65 Plätze, hauptsächlich Einzelzimmer, stehen obdachlosen Senioren zum zeitlich unbefristeten Aufenthalt zur Verfügung.

2.31 Agfa

Aus der Gabelsbergerstraße 36 stammte die weltbekannte Firma Agfa-Gevaert, damals hieß sie noch Optische Anstalte A. Hch. Rietzschel GmbH, gegründet 1896. Rietzschel baute hier ab 1900 seine revolutionäre Fotokamera »Clack 1900«, ein Jahr später beschäftigte er bereits 100 Mitarbeiter. Erst 1912 zog die expandierende Firma aus der Maxvorstadt weg.

2.32 Technische Universität

Humanistische Bildung – schön und gut, doch ein wenig mehr Praxisorientierung würde den Studenten im beginnenden Industrialisierungszeitalter sehr gut tun. Napoleon war der erste, der das erkannte und schon Ende des 18. Jh. die École Polytechnique in Paris eröffnete. Auch in Bayern musste man auf die Anforderungen der Zeit reagieren und zunächst das Schulsystem von der rein humanistischen Ausrichtung den Naturwissenschaften öffnen. Dann, 1827, eröffnete die Ingenieurschmiede, eine Polytechnische Schule, in München. 1868 machte König Ludwig II. daraus die Königlich Bayerische Polytechnische Schule, die einer Universität gleichgestellt war und finanziell so ausgestattet wurde, dass »auf dem Gebiet der exakten Wissenschaften das Höchste erreicht werden kann«, wie Minister Gustav von Schlör bei der Einweihungsfeier sagte. Architekt Gottfried von Neureuther entwarf das Gebäude in der Arcisstraße 21. 1875 richtete Carl von Linde das erste deutsche Maschinenlabor ein, hier lernte später auch Rudolf Diesel. Der neben Diesel wohl prominenteste Absolvent der Technischen Hochschule war Oskar von Miller, Initiator des Deutschen Museums. 1916 entstand das weithin sichtbare Wahrzeichen der TH: der Thiersch-Turm von Friedrich von Thiersch an der Gabelsbergerstraße. Die TH wuchs kontinuierlich weiter, auch durch die Integration anderer Institute wie die Handelshochschule München 1922 und die Hochschule für Landwirtschaft und Brauerei Weihenstephan 1930. Den Bomben des Zweiten Weltkriegs fielen rund 80 % der Einrichtungen in der Maxvorstadt zum Opfer. 1957 eröffnete die TH in Garching den ersten deutschen Forschungsreaktor. Seitdem wurde in der Stadt nördlich von München der dritte Campus – neben der Maxvorstadt und Weihenstephan – konsequent ausgebaut. Seit 1970 heißt die TH nun offiziell Technische Universität München (TU). Sie bietet den rund 31.000 Studierenden heute 142 Studiengänge an und gehört wie die LMU zu den deutschen Eliteuniversitäten.

TU -Impressionen aus dem Jahr 1902 (Mitte) und von heute

2.33 Ägyptisches Museum

München solle die »Stadt der Künste« sein, beschloss Albrecht V. von Bayern und ging in der zweiten Hälfte des 16. Jh. mit gutem Beispiel voran. Er erwarb zahlreiche Werke für seine Kunstkammer – darunter auch die ersten (heute nicht mehr erhaltenen) Aegyptica. Das sollte es dann vorerst für Jahrhunderte gewesen sein. Albrechts Nachfahren interessierten sich nicht sonderlich für Altertümer aus Nordafrika. Erst der kunstbegeisterte Ludwig I. stürzte sich leidenschaftlich auch auf die Sammlung ägyptischer Objekte, die er im »Aegyptischen Saal« der geplanten Glyptothek aufstellen wollte. Ludwigs erste Erwerbung 1815 war gleich auch eine seiner bedeutendsten: Die lebensgroße Statue eines falkenköpfigen Gottes – das am häufigsten abgebildete altägyptische Denkmal jener Zeit. Leo von Klenze ersteigerte im selben Jahr für den Kronprinzen in Rom acht großformatige ägyptische Denkmäler, darunter Statuen aus der Villa Kaiser Hadrians. Neben Ludwig I. kaufte auch die Königlich Bayerische Akademie der Wissenschaften ägyptische Werke – doch weniger Kunst, als vielmehr Särge und Mumien. Ihre Erwerbungen präsentierte die Akademie zunächst im Akademiegebäude in der Neuhauser Straße, dann wurden sie in das Antiquarium der Residenz überstellt.

Sargmaske von Prinzessin Satdjehuti aus der 17. Dynastie (ca. 1575 v. Chr.)

Eine Sensation gelang Ludwig I. 1839 mit dem Erwerb der Hälfte des Goldschmucks der meroischen Königin Amani-shakheto, einem Schatz, der bis heute als einmalig gilt. Die andere Hälfte ersteigerte übrigens der preußische König Friedrich Wilhelm IV. drei Jahre später in London. Nach der Zeit Ludwigs I. legte sich im wahrsten Sinne des Wortes zunächst der Staub der Zeit auf die Ägyptische Sammlung. Erst unter Friedrich Wilhelm von Bissing, 1906 bis 1920 Honorarprofessor für Ägyptologie an der LMU, der großzügige Schenkungen aus seiner Sammlung machte und geschickt bedeutende Sammlungen aufkaufte, änderte sich das wieder. Heute stammen die Mittel zum Ankauf ägyptischer Denkmäler aus dem »Sammelansatz«, den das Finanzministerium des Freistaats Bayern den Staatlichen Museen und Sammlungen zur Verfügung stellt. Das Museum, das während der Recherche zu diesem Buch immer noch an der Grenze zur Maxvorstadt in der Residenz untergebracht ist, zieht voraussichtlich 2013 in einen Glas-Sichtbeton-Bau des Architekten Peter Böhm an der Gabelsbergerstraße gegenüber der Alten Pinakothek. Hier standen zuvor zum Teil asbestverseuchte Bauten der Technischen Universität, die ab 2007 abgerissen wurden.

2.34 Hochschule für Film und Fernsehen

Doris Dörrie, Bernd Eichinger, Roland Emmerich, Dominik Graf, Florian Henckel von Donnersmarck, Mika Kaurismäki, Caroline Link, Wim Wenders, Sönke Wortmann – man muss kein besonderer Filmfreak sein, um diese Namen zu kennen. Einige sind sogar Oscar-Preisträger. Diese und viele weitere prominente Filmproduzenten und -regisseure eint eins: Sie sind Absolventen der Hochschule für Film und Fernsehen (HFF) in München. Die HFF ging auf eine Initiative von Helmut Oeller, Fernsehdirektor des Bayerischen Rundfunks, zurück. Von ihrer Gründung im Jahr 1967 bis 1988 war die HFF schon einmal in der Maxvorstadt beheimatet, in der Kaulbachstraße 16. Die Villa, die heute das Orff-Institut nutzt, bot allerdings viel zu wenig Platz, der Unterricht musste teilweise in den Studios des BR, der Bavaria in Geiselgasteig und des ZDF in Unterföhring ausgelagert werden. 1988 schließlich fand man in einer ehemaligen Bettfedernfabrik in Giesing geeignete Räume, die HFF bekam sogar ihr erstes eigenes Film- und Fernsehstudio. Pünktlich zum 40-jährigen Jubiläum 2007 erfolgte die Grundsteinlegung für ein neues Gebäude an der Gabelsberger Straße. Seit dem 15. September 2011 ist nun die HFF wieder zurück in der alten Heimat Maxvorstadt.

Der Eingang zum neuen Ägyptischen Museum ist einem Pharaonengrab nachempfunden.

»Kotzt er, furzt er oder blutet er?«, fragte der BR am 26.10.2011. Gemeint war die Skulptur *Present Continous* des niederländischen Künstlers Henk Visch, die vor der HFF steht.

Viertel der Bewegung

Die Maxvorstadt und Adolf Hitler – eine große und sehr einseitige Liebe. Hier wollte der aus Österreich stammende Kunstmaler zunächst ins bohème Treiben eintauchen, dann fand er hier seine Basis zum Aufbau der NSDAP und schließlich riss er sich fast die ganze Maxvorstadt unter den Nagel und formte sie nach seinem Willen neu.

Es war ein Maitag im Jahr 1913, als ein gewisser Adolf Hitler ein Zimmer zur Untermiete im Haus des Schneidermeisters Josef Popp in der Schleißheimer Straße 34 bezog. Das Zimmer teilte er sich mit Rudolf Häusler. Die beiden Männer kannten sich aus einem Männerwohnheim in Wien. Während Häusler sich mit Gelegenheitsjobs durchschlug, sah sich der junge Hitler als Künstler und wähnte sich endlich angekommen! Endlich angekommen in München, der weltweit führenden Kunstmetropole, endlich angekommen in der »Schwabinger« Bohème. Wie viele vor und nach ihm hielt er die Maxvorstadt für Schwabing und übersah auch geflissentlich, dass die Schwabinger Bohème längst ihre besten Zeiten hinter sich hatte. So oft er auch im Künstlertreff Café Stefanie verkehrte, er blieb immer außen vor, fand keinen Zugang in den Kreis der Kreativen und blieb ein Einzelgänger. Hitler, der in Wien von der Kunstakademie abgelehnt worden war, versuchte sich als Stadtmaler durchzuschlagen. Er malte die gängigen Münchner Sehenswürdigkeiten von Fotos ab, erwies sich dabei als genauso routiniert und mittelmäßig talentiert wie die zahllosen anderen Straßenmaler in aller Welt. Immerhin kauften Touristen seine Bilder.

Mit dem Ausbruch des Ersten Weltkriegs ließ sich Adolf Hitler wie fast ganz Deutschland von dem herrschenden Hurra-Patriotismus anstecken. Ein Foto zeigt ihn, wie er in der aufgepeitschten Menschenmenge vor der Feldherrnhalle den Kriegsausbruch feiert. Die sogenannte gute alte Zeit der Prinzregentenzeit, die bis heute verklärt wird, in Wahrheit für die meisten aber alles andere als gut war, fand abrupt ihr Ende. Die Welt taumelte am Abgrund. Hitler, in Österreich als dienstuntauglich ausgemustert, meldete sich freiwillig bei der bayrischen Armee. Nach Kriegsende kehrte er nach München zurück, wo er die Wirren von Revolution und Räterepublik miterlebte. Nach dem blutigen Ende der Rätezeit denunzierte Hitler, der zuvor selbst bestens mit den sozialistischen Soldatenräten zusammengearbeitet hatte, skrupellos seine Kameraden. Er begeisterte sich immer mehr für deutschnationale und antisemitische Ideen, las viel, ließ sich in »antibolschewistischen Aufklärungskursen« fortbilden, arbeitete als Spitzel und hielt Vorträge in der Reichswehr. Dabei fiel immer mehr sein rhetorisches Talent auf. Hitler wusste seine Zuhörer zu fesseln. Das sah auch Anton Drexler, der Parteivorsitzende der Deutschen Arbeiterpartei (DAP), und lud Hitler zu einem Parteitreffen ins Sterneckbräu (Tal 38), wo Hitler gegen die Loslösung Bayerns aus dem Deutschen Reich wetterte. Die DAP wurde Hitlers neue Heimat, seine neue Bühne. In kürzester Zeit verfasste er der Partei ein neues 25-Punkte-Programm und forcierte die Umbenennung in NSDAP. Schon bald konnte Hitler von seinen rhetorischen Fähigkeiten leben, er zog bei seinen Reden zahlende Massen an und verdiente gut an den Eintrittsgeldern. Unter den Zuhörern einer seiner demagogischen Reden war 1920 auch Elsa Bruckmann, eine der einflussreichsten Salonnièren Münchens. Ihrem Gatten Hugo gehörte der Bruckmann-Verlag, in ihrem Salon verkehrten bedeutende Intellektuelle und Unternehmer. Die völkisch gesinnte Elsa war fasziniert von Hitler, nahm sich seiner an, brachte ihm Umgangsformen bei und führte ihn in ihrer Villa am Karolinenplatz 5 in die Gesellschaft ein. Endlich war Adolf Hitler doch in der Maxvorstadt angekommen – wenn auch nicht in der Bohème, so doch in wichtigen Wirtschaftskreisen. Mit Alfred Rosenberg, Rudolf Heß und Baldur von Schirach traf Hitler bei den Bruckmanns politisch gleichgesinnte.

Der gescheiterte Putschversuch

Angespornt von Benito Mussolinis erfolgreichem Marsch auf Rom plante Hitler einen Marsch auf Berlin. Bayerns Justiz, seit dem Ende der Räterepublik auf dem rechten Auge komplett blind, ließ den Agitator gewähren. Erst als sich auf dem Oberwiesenfeld tatsächlich rund 1.000 Bewaffnete unter Hermann Göring sammelten, um die Maifeiern der Münchner Linken gewaltsam zu zersprengen, schritten die Behörden ein. Um einem drohenden Strafverfahren zu entgehen, zog sich Hitler zurück. Dennoch hielt er an seinem Ziel einer »nationalen Revolution« fest und schwadronierte weiter von einem Marsch auf Berlin. In Bayern übernahm unterdessen der ultrakonservative Hardliner, Monarchist und Antisemit Gustav von Kahr als Generalstaatskommissar mit praktisch diktatorischen Vollmachten die Regierung. Hitler sah seine Zeit gekommen schlug los. Am 8. November 1923 hielt von Kahr eine Rede im Bürgerbräukeller (heute stehen hier das Gasteig Kulturzentrum, das Hotel City Hilton und die Gema-Zentrale). Hitler und seine Anhängern sprengten die Veranstaltung, er rief die nationale Revolution aus. Mit dem angesehenen Ex-General Erich Ludendorff an seiner Seite glaubte sich Hitler seiner Sache sicher. Doch der Putsch scheiterte kläglich. Ernst Röhm und seinen Kampfbundverbänden gelang es nicht, wichtige Regierungsgebäude, Kasernen oder auch nur den Hauptbahnhof zu besetzen. Zuletzt zogen rund 4.000 bewaffnete NSDAP-Anhänger durch die Innenstadt, doch die Landespolizei stoppte den Marsch nahe der Feldherrnhalle. In einem kurzen Schusswechsel starben 16 Putschisten und vier Polizis-

1

ten (an sie erinnert heute eine kleine in den Boden eingelassene Tafel vor der Feldherrnhalle). Adolf Hitler floh, wurde am Staffelsee verhaftet und kam in München vor Gericht. Die NSDAP wurde verboten, ihr Vermögen beschlagnahmt. Doch der vorsitzende Richter, Georg Neithardt, ein ausgewiesener Hitler-Sympatisant, ließ den Hochverrats-Prozess zur Farce werden: Ludendorff wurde freigesprochen, die Ermordung der vier Polizisten kam nicht einmal zur Anklage, weitere Beteiligte bekamen milde Strafen und auch Hitler wurde zu nur fünf Jahren Festungshaft und einer Geldstrafe verurteilt. Obwohl das Gesetz vorsah, dass straffällige Ausländer abgeschoben wurden, musste Hitler nicht zurück nach Österreich, weil er eine »ehrenhafte Gesinnung« habe, so der Richter.

Festungshaft – das klingt heute so martialisch. Tatsächlich bedeutete Festungshaft eine ehrenvolle Haft. Der Gefangene genoss zahlreiche Privilegien, durfte arbeiten (Hitler schrieb an *Mein Kampf*), hatte Freigang und konnte Besuch empfangen. Derart in Haft gehätschelt, kam Hitler schon nach neun Monaten am 20. Dezember 1924 wegen angeblich guter Führung wieder frei.

Die Fotolaborantin Eva

Der Putschversuch und der Prozess hatten allerdings ihre Wirkung getan: Adolf Hitler und die NSDAP, die man vorher kaum kannte, waren nun deutschlandweit in aller Munde. Hitler überzeugte zunächst Bayerns Ministerpräsident Held, das NSDAP-Verbot wieder aufzuheben und wusste dann das Interesse an ihm und seinen Ideen geschickt zu nutzen. Er begann sich und seine Auftritte noch stärker zu inszenieren. Wesentlichen Anteil an dieser Inszenierung hatte auch der Fotograf Heinrich Hoffmann. Hoffmann hatte einst das Fotostudio Elvira an der Von-der-Tann-Straße geleitet, seit 1924 gehörte ihm ein Studio in der Maxvorstadt im Rückgebäude der Schellingstraße 50. Dort sollte Hitler im Jahr 1929 dann einem 17-jährigen Mädchen namens Eva Braun begegnen. Eva Braun arbeitete bei Hoffmann als Fotolaborantin und wurde, wenn auch inoffiziell, die Frau an seiner Seite. Eine Gattin passte nicht zu dem einsamen Wolf, der seine Asexualität zelebrierte. Hoffmann stilisierte Hitler in seinen Portraits bedarfsgerecht: mal als kernigen Naturburschen, mal als eleganten Schwiegermuttertraum oder als couragierten Staatsmann.

In der Schellingstraße 50 richtete Hitler auch die neue Geschäftsstelle seiner Partei ein. In einem Raum, der als Ehrensaal der SA diente, hing die »Blutfahne«, jene Hakenkreuzfahne, die beim misslungenen Putsch mitgeführt worden war und die angeblich mit dem Blut der gefallenen oder getöteten SA-Männer getränkt war. In unmittelbarer Nähe, im Buchgewerbehaus Schellingstraße 39/41, wurde Hitlers Kampfblatt, der Völkische Beobachter, gedruckt. Hitler hatte das Blatt 1920 mithilfe von Gönnern erworben. 1922 zog auch die Redaktion von der Thiersch- in die Schellingstraße.

»Palais Größenwahn«

Hitler verkündete, auf Gewalt als Mittel zur Machtergreifung zu verzichten und wollte die Demokratie mit ihren eigenen Mitteln schlagen. Doch trotz großen öffentlichen Interesses blieb die NSDAP bei Wahlen zunächst eine unbedeutende Splitterpartei. Den entscheidenden Wandel brachte der Schwarze Freitag an der New Yorker Börse. Die Weltwirtschaftskrise mit ihrer Massenarbeitslosigkeit brachte einem Großmeister der großen Parolen und simplen Lösungen wie Hitler immensen Zulauf. So viel Zulauf, dass die Räumlichkeiten in der Schellingstraße längst nicht mehr ausreichten. Hitler hatte auch längst ein viel repräsentativeres Objekt in unmittelbarer Königsplatznähe im Auge: das Palais Barlow, das Jean-Baptiste Métivier 1829 im Biedermeierstil erbaut und dem königlichen Kämmerer und Reichsrat Carl von Lotzbeck vermietet hatte. Weil das Palais später dem Marchese Fabio Pallavicini, Geschäftsträger des Königreichs Sardinien am bayerischen Hof, gehörte, wird das Gebäude auch heute noch häufig fälschlicherweise als ehemalige »Italienische Botschaft« bezeichnet. Pallavicini verkaufte das Haus 1866 an den Hoffotografen Joseph Albert, von dem es 1877 der englische Kaufmann Richard Barlow erwarb. Die Witwe von Barlows Sohn bot nun das Palais an der Brienner Straße 45 feil. Doch wie finanzieren? Hitler verkündete seinen Parteimitgliedern

Eva Braun gibt sich neckisch auf dem Schreibtisch des Fotostudio Hoffmann in der Schellingstraße.

am 28. Mai 1930 im Völkischen Beobachter, dass er von ihnen großzügige Spenden für die Finanzierung des neuen Zentralparteiheims erwarte! Pro Kopf mindestens 2 Mark! Dass der Nationalsozialistische Deutsche Arbeiterverein schließlich doch den immensen Kaufpreis von 805.864 Mark aufbringen konnte, lag an der Großzügigkeit der Großindustriellen Fritz Thyssen, Friedrich Flick und Prescott Sheldon Bush (Vater und Großvater zweier US-Präsidenten namens George Bush). Hitlers Münchner Lieblingsarchitekt Paul Ludwig Troost übernahm die Umgestaltung des Palais zur Reichsgeschäftsstelle der NSDAP, kurz »Braunes Haus« genannt, das die Münchner allerdings als »Palais Größenwahn« verspotteten. Freilich nur so lange, bis Hitler an die Macht kam und seinen Terrorapparat voll entfalten konnte.

Das Palais an der Brienner Straße wurde zur Keimzelle der Inbesitznahme der Maxvorstadt durch die Nationalsozialisten. Das »Braune Haus« wurde im Zweiten Weltkrieg in Schutt und Asche gebombt. Die Fundamente blieben erhalten, das Grundstück blieb aber unbebaut. Schließlich fand nach schier endlosem Hickhack im März 2012 auf dem Gelände die Grundsteinlegung für das NS-Dokumentationszentrum der Stadt München statt.

Missbrauchter Platz: der Königsplatz nach der Umgestaltung durch NS-Planer. Anstelle des »Führerbaus« an der Arcisstraße stand vorher die kleine Villa (u. l.), gegenüber dem Braunen Haus das ehemalige Palais Degenfeld (u. r.).

Am 30. Januar 1933 hatte es Adolf Hitler schließlich auf ganz legalem Weg geschafft: Reichspräsident Paul von Hindenburg ernannte ihn zum Reichskanzler. Auf dem Königsplatz versammelten sich seine Anhänger und jubelten Gauleiter Wagner zu. Adolf Hitler verlor keine Zeit, um Deutschland nach seinen Vorstellungen zu gestalten. Schon am 22. März eröffnete das KZ Dachau, wo politisch Kommunisten, Antifaschisten und alle an-

Viertel der Bewegung

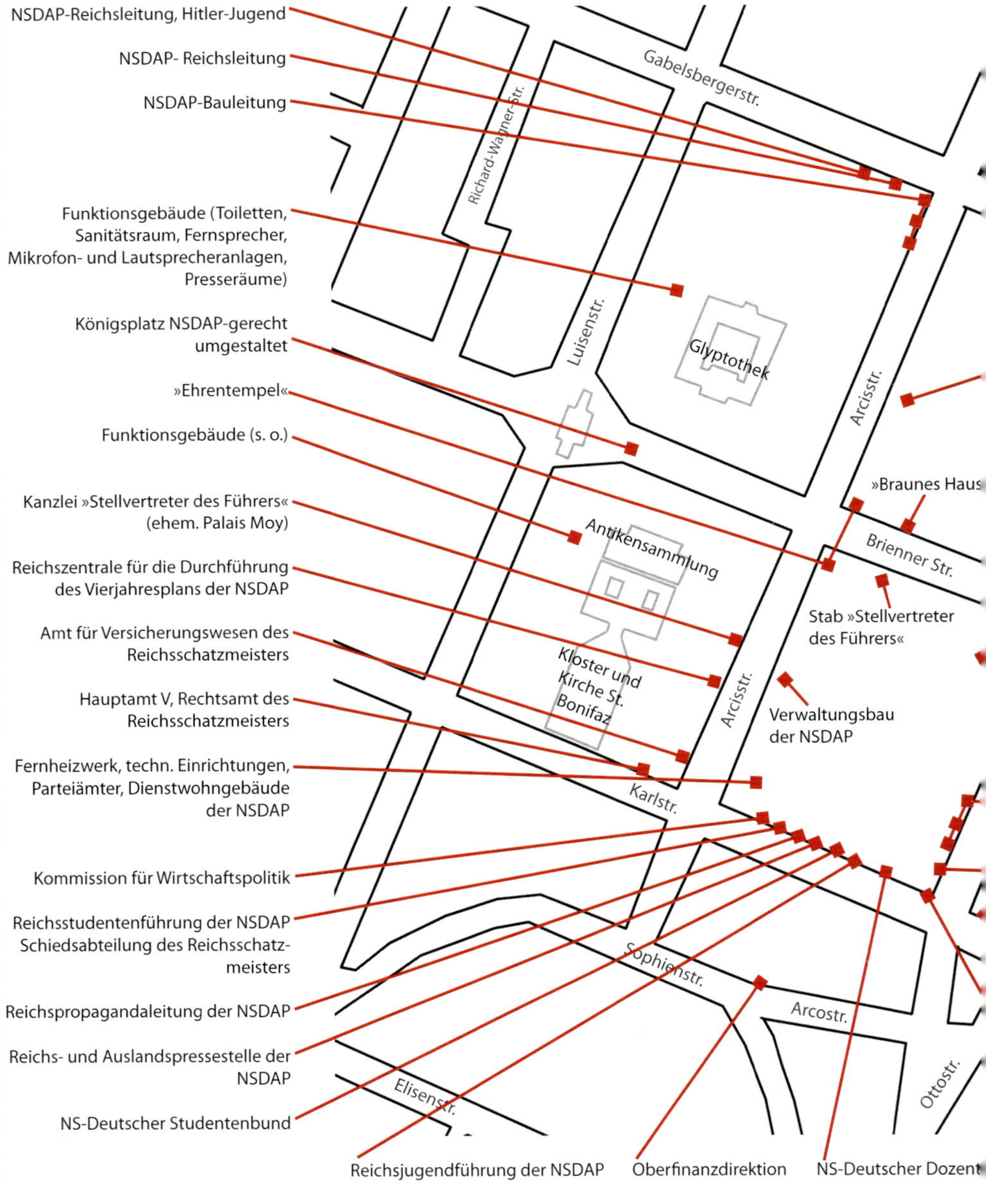

deren Missliebigen in »Schutzhaft« kamen, wie es zynisch verharmlosend hieß. Über die Gräueltaten und die Schreckensherrschaft jener Clique, die ihren Aufstieg hauptsächlich der Münchner High Society verdankte, gibt es Literatur genug, daher wollen wir uns hier im Wesentlichen auf den Ausbau der Maxvorstadt zum Parteiviertel konzentrieren.

Brennende Bücher

Wann immer Hitler in sein geliebtes München kam, plante er den Um- und Ausbau der Maxvorstadt. Oft zog er sich mit seinen Getreuen zur Besprechung in sein Lieblingsrestaurant, die Osteria Bavaria (heute die Osteria Italiana) in der Schellingstraße 62, zurück. Zentrale Rolle spielte der Königsplatz, der unter der NS-Herrschaft flugs in »Königlicher Platz« umbenannt wurde.

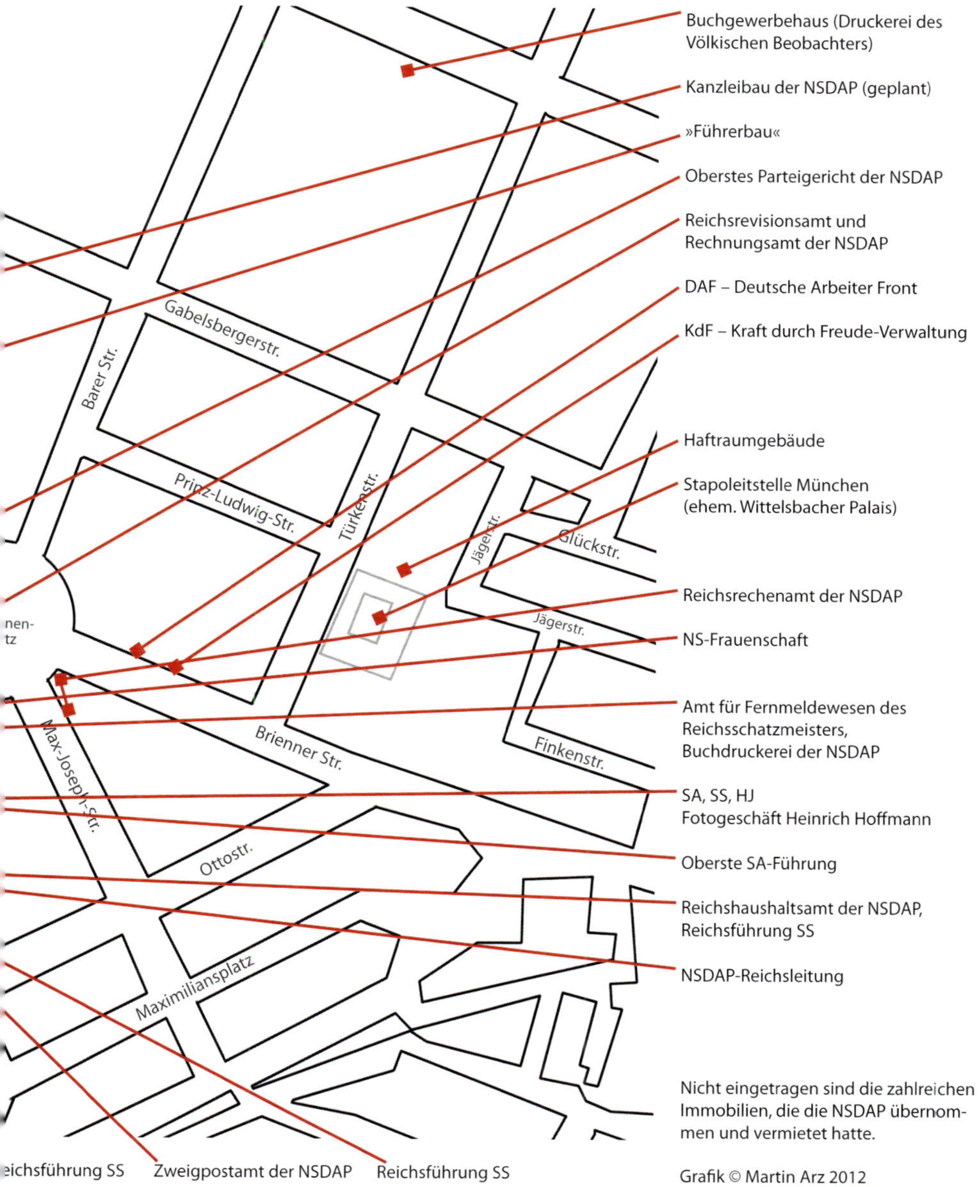

Hier demonstrierte zunächst einmal die Deutsche Studentenschaft ihre Loyalität zu den Ideen der NS-Ideologen. Am 10. Mai formierte sich abends im Rahmen der »Aktion wider den undeutschen Geist« ein studentischer Fackelzug am Siegestor, marschierte zum Königsplatz, wo bereits eine geifernde Menge wartete. Dort verbrannten die Studenten, meist im vollen Wichs angetreten, Bücher, die u. a. einem der folgenden Kriterien entsprachen: Werke des Marxismus und Kommunismus, volksentfremdete Großstadtliteratur (z. B. Alfred Döblin), Literatur, die das Erlebnis der Frontsoldaten angeblich in den Schmutz zieht (z. B. Erich Maria Remarque), Literatur, die die sittlichen und religiösen Grundlagen des Volkes untergräbt (z. B. Wedekind), Werke der seelenzerfasernden Überschätzung des Trieblebens (z. B. Sigmund Freud), Schriften zur Verherr-

Das Braune Haus

lichung der Weimarer Republik (z. B. Erkelenz), Schriften, denen die Ehrfurcht vor dem unsterblichen deutschen Volksgeist fehlte (z. B. Tucholsky). »Da kommen sie nun aus allen Löchern gekrochen, die kleinen Provinznutten der Literatur«, kommentierte Kurt Tucholsky 1933 treffend das Verbrennen seiner Werke und den Aufstieg der systemkonformen Schreiberlinge. Heinrich Heine schrieb bereits 1821: »Dies war ein Vorspiel nur, dort, wo man Bücher verbrennt, verbrennt man auch am Ende Menschen.« Prophetische Worte! In Gedenken an jene entwürdigende Demonstration von Kulturlosigkeit brennt der Münchner Künstler Wolfram Kastner jedes Jahr einen Kreis in den Rasen am südöstlichen Rand des Königsplatzes und lässt Münchner Bürger aus den Werken verbrannter Autoren lesen.

Planungen für eine Neu- oder Umgestaltung des Königsplatzes gab es immer wieder, auch vor Hitler. Doch Hitler schritt schließlich zur Tat. Er beauftragte seinen favorisierten Architekten Paul Ludwig Troost mit einer Neukonzeption. Troosts Büro befand sich quasi um die Ecke, in der Theresienstraße 148. Was von Ludwig I. als luftiges Isar-Athen mit viel Grün geplant und vollendet war, sollte auf Hitlers Wunsch hin eine eng bebaute, steinerne Machtzentrale werden. Hitler, ein glühender Verehrer Ludwigs I., sah sich dabei ganz in der Tradition seines Vorbilds. Zunächst sollten der Führerbau (heute die Hochschule für Musik) und der NSDAP-Verwaltungsbau (heute das Zentralinstitut für Kunstgeschichte) sowie die beiden »Ehrentempel« für die Toten des Hitlerputsches entlang der Arcisstraße errichtet werden, um den Platz nach Osten hin abzuschließen. Paul Troost starb jedoch noch vor Baubeginn 1934 an einer Lungenentzündung. Seine Frau Gerhardine, die die Innenausstattung geplant hatte, übernahm die Bauleitung. Dabei juckte es weder die Architektin noch die Parteiführung, dass sich die Münchner Lokalbaukommission traute, sich gegen die Umsetzung der Pläne zu wehren, denn besagte Pläne waren nie genehmigt worden. Wegen dieser Streitigkeiten gab es keine offizielle Grundsteinlegung.

Für die beiden äußerlich identischen, 85 m langen und 23 m hohen Gebäude mussten bürgerliche Villen weichen. Darunter das Palais Pringsheim in der Arcisstraße 12, das der jüdischen Familie von Thomas Manns Ehefrau Katja gehörte und bis in die 1920er Jahre hinein zu den wichtigsten Adressen der Münchner Society zählte. Der Mathematiker und bedeutende Kunstsammler Alfred Pringsheim hatte durch Kriegsanleihen im Ersten Weltkrieg ein Vermögen verloren und musste immer wieder Teile seiner Kunstsammlung verkaufen, um seiner Familie das Überleben zu sichern (»Ich lebe von der Wand in den Mund«, kommentierte er seine finanzielle Situation). Schließlich vermietete die Familie sogar Zimmer ihrer Villa an Studenten. Pringsheim bekam nach der Zwangsenteignung durch die Nazis immerhin eine Abfindung von 700.000 Reichsmark für sein Palais und konnte schließlich 1939 durch die Fürsprache von einflussreichen NSDAP-Mitgliedern auch Deutschland verlassen.

Der Krake namens NSDAP

Die Bauarbeiten an den großen Parteibauten an der Arcisstraße gingen zügig voran. Im November 1935 konnte Richtfest gefeiert werden. Zeitgleich hatte man sämtlichem Grün am Königsplatz den Garaus gemacht und den Platz mit 21.545 Granitplatten zugepflastert, damit er für Massenveranstaltungen paradetauglich wurde. Troosts Konzept ging auf: Nicht mehr die Propyläen und die historischen Bauwerke beherrschten nun den Platz, sondern die protzigen Parteibauten. Die Sichtachse änderte sich von West nach Ost. Außerdem beleuchteten auch 18 monströse Kandelaber und im Bedarf zusätzlich eine Flutlichtanlage den Königsplatz. Hitler ließ sich am »Führerbau« einen Balkon an sein Arbeitszimmer bauen, von dem aus er direkt zur den auf dem Königsplatz Versammelten sprechen konnte. In die beiden »Ehrentempel« an der Kreuzung Brienner-/Arcisstraße, von Troost als offene Säulenhallen konzipiert, ließ Hitler seine 1923 getöteten Schergen umbetten. Am 9. November 1935 wurden die exhumierten Leichen in der Feldherrnhalle aufgebahrt und schließlich mit einem pompösen Zug zu den Tempeln gebracht, wo die Toten in eiserne Sarkophage gebettet wurden. Fortan galten sie als »Blutzeugen der Bewegung« und genossen kultische Verehrung im Stil von christlichen Märtyrern.

Da Hitlers Anwesenheit meist in der Berliner Reichskanzlei erforderlich war, gewann der Führerbau nie die Bedeutung, die ihm Hitler ursprünglich zugedacht hatte.

Nur einmal schrieb man hier Geschichte: Als hier am 30. September 1938 der britische Premierminister Arthur Neville Chamberlain, der französische Ministerpräsident Edouard Daladier, der Duce Benito Mussolini und Hitler – ohne einen Vertreter der tschechoslowakischen Regierung – das Münchner Abkommen unterzeichneten, das einen gewaltfreien Anschluss des Sudetenlandes an das Deutsche Reich ermöglichte.

Wie die Tentakel eines Kraken breitete sich die »Bewegung« in dem Geviert zwischen Karl-, Barer-, Gabelsberger- und Arcisstraße aus. Haus um Haus, Grundstück um Grundstück verleibte sich die NSDAP mit ihren Unterorganisationen ein. Um nur ein paar wenige zu nennen: Kraft durch Freude (quasi das Volksreisebüro, Brienner Straße 46), Oberste SA-Führung (Barer Straße 7–11), Reichsführung SS (Karlstraße 8 und 10), Kanzlei Rudolf Heß (Arcisstraße 11, heute Katharina-von-Bora-Straße 11), Reichsleitung NSDAP (Gabelsbergerstraße 39). Es entstand eine regelrechte Stadt in der Stadt, mit eigenem Heizkraftwerk, einem Pumpenhaus, einer Telefonzentrale, einer riesigen Kantine und medizinischer Versorgung. Ein schier endloses unterirdisches Tunnelsystem verband die Gebäude miteinander. Und Hitler plante weiter: Nördlich des Führerbaus sollte sich das Kanzleigebäude der NSDAP anschließen, dazu wünschte er eine riesige Veranstaltungshalle. Sogar ein Mausoleum für Hitler stand in Planung, wobei nicht klar war, ob sich der »Führer« nicht doch noch für Linz als Ort seiner letzten Ruhe entscheiden würde.

Nicht seine letzte, sondern seine Münchner Ruhe fand Adolf Hitler als Reichskanzler im vornehmen Bogenhausen. Damit er schneller von Bogenhausen in seine Machtzentrale Maxvorstadt kommen konnte, ließ er kurzerhand massiv in die Straßenführung eingreifen. Weg mit den schmalen Straßen, her mit der Direttissima: Die Von-der-Tann-Straße wurde massiv verbreitert. Dazu riss man Nebengebäude des Prinz-Carl-Palais ab und machte auch das legendäre Fotostudio Elvira mit seiner unvergleichlichen Jugendstilfassade platt. An der Ecke zur Ludwigstraße mussten das Reichsbankgebäude und mehrere Wohnhäuser weichen, auf der gegenüberliegenden Straßenseite das von Klenze entworfene Herzog-Max-Palais, das Geburtshaus von Kaiserin Sisi. Anstelle der Reichsbank zog man 1942 das neue Zentralministerium hoch (heute Bayerisches Staatsministerium für Ernährung, Landwirtschaft und Forsten), in dem Gauleiter Paul Giesler residierte. Der Neubau auf dem Gelände des Herzog-Max-Palais kam kriegsbedingt zum Erliegen, er wurde erst 1947 fertiggestellt. Hier sitzt heute die Münchner Hauptverwaltung der Deutschen Bundesbank. Weitere Pläne, wie z. B. der Bau eines neuen Odeons im Hofgarten, blieben durch den Krieg unrealisiert.

Das Ende des Parteiviertels

Als Hitlers Regime 1945 endlich ein Ende fand, hatten die Bomben, die die Welt Hitler verdankte, auch die Maxvorstadt in Schutt und Asche gelegt. Zwischen der Technischen Universität und der Kirche St. Joseph stand praktisch kein Stein mehr auf dem anderen, bis zu 75 % des Stadtviertels waren zerstört, die Bevölkerungszahl war um die Hälfte geschrumpft. Wie zum Hohn blieben ausgerechnet mehrere von Hitlers Neubauten beinahe unversehrt stehen: so die »Ehrentempel«, der »Führerbau« und die Parteizentrale. Aus den »Ehrentempeln« sollten zunächst ein Café und eine Ausstellungshalle werden, doch 1947 entschloss sich die amerikanische Militärregierung, die symbolträchtigen Schandflecke zu sprengen. Seitdem blieb das Gelände unbebaut, es entwickelten sich kleine Biotope mitten in der Großstadt.

Der »Führerbau« und das Verwaltungsgebäude dienten in den Nachkriegsjahren als Zentrale Sammelstelle (Collecting Point) für die in ganz Europa geraubte Beutekunst der Nazis. Aus dem Collecting Point entwickelte sich ganz organisch das Münchner Haus der Kulturinstitute (Katharina-von-Bora-Straße 10). In den einstigen »Führerbau« zog die Hochschule für Musik und Theater. Um den Königsplatz kümmerte sich lange niemand. Das Volk nannte ihn nur den »Plattensee«, weil sich auf den Steinplatten das Regenwasser staute. Der Platz verkam immer mehr zu einem großen Parkplatz. Erst 1986 begannen die zwei Jahre dauernden Arbeiten zur Wiederherstellung der Grünflächen.

Wie schwer sich München als einstige »Hauptstadt der Bewegung« mit dem Erbe der Nationalsozialisten tut, zeigt sich daran, dass es fast ein ganzes Menschenleben dauerte, bis ein NS-Dokumentationszentrum in der Maxvorstadt realisiert werden kann. Auch der Gedenkort für die unzähligen Opfer des Terrorregimes am Platz der Opfer des Nationalsozialismus liegt denkbar ungünstig und verkehrsumtost lieblos ganz am Rande der Maxvorstadt.

Die Schandmale namens »Ehrentempel« wurden erst 1947 gesprengt.

2.35 Hochschule für Musik und Theater

Die 1830 gegründete »Central-Singschule« des Hoftenoristen Franz Xaver Löhle gilt als Keimzelle der heutigen Hochschule. 16 Jahre später eröffnete das erste Königliche Conservatorium für Musik, das in den folgenden Jahrzehnten mehrfach geschlossen und unter verschiedenen Namen umgehend wieder neu gegründet wurde. Seit seiner Gründung war das Institut im Odeon am Odeonsplatz untergebracht. Nach dem Krieg mussten Ausweichquartiere im Maximilianeum und in der Villa Stuck genutzt werden. 1957 zog die Musikhochschule in den ehemaligen Führerbau, Arcisstraße 12. Hitlers Arbeitszimmer dient seitdem Musikstudenten als Proberaum. 1998 erfolgt die Umbenennung in Hochschule für Musik und Theater. Als eine der größten kulturellen Hochschulen Deutschlands bietet sie neben der klassischen Musikausbildung nun in Zusammenarbeit mit der Bayerischen Theaterakademie, der LMU und der Kunstakademie auch das Studium von verschiedenen Theaterberufen.

2.36 NS-Dokumentationszentrum

Voraussichtlich 2014 wird auf dem ehemaligen Gelände des »Braunen Hauses« das NS-Dokumentationszentrum München eröffnet. Der Baubeginn für den weißen Kubus aus Sichtbeton, entworfen von den Berliner Architekten Georg Scheel Wetzel, war im Herbst 2011. Das Dokumentationszentrum wird ein Erinnerungs- und Lernort sein. Die Ausstellungskonzeption bezieht die Umgebung des Hauses ein, die ein wichtiger Zugang zur Auseinandersetzung mit der Vergangenheit ist: Das Gelände rings um Königs- und Karolinenplatz war von zahlreichen NS-Einrichtungen ein regelrechtes NSDAP-Viertel. Die Finanzierung teilen sich Stadt, Land und Bund, wobei die Stadt München dann den Betrieb des Hauses und die laufenden Kosten übernimmt.

Das NS-Dokumentationszentrum neben der Musikhochschule

2.37 Haus der Kulturinstitute

Der »Führerbau« und das NSDAP-Verwaltungsgebäude dienten in den Nachkriegsjahren als Zentrale Sammelstelle (Collecting Point) für die in ganz Europa geraubte Beutekunst der Nazis. Hier identifizierte man die Kunstwerke und sorgte für die Rückgabe an die eigentlichen Besitzer. Auch der bayerische Kronschatz, der kurz vor Kriegsende von Tino Walz in seinem Bauernhof am Tegernsee versteckt worden war, wurde hier abgegeben, nachdem die Amerikaner zugesichert hatten, den Schatz in München zu lassen. Aus dem Collecting Point entwickelte sich ganz organisch das Münchner Haus der Kulturinstitute (Katharina-von-Bora-Straße 10), das folgende Institutionen beherbergt: die **Direktion der Staatlichen Antikensammlung und der Glyptothek**, die **Staatliche Graphische Sammlung**, das **Museum für Abgüsse Klassischer Bildwerke**, das **Institut für Ägyptologie der LMU**, das **Institut für Klassische Archäologie der LMU** und das **Zentralinstitut für Kunstgeschichte (ZI)**. Das ZI mit seiner umfangreichen Bibliothek und seiner Phototothek ist das einzige kunsthistorische Forschungsinstitut von überregionaler Bedeutung in Deutschland.

2.38 Museum für Abgüsse klassischer Bildwerke

Um die Erforschung der Antike und Pflege der in München befindlichen Originale zu fördern, richtete die Ludwig Maximilians Universität 1865 einen Lehrstuhl für Klassische Archäologie ein. Heinrich Brunn übernahm den Pionierposten und bald danach übertrug man ihm auch die Leitung des Antiquariums in der Residenz, der Antikensammlung, der Glyptothek sowie des Münzkabinetts, kurz: sämtlicher archäologischer Bereiche. Brunn plante nun ein Fotoarchiv und eine Abgusssammlung, um die Arbeit zu systematisieren. Bis 1877 war die Sammlung, die beim Münzkabinett im ehemaligen Jesuitenkolleg bei St. Michael lagerte, auf 379 Abgüsse angewachsen. Danach zog das Museum schrittweise in Räume der Residenz. 1932 galt die Sammlung als eine der drei größten in Deutschland. Von 2.398 Abgüssen blieb nach einem Bombenangriff 1944 nur noch Gipsstaub. Erst 1976 erhielt die mühsam wieder ausgebaute Sammlung Räume im Haus der Kulturinstitute, Katharina-von-Bora-Straße 10. Das Gebäude hatte Hitlers Architekt Peter Troost als Pendant zum »Führerbau« auf der anderen Straßenseite entworfen. Von 1935 bis Kriegsende residierte hier der Reichsschatzmeister der NSDAP. Ständige Umbauten in den 1980ern schränkten den Museumsbetrieb erheblich ein, erst seit knapp zehn Jahren ist das Museum in seiner heutigen Form zugängig. Es gehört mit seinen rund 1.780 Abgüssen wieder zu den vier größten in Deutschland. Die weiteren Kulturinstitute, die in diesem Haus untergebracht sind, sind: **Werkstätten der Bayerischen Staatsgemäldesammlung**, **Zentralinstitut für Kunstgeschichte**, die **Verwaltungen der Staatlichen Sammlung Ägyptischer Kunst** sowie der **Staatlichen Antikensammlung** und der **Glyptothek**, die **Staatliche Graphische Sammlung** und Universitätsinstitute für **Klassische Archäologie und Ägyptologie**

2.39 Finanzamt für Körperschaften

In der Karlstraße 21/Katharina-von-Bora-Straße 4, nutzt das Finanzamt für Körperschaften ein 1829 vom Stadtbaumeister Josef Höchl als Wohn- und Mietshaus errichtetes Gebäude. Das Haus kaufte 1908 die Kunsthändlerfirma Bernheimer. 1936 rissen es NS-Schergen an sich, um dort die Reichsärztekammer einzurichten. Nach Kriegsende nutzte es zunächst die Oberfinanzdirektion. Seit April 1951 befindet sich das Finanzamt München für Körperschaften in dem denkmalgeschützen Gebäude, dessen sogenannte Zwickelornamente der gerahmten Rundbogenfenster im 2. Stock als kunsthistorisch besonders bedeutend gelten. Gleich um die Ecke in der Karlstraße: das Finanzbauamt München II.

2.40 Oberfinanzdirektion

In der Sophienstraße 6 ist die ehemalige Oberfinanzdirektion München zu Hause – ehemalig, denn seit einer Verwaltungsreform vom 1. August 2005 gibt es keine Oberfinanzdirektion mehr, sondern nur noch das Bayerische Landesamt für Steuern (BayLfSt). Die Besitz- und Verkehrssteuerabteilungen der bisherigen Oberfinanzdirektionen München und Nürnberg sowie das Technische Finanzamt Nürnberg (TFA) wurden zu der neuen Behörde zusammengefasst. Das vormals bei der Oberfinanzdirektion München angesiedelte Landesentschädigungsamt und die Staatsschuldenverwaltung integrierte man in das neue Landesamt für Finanzen (u. a. am Marsplatz 10).

2.41 Condé Nast Verlag

Auflagenstark sind die Publikationen der Verlagsgruppe Condé Nast, die seit Dezember 2007 im neu erbauten Luxus-Karree zwischen Luisen- und Katharina-von-Bora-Straße zu Hause ist. Dieses und das angrenzende Gelände gehörten einst der Münchner Universität (siehe 2.42).

2.42 Lenbachgärten

Zwischen Altem Botanischem Garten und Kloster St. Bonifaz an der Karlstraße entstand auf historischem Boden zwischen 2004 und 2007 ein extrem luxuriöses Quartier mit Büros, Wohnungen und einem Fünf-Sterne-Hotel. Hier befand sich einst die Alte Chemie der LMU, jenes Institut, an dem auch Justus von Liebig lehrte. Teile der Fassade des denkmalgeschützten Hörsaalgebäudes an der Katharina-von-Bora-Straße wurden rekonstruiert und in die Fassade eines Bürohauses integriert. Der Name »Lenbachgärten« entsprang der Phantasie des Bauträgers und bezieht sich auf das in der Nähe stehende Lenbachhaus. Für die quirlige Maxvorstadt ist das komplett ausgestorben wirkende Quartier ein Fremdkörper. Rund um die Uhr von Security bewacht, leistet sich der internationale Geldadel hier einen citynahen Zweit- bis Fünftwohnsitz.

Justus von Liebig, Erfinder des Fleischextrakts, lehrte am Chemischen Institut

2.43+2.44 St. Bonifaz

siehe S. 102

2.45 Königsplatz

siehe S. 104 ff

2.46 Lenbachhaus

siehe S. 108

2.47 Geologische Staatssammlung

Mit der Gründung der Bayerischen Akademie der Wissenschaften durch Kurfürst Max III. im Jahr 1759 entstanden auch die naturwissenschaftlichen Staatssammlungen Bayerns. Selbständige, fachbezogene Sammlungen entwickelten sich aber erst im Laufe des 19. Jh. Bis 1919 waren Geologische und Paläontologische Staatssammlung vereint, dann trennten sie sich mit der Schaffung eines Lehrstuhls für Allgemeine und Angewandte Geologie an der Münchner Universität. Denn der einstige Sammlungsleiter August Rothpletz vermachte der Universität 130.000 RM zur Schaffung eines Lehrstuhls für Geologie. Erich Kaiser, der erste Inhaber dieses Lehrstuhls, übernahm auch die Leitung der neuen Staatssammlung für Allgemeine und Angewandte Geologie. Viel zu leiten gab es nicht, denn Institut und Sammlung bestanden zunächst nur auf dem Papier. Also legte Erich Kaiser selbst den Grundstock und stiftete seine Sammlung von Gesteinen aus der Wüste Namib, die in Deutschland als einzigartig gilt. Erst 1930 konnten Institut und Sammlung einen eigenen Trakt in der Alten Akademie, Neuhauser Straße, beziehen. Nach Kriegszerstörung und Zwischenstationen z. B. im Deutschen Museum, konnte 1951 das neue Gebäude in der Luisenstraße 37 bezogen werden. Durch bedeutende Sammlungen von Erzen aus dem ostbayerischen Grenzgebirge und den Alpen entwickelten sich Institut und Sammlung zu einem bedeutenden Zentrum der deutschen Lagerstättenforschung. Damals wie heute fehlen dem Museum geeignete Ausstellungsräume, weshalb die Wandvitrinen im Hauptflur des Erdgeschosses als Ausstellungsfläche dienen. Auf Wunsch des Bayerischen Staatsministeriums für Wissenschaft, Forschung und Kunst wurde die Geologische Staatssammlung im Jahr 2000 mit der Bayerischen Staatssammlung für Paläontologie und Historische Geologie wiedervereinigt.

2.48 Paläontologisches Museum

Auch die Geschichte der Paläontologischen Sammlung ist eng verknüpft mit der Bayerischen Akademie der Wissenschaften, die Kurfürst Max III. gründete. Mit Kurfürst Karl Theodor zog auch dessen Naturalienkabinett von Mannheim nach München, so kamen Ende des 18. Jh. erlesene Fossilien in die Sammlung – ebenso nach der Verlegung der Universität 1826 von Landshut nach München. Die Paläontologische Sammlung, damals in der Alten Akademie in der Neuhauser Straße zuhause, erlangte 1843 ihre Selbständigkeit und stieg zum Institut mit Weltruf auf. Mit der Trennung von Geologischer und Paläontologischer Sammlung erfolgte 1919 die Umbe-

nennung in Bayerische Staatssammlung für Paläontologie und historische Geologie.
Die Bombenangriffe im Zweiten Weltkrieg zerstörten rund 80 % der Sammlung, nur ein Teil war rechtzeitig in Schlösser der Umgebung ausgelagert worden. Ab 1950 fanden Sammlung und Institut in der Richard-Wagner-Straße 10 eine neue Heimat. Das Neorenaissancegebäude war das Erste, das der Architekt Leonhard Romeis in der damals neuen Richard-Wagner-Straße 1899 bis 1902 erbaute. Dort befand sich die Mädchen-Abteilung der königlichen Kunstgewerbeschule, an welcher Romeis selbst lehrte. Durch gezielte Sammlungsankäufe, eigene Grabungen und wissenschaftliche Publikationen gelang es dem Institut, sich wieder einen internationalen Spitzenplatz zu erarbeiten. Seit 1998 leitet Reinhold Leinfelder die Staatssammlung. Unter seiner Leitung wurde 2000

die Bayerische Staatssammlung für Paläontologie und Historische Geologie mit der Geologischen Staatssammlung zu einer gemeinsamen Staatssammlung mit dem Namen Bayerische Staatssammlung für Paläontologie und Geologie vereinigt.
Als Gast in diesem Museum ist die **Staatssammlung für Anthropologie und Paläoanatomie**, die zwar ihren Sitz am Karolinenplatz 2a hat, dort aber über keine eigenen Schauräume verfügt. Zur 1889 gegründeten Sammlung gehören heute über 25.000 Skelette, meist von Hominiden, Humanoiden und Primaten unterschiedlicher Erdzeitalter.

2.49 Alte Schack-Galerie

Der weitgereiste Dichter Adolf Friedrich von Schack, der ursprünglich aus Schwerin stammte, ließ sich 1855 in München nieder und erwarb ein schmuckes Anwesen jenseits der Propyläen in der Brienner Straße 41. Dort begann der vermögende Adelige, sich eine erlesene Kunstsammlung aufzubauen. Vor allem die jungen Talente hatten es ihm angetan. Er gehörte zu den entschiedensten Förderern des jungen Lenbach.
Seiner wachsenden »Privat-Pinakothek« baute er im Garten erst ein Galeriegebäude, dann ein weiteres, schließlich kaufte er benachbarte Häuser hinzu. Den erst 28-jährigen Architekten Lorenz Gedon beauftrage er mit der Gestaltung des Gesamtkomplexes. Aus den verschiedenen Häusern entstand ein verschachteltes Ensemble mit Türmchen und Erkern und Arkaden. 1874 eröffnete die Schack-Galerie ihre Pforten für das Publikum. Schack vererbte seine Kunstsammlung dem Königreich Preußen – unter der Bedingung, dass die Werke in München bleiben mussten. Also entstand nach Schacks Tod neben der Preußischen Gesandtschaft an der Prinzregentenstraße die neue Schack-Galerie, in die die Sammlung umzog. Die alte Schack-Galerie fiel den Kriegsbomben zum Opfer.
Auf dem Foto sieht man links neben der Alten Schack-Galerie noch die **Richard-Wagner-Villa**.

2.43 St. Bonifaz

Das Begräbnis geriet zum Skandal: 1854 hatte die Cholera-Epidemie auch Königinmutter Therese dahingerafft und nun weigerten sich die »wortbrüchigen, undankbaren Pfaffen«, wie Exkönig Ludwig I. es formulierte, seiner Gattin in einem prunkvollen Sarkophag in einer Seitenkapelle der Kirche St. Bonifaz die letzte Ruhe zu geben. Der Grund: Therese war Protestantin. Der sonst so protestanten-hassende Ludwig I., der mit zunehmenden Alter immer erzkatholischer wurde – abgesehen von seinem ganz unkatholischen Hang zu immer neuen Geliebten –, wandte sich wütend an den Vatikan und forderte eine Lösung in seinem Sinn. Schon einmal hatte es einen beispiellosen Skandal gegeben, als Ludwigs Stiefmutter Karoline, zweite Frau von Max I., zu Grabe getragen wurde. Die ebenfalls protestantische Karoline musste laut Testament ihres Gemahls neben ihm in der (katholischen) Theatinerkirche bestattet werden. Teufelswerk, schrien die katholischen Geistlichen, und demonstrierten ihren Unwillen, indem sie bei der Zeremonie zivil trugen. »Im Koth haben sie das lebende und todte Königthum stehen lassen!«, tobte Ludwig I. damals. Nun galt es, einen ähnlichen Skandal zu verhindern. Letztlich einigten sich Vatikan und der abgedankte König auf den halbherzigen Kompromiss, Therese in einem Grabgewölbe von St. Bonifaz zu bestatten und darüber einen Sarkophag für Ludwig selbst zu stellen. »Nun, dann bin ich mit dem Vorschlag einverstanden«, so Ludwig I., »denn das ist grade die paßliche Lage für Mann und Frau!«

Es war übrigens nicht Klenze, der den Bau von St. Bonifaz ausführen durfte, obwohl er mit dem König einst den Bau einer neuen Kirche in der Nähe der Glyptothek diskutiert hatte. Ursprünglich sollte unter dem Arbeitstitel »Apostelkirche« ein Gotteshaus der Glyptothek gegenüber gestellt werden. Schließlich übertrug Ludwig I. dem Architekten Georg Friedrich Ziebland den Bau der Kirche im Stil von S. Apollinare in Ravenna, für die man ein Grundstück in der Nähe des Königsplatzes gefunden hatte. Am Tag von Ludwigs Silberhochzeit, am 12. Oktober 1835, erfolgte die Grundsteinlegung. 15 Jahre dauerten die Arbeiten an der fünfschiffigen, 76 m langen und 36 m breiten Basilika. 66 Marmorsäulen, eine äußerst prunkvolle Ausstattung mit Fresken von Johann und Claudius Schraudolph sowie Heinrich von Heß und ein offener Dachstuhl prägten das Innere. Die Kirche wurde St. Bonifaz geweiht, dem Apostel der Deutschen. Mit der Seelsorge betraute man die Benediktiner. Zwischen 1838 und 1848 entstand an der Kirchenrückseite eine Klosteranlage mit großer Bibliothek. Mit dem Baukomplex sollte der Wunsch nach einer neuen Einheit von Religion, Wissenschaft und Kunst ausgedrückt werden. Damit die Benediktiner auch mitten in der Stadt ihren Lebensunterhalt verdienen konnten, schenkte Ludwig I. den Mönchen das 1455 gegründete Kloster Andechs am Ammersee samt Ländereien.
Schwere Luftangriffe im Zweiten Weltkrieg zerstörten St. Bonifaz so sehr, dass 1945 nur noch die Außenmauern und 22 Säulen des südlichen Gebäudeteils standen.

Der Architekt Hans Döllgast restaurierte den Bau bis 1950 so, dass die Kriegsnarben als Mahnung sichtbar blieben, und fügte eine neue Wand als nördlichen Abschluss ein. Anfang der 1960er gaben die Benediktiner den Gedanken an einen Wiederaufbau in alter Größe aus pastoralen und finanziellen Gründen endgültig auf. Sie investierten lieber in den Neubau eines Seelsorge- und Bildungszentrums in Sichtbetonbauweise an der Stelle des zerstörten Nordteils. Danach wurde im Zuge von Renovierungsarbeiten das Innenleben der Basilika bis 1975 neu gestaltet. Da der verkürzte Bau eine fast quadratische Grundfläche hat, rückte man den Altar in die Mitte und ordnete die Bankreihen kreisförmig um ihn herum. 1993 bis 1996 gestalteten der Bildhauer Friedrich Koller und der Maler Peter Burkart den Kir-

St. Bonifaz vom Klostergarten aus gesehen

chenraum erneut um, akzentuierten die Raummitte verstärkt durch einen zeltartigen Lichtkörper über dem Altar und schufen durch einen farbigen Gemäldefries eine neue die Höhenstaffelung des Raums. 2002 befreite man Königin Therese von Bayern auch endlich aus der »paßlichen« Lage und stellte ihren Sarkophag neben den Ludwigs I.

2.44 St. Bonifaz • Obdachlosenarbeit

Als Frater Emmanuel Rotter (heute Prior) 1990 in das Kloster an der Karlstraße kam, war er erschüttert über die Lebensumstände der vielen Obdachlosen in der nahen Bahnhofsgegend. Er rief eine mobile Essensvergabe auf der Straße ins Leben, die schnell so viel Zulauf erhielt, dass umgehend an den Bau eines Speisesaals gedacht werden musste. Bald kamen eine medizinische Notambulanz, eine Kleiderkammer und fünf Notschlafgelegenheiten hinzu. Die Benediktiner bauten ihre Klosteranlage um, schufen einen Bäder- und Sanitärbereich, richteten eine komplette medizinische Praxis ein und gründeten 1994 die Bonifatius-Haneberg-Stiftung zur Unterstützung obdachloser Frauen und Männer. Die Stiftung, benannt nach dem zweiten Abt des Klosters Bonifatius Haneberg, der sich im 19. Jh. sozial engagierte, baute auf dem Klostergelände das 2001 eröffnete Haneberghaus, in dem alle Aktivitäten zur Obdachlosenhilfe gebündelt werden. Hier finden sich tagtäglich Hilfesuchende, Hungernde, Heimatlose ein. Die Essensausgabe versorgt jeden Tag 150 bis 200 Personen. »Bei uns kann jeder kommen, wirklich jeder!«, betont Frater Prior Emmanuel Rotter. »Wir kontrollieren niemand, verlangen keine Ausweise oder Berechtigungsscheine. Wenn dann tatsächlich mal ein oder zwei Schmarotzer darunter sind … Das verkraften wir schon.« Der Klosterbruder lacht und zuckt mit den Schultern. Finanziert wird die Arbeit zu rund 70 % vom Konvent, der Rest sind Spenden. In der Regel wird Geld gespendet, aber auch Sachspenden sind willkommen. So stellt z. B. die Hofpfisterei Brot- und Backwaren. Zwar erhalten die Bedürftigen bei St. Bonifaz Essen, medizinische Versorgung, Kleidung und sozialpädagogische Hilfe, doch nur maximal sechs können auch hier übernachten. Die Notschlafstellen werden täglich neu vergeben, nur wenn es wirklich nicht anders geht, wird ein Bett auch für maximal vier Wochen vergeben – Wochen, in denen der Entzug, das Therapieprogramm, Behördengänge oder die Wohnungssuche geregelt werden können.

Neben der Obdachlosenarbeit hat die Jugendarbeit einen hohen Stellenwert in St. Bonifaz. Auf dem großen Klostergelände, das sich unmittelbar südlich an den Königsplatz anschließt, entstand ein moderner Neubau, in dem die ökumenische P.I.B. (Pädagogisch-psychologische Informations- und Beratungsstelle für Schüler, Eltern und Lehrer), die Münchner Chorbuben & Chormädchen und das Jugendcafé Bonifazeria sowie die kirchliche Liga-Bank untergekommen sind.

2.45 Hellas an der Isar: der Königsplatz

Raumschiffe landen auf der Tiefseebasis 104. Futuristisch gekleidete Crews, darunter Cliff Allister McLane alias Dietmar Schönherr und Tamara Jagellovsk alias Eva Pflug, amüsieren sich im Starlight-Casino, indem sie literweise Alkohol in sich hineinschütten oder sich im Galyxo-Tanz (nach der Melodie *Pizzicato In Heaven*) versuchen. Was diese Szenen aus der längst kultigen, ersten deutschen Science-Fiction-Serie *Raumschiff Orion* von 1966 mit dem Königsplatz zu tun hat? Jede Menge, denn die Szenen der Tiefseebasis 104 wurden auf dem leergeräumten Königsplatz gedreht. Damals sah der Platz noch anders aus als heute, er war mit Granitplatten belegt, eine Hinterlassenschaft der Nazis, die den Platz für ihre Zwecke mehr als missbrauchten. »Plattensee« spotteten die Münchner einst, weil durch den Bodenbelag das Wasser bei Regen nicht mehr abfloss und sich ein See bildete.

Das erste Museum

Ursprünglich sollte der Königsplatz den Abschluss des Ausbauprojekts Brienner Straße bilden. Hier endete damals die Stadt München. Der Architekt Karl von Fischer konzipierte den Platz ganz nach antiken Vorbildern in Athen. Lebendiges Grün sollte den würdigen Rahmen für Bauten in klassischer Strenge bieten. Keine Straßenkreuzung sollte den Platz definieren, Fischer legte die Straßen an die Platzränder, damit der Platz für sich wirken konnte. Der Architekt plante auf dem Platz tempelartige Bauten und im weiteren Umfeld Privatvillen mit Gärten. Doch Ludwig I., damals noch Kronprinz, sah seine Idee eines Isar-Athen

Das Ölbild malte Leo von Klenze 1848, um Ludwig I. von seiner Idee des Stadttores zu überzeugen.

Propyläen und Antikensammlung

bei Fischer nicht in kompetenten Händen. Ludwig wünschte eine äußerst repräsentative Ausstellungshalle für seine antiken Kunstschätze. Schließlich hatte der Kronprinz schon seit 1806 mit seinem Privatvermögen über die Kunstagenten Johann Martin von Wagner und Johann Georg von Dillis bedeutende Stücke wie den *Barberinischen Faun* erworben. 1813 ersteigerte er die wertvollen Giebelfiguren vom Aphaia-Tempel in Ägina, die sogenannten Ägineten. All das wollte Ludwig der Öffentlichkeit präsentieren und gab somit das erste öffentliche Museum Münchens in Auftrag.
Ludwig I. lobte einen Wettbewerb aus, bei dem sich u. a. die Architekten Karl von Fischer, Karl Haller von Hallerstein, Johann Heinrich Wolff und Leo von Klenze beteiligten. Klenze erhielt 1815 den Zuschlag für seinen hellenistischen Tempelbau im ionischen Stil, der, ganz den kronprinzlichen Vorschriften entsprechend, keine Fenster an der Fassade vorweisen durfte. Klenze und der Maler Peter von Cornelius verliehen dem Inneren der Glyptothek den nötigen Prunk durch farbenfrohe Fresken und üppigen Stuck. Ludwig I. nutzte die Zeit bis zur Eröffnung im Jahr 1830, und frönte weiterhin seiner Sammelleidenschaft. Er kaufte, kaufte, kaufte. Daher mussten ursprünglich als Festsäle geplante Räume bald als Ausstellungsfläche umgebaut werden. Das Museum war chronologisch aufgebaut und entsprechend ausgestaltet. Den Auftakt bildeten ein assyrischer und ein ägyptischer Saal, am Ende des chronologischen Rundgangs stand der römische Saal. Ein Saal mit Malerei und ein Raum für zeitgenössische Skulpturen rundeten das Museum ab – bis auch die zeitgenössische Kunst der stetig wachsenden Antikensammlung weichen musste und in die Neue Pinakothek zog.

Ziegelmauern statt Fresken

Während die umliegenden Parteibauten den Bombenhagel des Zweiten Weltkriegs wie zum Hohn ziemlich unbeschadet überstanden, wurden die Museen am Königsplatz schwer getroffen. Desinteresse richtete anschließend noch größere Schäden an, denn niemand sah sich nach Kriegsende verpflichtet, das Dach der Glyptothek abzudichten, wodurch Fresken und Stuck der Witterung zum Opfer fielen. Glücklicherweise war die Skulpturensammlung bereits zu Kriegsbeginn ausgelagert worden. Lange diskutierte man, was nun mit der Glyptothek geschehen sollte. Pläne, sie originalgetreu zu restaurieren, wurden bald verworfen. Zum einen, weil man die Rekonstruktion der Fresken von Cornelius als zu kom-

2.45 Hellas an der Isar: der Königsplatz

pliziert ansah – es existierten nur einige Schwarzweißfotos als Vorlagen –, zum anderen, weil Teile der Sammlung andere Unterkünfte fanden. Die ägyptische und assyrische Kunst kam in die Residenz und die Skulpturen des Klassizismus hatten schon lange in der Neuen Pinakothek ihren Platz. Das Ausstellungskonzept hatte sich grundlegend geändert. Die Rekonstruktion der Innenräume schien daher unsinnig, weil die Dekoration nicht mehr mit den Artefakten korrespondieren würde. Also entschied man sich für eine radikale Lösung: Die letzten Malerei- und Stuckreste wurden entfernt und die blanken Ziegelwände freigelegt. Einzig die Stuckaturen im ehemaligen Niobidensaal oder die Malereien im Café erinnern heute ein wenig an die alte Pracht. 1972 konnte die Glyptothek wiedereröffnet werden.

Im Jahr 2007 genehmigte man sich doch noch eine kleine Kriegschädenreparatur: Der zerstörte östliche Sphinx auf dem Giebel der Fassade wurde nun durch eine Rekonstruktion ersetzt. Die Giebelfiguren, die Martin von Wagner 1818 entworfen hatte, stellen die Schutzpatronin der Künste Minerva mit den personifizierten plastischen Künsten dar: Statuenmaler, Ornamentbildhauer, Toreut (Metallstecher), Tonbildner, Minerva mit einem Ölzweig in der Linken, Erzgießer, Steinbildhauer, Holzschnitzer und Töpfer. Die 18 Statuen in den Fassadennischen stellen wichtige Repräsentanten aus der Geschichte der Bildhauerkunst dar.

Kein Haus für Gott

Gegenüber der Glyptothek sollte erst eine Kirche, dann die Staatsbibliothek gebaut werden. Schließlich entschied Ludwig I., dass ein Bauwerk, der Förderung von Künsten und Gewerbe in Bayern gewidmet, die richtige Ergänzung zur Glyptothek sein würde. Er beauftragte Georg Friedrich von Ziebland mit dem Bau der heutigen Antikensammlung im Stil eines korinthischen Tempels. Von 1838 bis 1848 dauerten die Arbeiten an dem Kunst- und Industrieausstellungsgebäude. Damals traute sich Ludwig I. noch offen von einer dauerhaften wittelsbacherischen Dynastie in Griechenland zu träumen. Seit 1832 saß Ludwigs Sohn Otto auf dem griechischen Thron. Diese Tatsache ließ Ludwigs Griechenlandbegeisterung ins schier Unendliche steigen. Der Königsplatz sollte ein Zeichen der Verbundenheit zwischen Bayern und Hellas sein mit dem Haus Wittelsbach als Brücke zwischen den Ländern. Es kam ganz anders: Bei der Fertigstellung der Antikensammlung hatten die Münchner Ludwig I. vom Thron verjagt und die Griechen machten es mit seinem Sohn 1862. Der tempelartige Ausstellungsbau wurde von 1869 bis 1872 dem königlichen Antiquarium unterstellt, danach veranstaltete die Münchner Künstlergenossenschaft (bis 1889) ihre Jahresausstellungen. Ab 1889 blieb die MKG mit einer Dauerausstellung – die »Permanente« – im Haus. 1898 musste die MKG das Gebäude für die Künstlergruppe Secession räumen. Nach 1919 befand sich hier Münchens Neue Staatsgalerie.

Die Bombenschäden des Zweiten Weltkriegs beseitigte ein Team um Johannes Ludwig, das Gebäude wurde im Inneren modernisiert und 1967 als Antikensammlung neu eröffnet. Auch diese Sammlung geht im Wesentlichen auf die Sammelfreude Ludwigs I. zurück. Ludwigs Kunstagenten Martin von Wagner und Friedrich von Thiersch erwarben ab 1831 Töpferkunst aus der Ausgrabung in Vulci und antike Kunst aus dem Nachlass von Lucien Bonaparte. Schnell folgten Schmuck, Terracotten, Glas- und Bronzekunst. Besonders die umfangreiche Kollektion griechischer Vasen genießt heute Weltruf. Nach Ludwigs Tod 1868 vereinte man seine Sammlung mit der auf Herzog Albrecht V. zurückgehenden wittelsbachischen Antikensammlung.

Stadttor für das Ende Münchens

Ludwigs Wunsch »auf einem Punkte ein Bild des reinen Hellenismus in unsere Welt verpflanzt« zu sehen, begnügte sich nicht mit der »ionischen« Glyptothek und der »korinthischen« Ausstellungshalle. Was fehlte, war die dritte Architekturform: etwas »Dorisches«. Dann erst wäre ein Ensemble von klassisch-griechischer Architektur komplett. Als monumentaler Abschluss Richtung Westen, als symbolisches Stadttor machte sich Leo von Klenze an den Bau der Propyläen. Schon seit 1816 trug sich Ludwig I. mit dem Gedanken, irgendwo ein gigantisches Stadttor bauen zu lassen,

Ghiberti **Donatello** **Vischer** **Michelangelo** **Cellini** **Bologna** **Hephaistos** **Phidias**

erst vor dem Schwabinger Tor, dann am Gasteig, schließlich am Ende der Ludwigstraße und dann wieder am Königsplatz. Klenze arbeitete ab 1818 verschiedene Entwürfe aus, die alle in der Schublade landeten. Erst 1845 nahm Klenze die Arbeiten an den Propyläen nach Vorbild der Athener Akropolis wieder auf. Ludwigs Abdankung drei Jahre später brachte das Projekt ins Schleudern, doch der Exmonarch finanzierte den Weiterbau aus eigener Tasche. 1854 kam die endlich Grundsteinlegung. Ludwig von Schwanthaler entwarf die figurative Ausgestaltung. Auf dem Ostgiebel verherrlichte er Ludwigs I. Sohn Otto I. von Griechenland, der die segensreichen Errungenschaften bayerischer Kultur nach Griechenland brachte. Die Giebelfiguren sind heute durch Kopien ersetzt, die Originale stehen seit 1985 im U-Bahnhof Königsplatz.
1862 übergab Ludwig I. die Propyläen bei ihrer offiziellen Einweihung der Stadt München (neben dem Obelisk auf dem Karolinenplatz das einzige Klenze-Werk in städtischem Besitz). Bis 1928 rollte der Verkehr durch den mittleren Torbau, danach durch die seitlichen Bauten. Nach der Umgestaltung des Königsplatzes im Dritten Reich führte man den Verkehr seitlich um die Propyläen herum. Die schweren Zerstörungen des Zweiten Weltkriegs beseitigte Hans Döllgast von 1951 bis 1954. Ende der 1990er Jahre wurden die Bauten am Königsplatz generalsaniert.

Die Glyptothek

In den 18 Fassadennischen finden sich wichtige Repräsentanten aus der Geschichte der Bildhauerkunst, 16 davon sind hier abgebildet (v. l.):

2.46 Lenbachhaus

»Muss mich nun doch auf München konzentrieren, allda mit meinem Zeugs eine bleibende Sammlung stiften«, schrieb Franz von Lenbach 1885 aus Rom an Josephine von Wertheimerstein. »Ich gedenke mir einen Palast zu bauen, der das Dagewesene in den Schatten stellen wird; die machtvollen Centren der europäischen Kunst sollen dort mit der Gegenwart verbunden werden.« Lenbach konnte sich diese geballte Unbescheidenheit leisten, denn der heute künstlerisch als längst nicht so bedeutend Eingestufte galt Ende des 19. Jh. neben Friedrich August von Kaulbach als der Malerfürst schlechthin.
Der 1836 in Schrobenhausen geborene Sohn des Stadtmaurermeisters, selbst gelernter Maurergeselle, studierte ab 1857 an der Münchner Kunstakademie bei Karl von Piloty, der Lenbach engagiert förderte. Schon früh verbuchte Lenbach erste Erfolge und erhielt Auftragsarbeiten. Protegiert durch den Sammler Graf Schack stieg er zum Liebling des internationalen Hochadels auf. Er verstand sich hervorragend auf zwei im Kunstmarkt entscheidende Fähigkeiten: Selbstvemarktung in enger Kombination mit Selbstinszenierung und Intrigenspiel. Kaiser und Großindustrielle, Prinzen und Potentaten gaben sich bei Lenbach die Klinke in die Hand. So sollte seine geplante Villa denn auch nicht mehr und nicht weniger als »in München der Mittelpunkt der Künste und deren gesellschaftlicher Belange werden« – wie es der Künstler 1889 formulierte. Und zum Dichter Paul Heyse sagte er, wie wichtig ihm nun das »künstlerisch gestaltete Wohnen« geworden sei, denn: »Aus einer schlechten Umgebung, die ungestaltet ist, ist keinesfalls eine Inspiration zu erwarten.« Und wo ließ sich besser künstlerisch gestaltet wohnen, als in der Umgebung der Künstlerkolonie rings um den Königsplatz?
Seine glanzvolle Rückkehr nach mehreren Jahren in Rom bereitete Lenbach 1886 mit dem Kauf eines Grundstücks des berühmten Historienmalers Heinrich von Heß ein. Knapp 200.000 Mark kostete den 50-Jährigen der südliche Teil des »Heßgartens«, der unmittelbar an die Propyläen anschloss. Als Architekten wählte Lenbach Gabriel von Seidl, der auch schon Kaulbachs Villa in der Maxvor-

Das Lenbachhaus mit dem Erweiterungsbau von Foster & Partners

stadt (Kaulbachstraße 15) entworfen hatte. Im Mai 1887 wurde der Grundstein gelegt, im November feierte man Richtfest. Dennoch dauerte es fast anderthalb Jahre, bis Lenbach den linken Flügel, das Atelier, beziehen konnte. Die Arbeiten am Haupthaus zogen sich erheblich länger hin. Erst im Jahr 1896, an dem Tag, an dem Lenbach Charlotte (»Lolo«) von Hornstein ehelichte, wurde das aufwändigste und prächtigste Künstlerdomizil Deutschlands fertig. Der Künstler konnte sich nur wenige Jahre an seiner Prachtvilla delektieren, er verstarb 1904.

Lenbachs Witwe vermachte 1924 die Villa samt der Sammlung und der Gemälde des Künstlers der Stadt München. Die Stadt kaufte im selben Jahr das nördlich angrenzende Grundstück des Malers Anton Heß und ließ dort von Hans Grässel den Galerietrakt errichten, der 1929 eröffnet wurde. Nach den Zerstörungen im Zweiten Weltkrieg, die vor allem den Ateliertrakt betrafen, restaurierte man nur Teile der Innenausstattung im Mitteltrakt wie das Foyer und die Repräsentationsräume. Seit 1994 hat die Eingangshalle wieder ihre ursprüngliche Farbigkeit.

Heute ist die Städtische Galerie im Lenbachhaus ein zuverlässiger Publikumsmagnet, weil neben Lenbachs Œuvre auch das von anderen wichtigen Münchner Künstlern des 18. und 19. Jh. präsentiert wird – hauptsächlich jedoch wegen der umfassenden Sammlung zur Kunst des Blauen Reiters mit Meisterwerken von Kandinsky bis Marc. Gabriele Münter legte den Grundstock dazu, sie nutzte ihren 80. Geburtstag, um München reich zu beschenken: Sie überließ der Stadt ihre kostbare Kandinsky-Sammlung 1957. Außerdem gab sie eigene Werke und Bilder ihrer Freunde, dazu richtete sie eine Stiftung ein, dank der Arbeiten von Corinth, Klee, Macke und Marc erworben werden konnten. Besonders Marc und Macke erhielten bedeutenden Zuwachs mit der Stiftung von Bernhard Koehler im Jahr 1965. In den 1970ern begann das Museum zudem wichtige Vertreter der zeitgenössischen Kunstszene zu sammeln und zu präsentieren.

Im Jahr 1994 erweiterten sich die Möglichkeiten der Galerie im Lenbachhaus mit der Eröffnung des Kunstbaus. Dabei handelt es sich um ein großzügiges, ungenutztes Zwischengeschoss der U-Bahnstation Königsplatz in unmittelbarer Nähe des Lenbachhauses. Es ist 110 m lang und damit genau so groß wie der darunterliegende U-Bahnhof. 1992 bis 1994 baute das Architekturbüro Kiessler & Partner den Raum zu einer Dependance des Lenbachhauses aus. Um Kunstwerke in die Räume unter Tage zu bringen, baute man auf dem Grundstück der benachbarten städtischen Berufsschule einen Lastenaufzug ein. Im Kunstbau finden in der Regel große Wechselausstellungen moderner oder neuester Kunst statt.

Im Petuelpark eröffnete Mitte 2005 zudem der Kubus des Lenbachhauses, der vierteljährlich wechselnde Ausstellungen zeitgenössischer Künstler zeigt. Ab Frühjahr 2009 war das Lenbachhaus wegen Genneralsanierung geschlossen. Die Architekten von Foster & Partners wurden mit der Um- und Neugestaltung beauftragt. Die Wiedereröffnung ist für Frühjahr 2013 geplant.

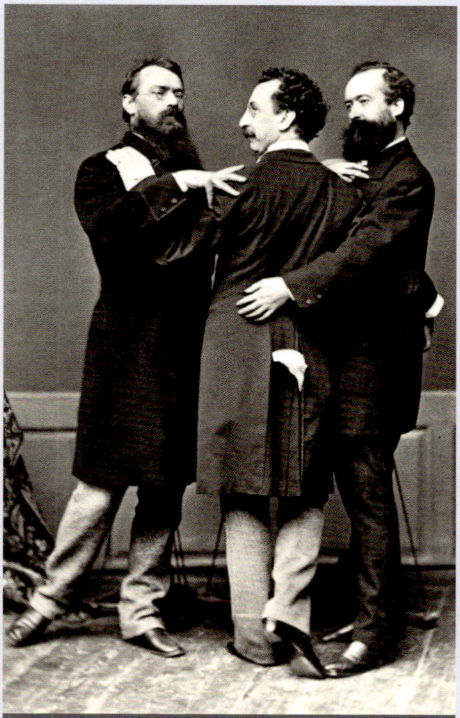

Lenbach posiert mit seinen Freunden, dem Dramatiker Paul Lindau und dem *Max-und-Moritz*-Erfinder Wilhelm Busch, in der klassischen Position der drei Grazien (v. l.).

***Der Tiger* von Franz Marc gehört zu den Schätzen im Lenbachhaus.**

2.50 Volkstheater

Volkstheater – das klingt nach krachertem Bauernschwänken mit Schenkelklopfgarantie, dargeboten von beliebten Volksschauspielern. Und sicher hat es im ersten Münchner Volkstheater an der Josephspitalstraße auch solche Theaterabende gegeben. Das Theater wurde im Zweiten Weltkrieg zerstört. Es dauerte bis 1983, bis ein neues Haus für die langsam aussterbende Spezies der Volksschauspieler eröffnet wurde. 3,9 Mio. Mark kostete der Umbau der 1955 erbauten Mehrzweckhalle im Haus des Sports zum heutigen Volkstheater mit 609 Sitzplätzen. Natürlich spielten sie alle hier, die bekannten Volksschauspieler von Gustl Bayrhammer und Beppo Brem, über Helmut Fischer und Willy Harlander bis zu Karl Obermayr und Enzi Fuchs. Unter der Intendanz von Ruth Drexel (den meisten bestens als Mama des *Bullen von Tölz* bekannt) erspielte sich das Volkstheater großes Renommee, denn Drexel kitzelte stets das Subversive und Anarchistische hervor, das eigentlich typisch ist für das alpenländische Volkstheater. 2002 übernahm Christian Stückl, bekannt durch seine Inszenierungen der Oberammergauer Passionsspiele, die Intendanz. Stückl gelang es mit seinem jungen Ensemble und mutigen Nachwuchsregisseuren das Volkstheater höchst erfolgreich neu zu positionieren und vor allem den Begriff Volkstheater völlig zu entstauben und zu modernisieren. Seit 2005 findet im Volkstheater einmal jährlich »Radikal jung – Das Festival junger Regisseure« statt.

Alles andere als bieder-volkstümlich: Szenenfotos aus den Inszenierungen von *Hamlet* und der *Dreigroschenoper* am Volkstheater.

2.51 Theater für Kinder

Einst befand sich in dem prächtigen Jugendstilhaus an der Dachauer Straße 46, das 1917 von Oswald Schiller errichtet wurde, das Regina-Kino. Es wurde Münchens erstes Tonfilmtheater. Noch heute sind die Nebenräume erhalten, die für Musiker vorgesehen waren, die Stummfilme begleiteten. Seit 1977 ist im einstigen Kinosaal nun das Theater für Kinder mit 250 Plätzen zuhause. Heinz Redmann gründete das Theater 1967 in Schwabing, damals nutzte man die Räume des LEO 17 – Theater in der Leopoldstraße. Bis zu 14 Stücke stehen in einer Spielzeit auf dem Programm, darunter Stücke nach Vorlagen der Gebrüder Grimm, Hans Christian Andersens, Michael Ende, Janosch und Astrid Lindgren bis hin zu Opern. 2008 drohte die Schließung, da der TÜV erhebliche Sicherheitsmängel monierte. Nur mit großer Mühe und dank vieler Spenden konnte Redmann renovieren und den Theaterbetrieb aufrechterhalten.

2.52 Karla 51

Ganz im Sinn der Ökumene unterstützt die Antei St. Bonifaz den medizinischen Dienst von Karla 51. Geprügelte Mütter mit Kindern, drogensüchtige oder obdachlose Frauen – sie alle finden Hilfe bei Karla 51 in der Karlstraße. Als deutschlandweit erste Notunterkunft für Frauen eröffnete die Einrichtung des Evangelischen Hilfswerks im Dezember 1996. Gegründet wurde Karla 51 von Carol Wandt, die zwischen 1987 und 1996 die Frauenteestube in München leitete. Dort konnten obdachlose Frauen tagsüber Wäsche waschen, Essen kochen und Beratung finden – abends mussten sie zurück auf die Straße. Ein unhaltbarer Zustand, der sich mit Karla 51 änderte. Im Durchschnitt klopfen 30 Hilfesuchende pro Woche an die Pforte. »Unser oberstes Ziel ist, dass keine Frau auf der Straße schlafen muss«, sagt Leiterin Isabel Schmidhuber. Denn obdachlose Frauen leben auf der Straße noch gefährlicher als ihre männlichen Leidensgenossen. Das Team von Karla 51 weist niemanden ab, nicht einmal benebelte Alkoholikerinnen oder Fixerinnen auf einem Trip, die bei anderen Einrichtungen abgelehnt würden. Freilich stehen diese Frauen unter besonderer Beobachtung, wenn sie sich selbst oder andere gefährden, schreiten die Mitarbeiterinnen ein. Rund ein Viertel der Gäste sind Frauen, die vor Gewalt und Missbrauch in den eigenen vier Wänden geflüchtet sind. Viele davon mit Kindern, denn Karla 51 nimmt als einzige Notunterkunft Deutschlands auch Frauen mit Kindern auf. Höchstens acht Wochen lang dürfen Hilfesuchende hier wohnen. Acht Wochen, in denen die Sozialpädagoginnen von Karla 51 versuchen, eine Lösung für die drängendsten Probleme zu finden.

2.54 Das älteste Kino der Welt

Man sieht es ihm nicht an, aber das Neue Gabriel in der Dachauer Straße 16 ist tatsächlich das älteste dauerhaft bespielte Kino der Welt! Carl Gabriel, der bereits seit 1896 mit einem Vorführapparat über die Jahrmärkte zog und auf dem Oktoberfest einer der bekanntesten Schausteller war, eröffnete in der Dachauer Straße 16 sein »Theater der lebenden Bilder« mit dem exotischen Untertitel »The American Bio.-Cie« im Jahr 1906. Dass das Kino nicht im *Guiness Buch der Rekorde* steht, ist den heutigen Betreibern egal. Daher gilt für alle Uneingeweihten das Pionier im polnischen Szczecin (Stettin) offiziell als ältestes Kino der Welt. Das Pionier wurde aber erst 1909 unter dem Namen Helios eröffnet.

2.53 Art Babel

Kulturelle Zwischennutzung: Das Gebäude der Firma Norkauer Inneneinrichtungen, im Dreieck zwischen Dachauer-, Karl- und Augustenstraße, konnte unter dem Namen Art Babel von Sommer 2011 bis Sommer 2012 für knapp ein Jahr für Konzerte und andere kulturelle Veranstaltungen genutzt werden, bevor die Abrissbirne kam und die massive Verschnöselung der Gegend weiter vorangetrieben wurde. Die vielen Graffiti (darunter Arbeiten der bekannesten deutschen Sprayer wie Loomit, Flying Förtress oder Eazy) machten das Art Babel zumindest für einige Monate zum Hingucker im Viertel.

2.55 Luisengymnasium

»Unstreitig kleiden Kenntnisse die Frau ebenso gut als den Mann ...«, schrieb Simon Spitzweg in seinem Antrag »die Errichtung einer Höheren Töchterschule betreffend« an die Lokal-Schul-Commission der königlichen Regierung. Die Kenntnisse, die Spitzweg, übrigens Vater des berühmten Malers Carl Spitzweg, und seine

Zeitgenossen den Mädchen zustanden, sollten sie letztlich auf die Ehe vorbereiten. Denn die Dame des Hauses hatte dem Gatten ein gebildetes und kulturell interessiertes Gegenüber zu sein, das die Haushaltsführung und die niveauvolle Erziehung der Kinder perfekt im Griff hatte. Dazu lernten die Mädchen u. a. kaufmännisches Rechnen, Französisch, bayerische Geschichte, Schreibkunst und Gesang. Die Schule bezog 1822 zunächst behelfsmäßig Räume und musste sechsmal umziehen, bis endlich die Mittel für ein eigenes Schulgebäude bereitgestellt wurden. 1901 zog die Schule für höhere Töchter in den neu errichteten Bau von Theodor Fischer an der Luisenstraße. Die Adresse brachte mit sich, dass die Münchner sie Luisenschule nannten. Immerhin war das Mädchenlyzeum mittlerweile dem Gymnasium, das nur Jungen offen stand, gleichgestellt und die Schülerinnen konnten die Hochschulreife erwerben (und dann nur außerhalb Bayerns studieren, denn das durften hier nur Burschen). Die Zeiten änderten sich. 1961 wurde die Schule schließlich offiziell in Luisengymnasium umbenannt. Acht Jahre später dann wurde das Gymnasium koedukativ und nahm die ersten Jungs auf. 1987 konnte nach dreijähriger Bauzeit der neue Klinkererweiterungsbau bezogen werden.

2.56 Caritasverband der Erzdiözese München und Freising

Das Leid und die Verwüstungen des Ersten Weltkriegs führten zur Gründung der Caritasverbände. 1922 gründeten die katholischen Elisabethen-, Vinzenzvereine und Fürsorgeeinrichtungen den Caritasverband für die Erzdiözese München und Freising, um ihre Kräfte zu bündeln und noch effektiver zu helfen. Heute hat der Verband seinen Sitz in der Hirtenstraße 4 und unterhält in der Maxvorstadt u. a. ein Jugendwohnheim in der Zieblandstraße 35 und eine Fachambulanz für junge Suchtkranke in der Dachauer Straße 29.

2.57 Die Salzstadel

München verdankte seine Gründung dem Salz und Salz machte die Stadt einst reich. Die großen Lager für das kostbare Gut befanden sich zunächst am heutigen Promenadenplatz. 1772 beschloss man, die Salzstadel vor die Tore der Stadt zu verlagern und wählte den öffentlichen Hinrichtungsplatz vor dem Karlstor. Acht Jahre später wurden die Lager an der Salzstraße (heute Arnulfstraße) eröffnet. Nach den schweren Unruhen 1848, die zur Abdankung König Ludwigs I. geführt hatten, requirierte Max II. die Getreidelager unmittelbar neben den Salzstadeln und brachte 1851 dort das 6. Jäger-Batallion unter, um die Militärpräsenz in der Stadt zu erhöhen. Die benachbarten Wirte mit ihren Biergärten brachte das zum Schäumen. Die Soldaten schwemmten zwar Umsatz in die Kassen, gleichzeitig nutzten sie aufgrund der miserablen sanitären Verhältnisse in der Salzstadelkaserne die Toiletten der Wirtshäuser im Übermaß und verschreckten so die Gäste.

1890 ließ man schließlich die Kaserne abreißen, um die Straße zu erweitern, weil der geplante und 1893 errichtete Starnberger Bahnhof großzügige Zufahrtswege verlangte. Die benachbarten Salzstadel selbst mussten dem Bau des Starnberger Flügelbahnhofs weichen.

Die alten Salzstadel an der Salzstraße (heute Arnulfstraße) malte Carl August Lebschée 1861. Links die Salzstadel-Kaserne.

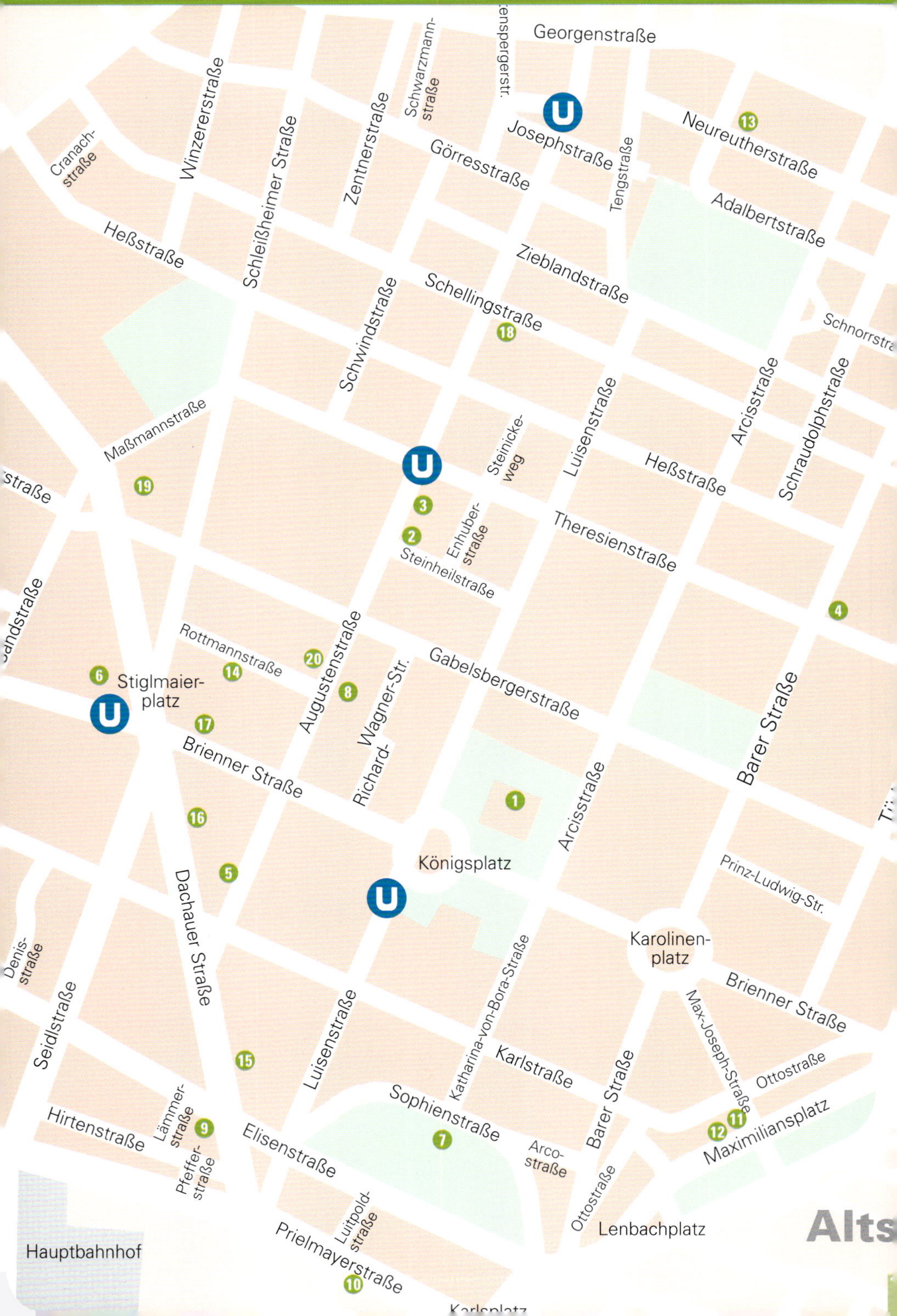

Georgenstraße
Schwarzmann-straße
Josephstraße
Görresstraße
Tengstraße
Neureutherstraße
13
Adalbertstraße
Cranach-straße
Winzererstraße
Schleißheimer Straße
Zentnerstraße
Heßstraße
Zieblandstraße
Schellingstraße
18
Schwindstraße
Schnorrstra
Arcisstraße
Schraudolphstraße
Maßmannstraße
19
straße
Steinicke-weg
Luisenstraße
Heßstraße
3
2
Enhuber-straße
Theresienstraße
Steinheilstraße
4
Rottmannstraße
20
14
Augustenstraße
6
Stiglmaier-platz
8
Gabelsbergerstraße
Richard-Wagner-Str.
17
Brienner Straße
Barer Straße
1
16
Arcisstraße
Königsplatz
5
Dachauer Straße
Prinz-Ludwig-Str.
Karolinen-platz
Denis-straße
Katharina-von-Bora-Straße
Brienner Straße
Seidlstraße
Luisenstraße
Karlstraße
Max-Joseph-Straße
15
Barer Straße
Ottostraße
Lämmer-straße
Sophienstraße
11
12
Maximiliansplatz
9
Hirtenstraße
Pfeffer-straße
Elisenstraße
7
Arco-straße
Ottostraße
Luitpold-straße
Lenbachplatz
Alts
Hauptbahnhof
Prielmayerstraße
10

Auch die Straßen rund um die TU und das Museumsviertel haben jede Menge Gastronomisches und einige Shoppingerlebnisse zu bieten. Die Hauptschlagader dieses Abschnitts ist die Augustenstraße. Der südliche Teil dieses Abschnitts der Maxvorstadt ist außerdem eines der wichtigen Zentren des Münchner Nachtlebens. Hier ein paar Tipps (ohne jegliche Gewähr auf Aktualität und Vollständigkeit):

Cafés • Kneipen

Alter Ofen
Zieblandstr. 41
Bierlokal (in der Herrentoilette gibts Kopfstützen über den Pissoires …)

Café am Josephsplatz (Café Loony)
Augustenstr. 112

Café Clara
Isabellastr. 8

1 Café Glyptothek
Königsplatz 3,
Geheimtipp für Ruhesuchende mitten in der Glyptothek

Giulia
Theresienstr. 114

Ignaz
Georgenstr. 67

2 Jasmin Café
Steinheilstr. 20
sehr hippes Café im Oma-Stil der 50er Jahre

Josefina
Augustenstr. 113
Café mit Bio-Zertifizierung

Luise
Luisenstr. 49
nettes Tagescafé hinter der TU

Revolution Café
Schleißheimer Str. 64

Steinheil 16
Steinheilstr. 16
beliebte Studentenkneipe

3 Tafel & Schwafel
Augustenstr. 80
beliebte Tagesbar, abends nur bis 22 Uhr

Ungewitter
Arcisstr. 62
urige Kneipe, Bar

ebenso unverwüstliche wie beliebte Gastro-Institution

Campanula
Gabelsbergerstr. 46
japanisch-europäisch

Crêperie Cabus
Isabellastr. 4
französische Creperie

CyClo
Theresienstr. 70
vietnamesisch

Deeba
Barer Str. 42
pakistanisch

Dehbaschi
Dachauer Str. 36
persisch

Eclipse Grillbar
Heßstr. 51
israelisch

Enchilada
Gabelsberger Str. 97
mexikanisch

Freebird bar and food
Nordendstr. 12
Bar im Wohnzimmerstil mit Fototapete und Kamin

Hexenkessel
Schwindstr. 20
alpenländisch

Hunsinger's Pacific
Maximiliansplatz 5
Gourmet-Restaurant

Japan Sushi Gourmet
Karlstr. 56
japanisch

Kaito
Gabelsbergerstr. 85
japanisch

Kaptol
Brienner Str. 41
internationale Küche

Kims Restaurant
Theresienstr. 138
koreanisch

Kushi-Tei of Tokyo
Arcisstr. 39
japanisch

La Baracca München
Maximiliansplatz 9
italienisch

6 Löwenbräukeller
Nymphenburger Str. 2

Café Lotti
Schleißheimer Str. 13
Café im englisch-skandinavischen Stil

Cuccuma
Augustenstr. 97
Café, Lounge

Die Ausgabe
Theresienstr. 47
Cafe/Restaurant

Eat the Rich
Heßstr. 90
Bar, Kneipe, Party-Location

Eiscafé Italia
Augustenstr. 85a

Eiskultur
Görresstr. 17

Essen

Afghanische Sahel
Theresienst. 134
afghanisch

Bar Mi Tierra
Augustenstr. 93
Tapas-Bar

Bei Raffaele
Luisenstr. 47
italienisch

Bobby's
Augustenstr. 62
italienisch

4 Brasserie Tresznjewski
Theresienstr. 72

Garibaldi-Bar
Schellingstr. 60
italienische Weinbar

Garuda
Theresienstr. 87
indonesisch

5 Gesellschaftsraum
Augustenstr. 7
Haute Cuisine vom Feinsten im Stil der Jungen Wilden, Koch: Bernd Arold

Görreshof
Görresstr. 38
alpenländisch

Hanoi
Schellingstr. 104
vietnamesisch

alpenländisch, Biergarten, *siehe auch S. 124*

Maharani
Rottmannstr. 24
indisch

Momo
Luisenstr. 14
Gourmetküche von Frank Heppner

Nasca
Enhuberstr. 1
peruanisch

Natale's
Schleißheimer Str. 2
italienisch

Nguyen
Georgenstr. 67
vietnamesisch

2 Museumsquartier und TU • Service

7 Parkcafé
Sophienstr. 7
Bar, Restaurant, Biergarten

Pars Aghili
Dachauer Str. 19
persisch

Plaa Uan
Theresienstr. 134
thail. Fischspezialitäten

8 Schmock
Augustenstr. 52
orientalisch-israelisch

Shalizar
Seidlstr. 2a
persisch

Shiva
Augustenstr. 96
indisch

Nachtleben

089 Bar & Lounge
Maximiliansplatz 5
Club, Disco, After-Wiesn-Party

9 Café Kosmos
Dachauer Str. 7
Dit is Balin, wa? Naa, des is Minga! Hip, hipper, am hippsten, Café Kosmos … auch tags geöffnet

Call Me Drella
Maximiliansplatz 5
Club, Disco, bunter Mix aus Disco, Funk & Soul, old school Hip Hop

10 Kong Café King
Prielmayerstr. 6
Club, Konzerte, Live-Musik, DJs

The Martini Club
Theresienstr. 93
Bar, Live Musik, Club

Tiefenrausch
Schellingstr. 91
Lounge mit Downbeats und NuJazz

Yolo (You only live once)
Elisenstr. 3
Club, Disco, House, Hip Hop

Kino

13 Studio Isabella
Neureutherstr. 29
kleines Arthouse-Kino mit anspruchsvollem Programm; jeden Mittwoch »Cine Español«

17 Volkstheater
Brienner Str. 50
siehe S. 110

Bücher

aboutbooks
Schleißheimer Str. 26

Aktion Lebensqualität e.V.
Augustenstr. 43

18 The Munich Readery
Augustenstr. 104
laut Eigenwerbung: »largest English-language secondhand book shop in Germany«

Karl Rau e.K.
Theresienstr. 100
spezialisiert auf Architektur, Bauwesen, Grafik

Siam Haus
Schleißheimer Str. 5
thailändisch

Takumi
Heßstr. 71
japanisch

Taverna Lakis
Augustenstr. 114
griechisch

Tien
Arcisstr. 39
thailändisch

Trattoria Porto Cervo
Schellingstr. 122
italienisch

Volksgarten
Brienner Str. 50
Restaurant am Volkstheater

Löwenbräukeller
Nymphenburger Str. 2
regelmäßige Clubbing-Nächte

Max & Moritz
Maximiliansplatz 5
Club, Disco

Meinburk
Seidlstr. 15
Club, Disco

11 Pacha Club
Maximiliansplatz 5
Club, Disco

Palais Club
Arnulfstr. 16-18
Club, Disco, After-Hour

12 Rote Sonne
Maximiliansplatz 5
angesagter Techno-Club (angeblich Münchens härteste Tür)

Open-Air-Kino am Königsplatz
Königsplatz
jedes Jahr im Juli wird der Königsplatz zum Open-Air-Kino

14 Neues Rottmann
Rottmannstr. 15
kleines Arthouse-Kino mit anspruchsvollem Programm

15 Gabriel Filmtheater
Dachauer Str. 16
ältestes Kino der Welt mit normalem Familienprogramm
siehe S. 111

Theater

16 Theater für Kinder
Dachauer Str. 46
siehe S. 110

TheaterSpielhaus
Rottmannstr. 7
Theaterprojekt zum Mitspielen

Schweitzer Sortiment
Lenbachplatz 1
spezialisiert auf juristische Fachliteratur

Tucholsky Buchhandlung
Augustenstr. 123

Galerien

Galerie Michael Heufelder
Gabelsberger Str. 83

Galerie Martin Mertens
Schleißheimer Str. 26

Galerie Nusser & Baumgart
Steinheilstr. 18

Galerie Karin Sachs
Augustenstr. 48

LOT 62
Schleißheimer Str. 62

Den nächtlichen Stau auf dem Stiglmaierplatz vor dem hell erleuchteten Löwenbräukeller malte Wilhelm Heise 1935.

Barbara Gross Galerie
Theresienstr. 56 (Hof 1)

Galerie van de Loo – Projekte
Gabelsberger Str. 19

Walter Storms Galerie
Schellingstr. 48 Rg.

Special

19 Gesundheitshaus München
Dachauer Str. 90
Im Gesundheitshaus der Stadt München finden sich die Abteilung Ärztliche Gutachten, die Sachgebiete Impfwesen, Tuberkulose, Röntgen und Kreisverwaltungsangelegenheiten sowie der Blutspendedienst.

20 Zigarren Diller
Augustenstr. 23
Kiosk mit Geschichte: Fabius von Baranow übernahm 2008 den Laden, der seit 1896 existiert und legte die immer noch vorhandene Originaleinrichtung im orientalischen Stil frei.

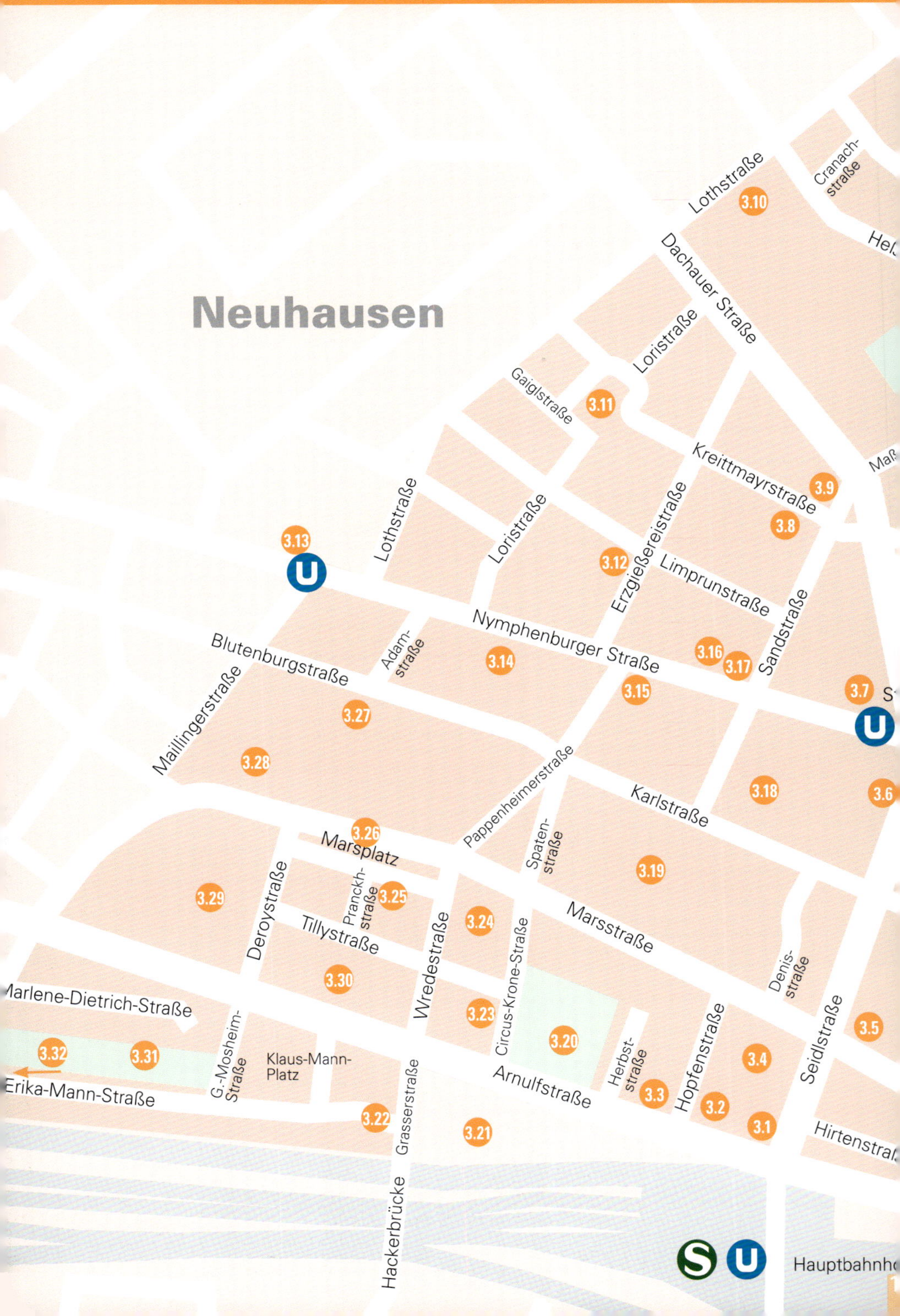
Neuhausen
Lothstraße
Cranach-straße
Dachauer Straße
Loristraße
Gaiglstraße
Kreittmayrstraße
Erzgießereistraße
Limprunstraße
Sandstraße
Nymphenburger Straße
Adam-straße
Blutenburgstraße
Maillingerstraße
Pappenheimerstraße
Karlstraße
Spaten-straße
Marsplatz
Deroystraße
Pranckh-straße
Tillystraße
Wredestraße
Circus-Krone-Straße
Marsstraße
Denis-straße
Seidlstraße
Hopfenstraße
Herbst-straße
Arnulfstraße
Hirtenstra
Marlene-Dietrich-Straße
G.-Mosheim-Straße
Klaus-Mann-Platz
Erika-Mann-Straße
Grasserstraße
Hackerbrücke
Hauptbahnh
3.1
3.2
3.3
3.4
3.5
3.6
3.7
3.8
3.9
3.10
3.11
3.12
3.13
3.14
3.15
3.16
3.17
3.18
3.19
3.20
3.21
3.22
3.23
3.24
3.25
3.26
3.27
3.28
3.29
3.30
3.31
3.32

3.1 Verkehrsministerium

Wenn man heute an der Arnulf-/Ecke Seidlstraße steht und Richtung Westen blickt, kann man sich kaum mehr vorstellen, dass einst ein gigantischer Ministeriumsbau den Platz beherrschte: Dominiert von einer 72 m hohen Kuppel befand sich hier das Staatsministerium für Verkehrsangelegenheiten. Der Architekt Carl Hocheder hatte die Anlage von 1905 bis 1913 errichtet. Dem 1904 eingerichteten Ministerium oblag u. a. die Aufsicht über das Post- und Telegrafenwesen, der Betrieb der staatlichen Eisenbahnen, sowie die Überwachung der Privateisenbahnen und -schifffahrt. 1917 kamen noch das Staats- und Wasserstraßenwesen hinzu, womit es zum größten Staatsministerium Bayerns wurde. Schon drei Jahre später verlor das Verkehrsministerium wesentliche Aufgaben und wurde aufgelöst. Der Bombenhagel des Zweiten Weltkriegs zerstörte große Teile des Gebäudekomplexes in der Arnulfstraße. Die Ruinen wurden nach und nach abgetragen. Heute stehen nur noch kleine, unzusammenhängende Teile, wie z. B. der Südflügel, der einst durch einen Torbau mit dem restlichen Ministerium verbunden war, sowie einige Bauten gegenüber dem Bayerischen Rundfunk, die man in moderne Bürokomplexe einbettete.

3.2 Münchens 1. U-Bahn

Münchens erste U-Bahn fuhr ab 1910 vom Hauptbahnhof bis zur 450 m entfernten Hopfenpost (Postamt München 2) in der Hopfenstraße und retour. Sie war unbemannt, diente ausschließlich der Beförderung von Post und war zudem die einzige deutsche Post-U-Bahn. 1966 verlegte man den Tunnel unter die Seidlstraße und 1988 wurde der Betrieb eingestellt. Die Lokomotive von 1910 (Abb.) steht im Deutschen Museum Verkehrszentrum.

3.3 Bayerischer Rundfunk

siehe S. 121

3.4 Abendzeitung

Erst seit wenigen Jahren gehört die traditionsreiche Abendzeitung zur Maxvorstadt. Im Herbst 2008 zog die AZ von der Sendlinger Straße 10 in die Neue Hopfenpost an der Seidlstraße.

3.5 Seidl Bäckerei

Den Namen Seidl verbinden die meisten heute mit den Architektenbrüdern Gabriel und Emanuel von Seidl, die auch in der Maxvorstadt überdeutliche Akzente gesetzt haben mit ihren monumentalen Bau-

Die Maxvorstadt im Jahr 1826

3.3 Bayerischer Rundfunk

Sie hatte sich im Ersten Weltkrieg bewährt und sollte nun allen dienen: die neuartige drahtlose Übertragungstechnik. Also gründeten die Investoren Josef Böhm, Direktor der Deutschen Bank in München, Holzgroßhändler Hermann Kloepfer, Weingeistfabrikant Robert Riemerschmid sowie Ernst Ludwig Voss, Legationsrat im Auswärtigen Amt, am 12. September 1922 die »Deutsche Stunde in Bayern«, Gesellschaft für drahtlose Belehrung und Unterhaltung mbH. Am 30. März 1924 begann mit der Ausstrahlung der ersten Sendung das Rundfunkzeitalter in Bayern. Das Sendestudio befand sich im Verkehrsministerium, Arnulfstraße, die Honoratioren hatten sich zum großen Festakt vor einem Empfangsgerät in der Aula der Universität versammelt. Die Programmnutzungsgebühr kostete 2 RM im Monat. Kaum jemand konnte sich jedoch ein eigenes Empfangsgerät leisten. Man traf sich in öffentlichen Radiohörstuben, um Nachrichten, schöngeistigen Lesungen, Wetterberichten und Musik zu lauschen. Am Sonntag, 5. Dezember 1926, lief z. B. von 15.30 bis 16.00 Uhr: *Technische Plauderstunde. Moderne Kraftmaschinen und ihre Leistungen.*

Das Radio brachte eine soziale Revolution mit sich: Plötzlich konnte jeder an kulturellen Höhepunkten teilhaben. Das Nationaltheater übertrug Richard Wagners *Lohengrin* und ganz Bayern hörte live zu. Die Popularität des neuen Mediums heizten aber vor allem Sportübertragungen sowie die Auftritte von Komikern wie Karl Valentin an. In der Silvesternacht 1927 gelang sensationellerweise die Liveübertragung eines Jazzkonzerts aus New York. Langsam entdeckte man auch verschiedene Zielgruppen, für die man eigene Sendungen konzipierte. Der Münchner Rundfunk zog am 30. Juni 1929 als erster deutscher Sender in ein eigenes Funkhaus nahe dem Verkehrsministerium. Ein Jahr später wurde die Deutsche Stunde in Bayern offiziell in Bayerische Rundfunk GmbH umbenannt. Der BR sendete bald in alle Welt: Eine Übertragung von *Tristan und Isolde* aus Bayreuth ging über den Äther nach Europa, Amerika und sogar Afrika.

Die Nationalsozialisten drängten die privaten BR-Gründer, ihre Anteile mehr oder minder freiwillig an die Reichspost und den bayrischen Staat zu verkaufen. Der BR gehörte nun zum Großdeutschen Rundfunk; das bedeutete den Verlust des eigenständigen Programms, immer mehr Zensur und nur noch Propaganda. Das Radio hatte dank der Massenproduktion des preisgünstigen Volksempfängers längst in fast alle Haushalte Einzug gehalten.

Nach Ende des Zweiten Weltkriegs nutzten die Amerikaner den Rundfunk als Mittel der Umerziehung hin zu Freiheit und Demokratie. Sie gründeten den Sender Radio München, der am 12. Mai 1945 den Betrieb aufnahm. Nach vier Jahren wurde Radio München den Deutschen übergeben und als Bayerischer Rundfunk eine Anstalt des öffentlichen Rechts. Der BR sendete fortan aus dem neuen Funkhaus in der Arnulfstraße erstmals auf Ultrakurzwelle, er war damit der erste UKW-Sender in ganz Europa. Unverkennbares Kennzeichen des BR wurde der Jingle mit der Melodie *So lange der Alte Peter*, wobei der letzte Ton weggelassen wurde, um an die Zerstörung der Kirche durch Fliegerbomben zu erinnern. Erst seit dem kompletten Wiederaufbau 1951 ist auch die letzte Note wieder Teil des Jingles. Der BR gehörte auch zu den Gründungsmitgliedern der ARD, die 1950 in München gegründet wurde. Ab 1954 belieferte er das ARD-Programm, zehn Jahre später begann der BR als erste ARD-Anstalt ein eigenes regionales Fernsehprogramm zu senden. Es entstand jedoch nicht in der Arnulfstraße, sondern im neuen Sendezentrum bei Freimann.

In den 1970er Jahren versuchte die CSU mit einem neuen Rundfunkgesetz noch mehr Einfluss auf den BR zu nehmen, ein Volksentscheid verhinderte das. Der Rundfunkrat darf nur zu einem Drittel von Regierung, Landtag und Senat besetzt werden. In der Realität ist jedoch die Nähe zur CSU bis heute unübersehbar. Trotz des konservativen Einschlags hat der BR immer wieder Erstaunliches auf die Beine gestellt. So ging im Sommer 1977 ein Stern der zeitgenössischen Unterhaltung auf. Thomas Gottschalk moderierte erstmals die Sendung *Pop nach Acht*, ein völlig neuartiges Jugendformat, in dem die Popmusik gespielt wurde, die wirklich angesagt war. Dank *Pop nach Acht* stieg Gottschalk zur Showlegende auf. Heute hat der BR zahllose private Radiosender als Konkurrenz und bedient mit fünf Programmen ganz unterschiedliche Hörergruppen.

ten. Wohl nur noch die Älteren werden sich daran erinnern, dass der Name Seidl auch für eine traditionsreiche Großbäckerei aus der Maxvorstadt stand. Die Namensgleichheit der Architekten mit der Bäckerei war dabei nicht zufällig, die später geadelten Brüder Gabriel und Emanuel entstammten dieser Familie, deren Urahn Anton Seidl einst von Großdingharting nach München zog und dort 1799 die Bäckerei »Durch's Haus« am Anger erwarb. 1823 kaufte Anton Seidl zusätzlich die seit 1551 bestehende Theatiner-Bäckerei in der Theatinerstraße 33 und verlegte seinen Stammsitz dorthin. Sein Sohn, der ebenfalls Anton hieß, übernahm 1839 den Betrieb und heiratete drei Jahre später Therese Sedlmayr, Tochter der berühmten Brauereifamilie, denen Spaten-Bräu gehörte. Die Seidl-Geschäfte florierten – so gut, dass man es sich 1852 leisten konnte, zur Sommerfrische ein großes Grundstück weit draußen auf dem Land, an der Marsstraße 22 (damals Hausnummer 33) zu erwerben. Aprikosenspaliere, Spargelbeete, Hasen, Ponys und (unerhörter Luxus) ein eigenes Schwimmbad gehörten nun zum Leben der sechs Seidl-Sprösslinge, darunter besagte Gabriel und Emanuel sowie die Tochter Therese, die später den Handschuhfabrikanten Christian Roeckl heiratete. Die heutige Seidlstraße existierte damals noch nicht; die Gärten und Felder erstreckten sich von der Marsstraße bis zur Spatenbrauerei nahe dem Stiglmaierplatz. Schnell etablierte sich das Seidl-Anwesen zu einem Zentrum der Münchner Gesellschaft. Dazu trug nicht unwesentlich die Kegelbahn bei, die sich Antons drei Söhne so inbrünstig gewünscht hatten. 1867 erlaubte Anton den Buben Gabriel, Emanuel und Anton die Kegelbahn zu bauen – und keine zehn Jahre später traf sich alles, was in München Rang und Namen hatte, hier zum Kegeln. Die Seidls galten als äußerst kunstsinnig, schon der Firmengründer hatte Kunst gesammelt. Anton der Jüngere und seine drei Söhne pflegten engste Kontakte zur Münchner Kulturszene. Bei der »Künstlerkegelbahn« jeden Mittwoch trafen sich die regierenden Malerfürsten Lenbach und Kaulbach mit Spitzweg, Schraudolph, Lossow und Wilhelm Busch (der widmete der Kegelbahn sogar ein Gedicht). 1882 ließ seine kgl. Hoheit Prinz Luitpold, der spätere Prinzregent, ganz diskret anfragen, ob man nicht auch mal bei den Seidls kegeln dürfte. Unter der Bedingung, dass die Seidls beim königlichen Besuch von jeglicher Förmlichkeit entbunden seien, sagte der Bäckermeister zu. Von da an schoben jeden Montag die Wittelsbacher bei Seidls die Kugel.

1889 übernahm Anton Seidl III. den Betrieb. Er verlegte die Produktionsstätte von der Theatinerstraße an die Marsstraße und errichtete eine Großbäckerei. Zu seinem Sortiment gehörten neben Semmeln und Brot auch Konditoreiwaren, 20 verschiedene Zwiebacksorten sowie »Medizinalgebäck«. 1924, zum 125-jährigen Firmenjubiläum, verkündete die Chronik stolz, dass die vollelektrifizierten Produktionsstätten 10.000 bis 12.000 Semmeln die Stunde ausstoßen, dass 30 Filialen und über 300 Niederlagen, Wirte etc. beliefert werden. Doch zwölf Jahre später musste Seidl Konkurs anmelden. Die Traditionsbäckerei war völlig überschuldet. Der Konkursverwalter ließ den Betrieb unter dem alten Namen weiterführen. Fast die Hälfte der Fabrikanlagen an der Marsstraße 20 fielen dann den Bomben des Zweiten Weltkriegs zum Opfer, dennoch stieg man nach Kriegsende sofort wieder in die Produktion ein und baute das Filialnetz weiter aus. Bis zum Jahr 1986 fand man an fast jeder Münchner Ecke einen Seidl-Brot-Laden. In jenem Jahr schluckte dann ein anderer Riese, der inzwischen auch Geschichte ist, die Maxvorstädter Firma: Müller-Brot. An die Seidls erinnert neben dem Straßennamen nur noch das »Seidl-Schlösschen«, Seidlstraße 18. Es war das Bürohaus Gabriel von Seidls, das einst im Hof des kriegszerstörten Seidlschen Wohnhauses stand.

Von dem herrschaftlichen Seidl-Anwesen blieb nur das »Schlösschen« (re.) erhalten.

3.6 Mayer'sche Hofkunstanstalt F. X. Zettler

Die Umwandlung der »Privatbeschäftigungsanstalt für krüppelhafte Kinder« in eine Staatsanstalt brachte den gebürtigen Allgäuer Josef Gabriel Mayer auf eine Idee: Weil er eben zum Vorstand dieser Staatsanstalt ernannt wurde, beschloss er, etwas für die Jugendlichen zu tun, die aus Altersgründen aus der Anstalt ausscheiden mussten und dann kein Auskommen mehr hatten. Zunächst beschäftigte er die Jungen in einer Formerei, die zunehmend kunstgewerbliche Aufträge bekam. 1847 gründete Mayer dann die »Kunstanstalt für kirchliche Arbeiten« am Stiglmaierplatz 1 (heute Seidlstraße 25) mit der Zielsetzung »... die Vereinigung der bildenden Künste Architektur, Bildhauerei und Malerei ...« in der Tradition der mittelalterlichen Bauhütten wiederzubeleben.

Die Firma florierte dermaßen, dass Mayer 1859 um die Enthebung als Vorstand des Instituts für krüppelhafte Knaben bat, um sein Unternehmen noch besser auf dem Weltmarkt positionieren zu können. Ab den 1860er Jahren nahm Mayer die Glasmalerei ins Firmenprogramm auf, damals arbeiteten rund 60 Künstler aus verschiedenen Sparten im Haus. Darunter auch ein gewisser Franz Xaver Zettler. Er genoss einen ausgezeichneten Ruf als Glasmaler, war weitgereist – und außerdem Mayers Schwiegersohn. Ab 1863 leitete er die Mayer'sche Kunstanstalt und gründete sogar zwei Jahre später eine Filiale in London. Weil die Firma immer mehr Aufträge erhielt, die Zettler freien Glasmalern weitergeben musste, reifte in ihm schließlich der Entschluss, sich selbständig zu machen. Als 1870 der Leiter der kgl. Glasmalerei Luisenstraße 37, Max Ainmiller, starb, nutzte Zettler die Gunst der Stunde und gründete seine eigene Glasmalerei in der Brienner Straße 23. Ludwig II. verlieh dem Unternehmen bald den Titel der kgl. Hofglasmalerei. Der internationale Erfolg stellte sich schnell ein. Zettlers Institut boomte.

Zurück zu Mayer, der sich ebenfalls in der Gunst des Königs sonnte. 1882 hob Ludwig II. das Institut in den Stand der kgl. bayer. Hofkunstanstalt. Ein Jahr später verstarb der Firmengründer 75-jährig. Sein Sohn Franz Borgias Mayer führte das Unternehmen zur Blüte mit zeitweise bis zu 500 Mitarbeitern und weltweiten Handelsbeziehungen. 1888 eröffnete man eine Filiale in New York. Papst Leo XIII. verlieh der Maxvorstädter Firma 1892 den Titel »Institut des Heiligen Apostolischen Stuhles«. Nach dem Ersten Weltkrieg übernahmen Franz Borgias Mayers Söhne, Anton, Karl und Adalbert, die Leitung und gaben der Mayer'schen Hofkunstanstalt eine neue Richtung: Die um 1925 neu eingerichtete Mosaikabteilung ersetzte die Abteilung für Bildhauerei. Verstärkt wurden nun freien Künstlern alle Arbeitsmöglichkeiten der Werkstätten angeboten, das Institut entwickelte sich zunehmend zur Künstlerwerkstätte. In den 1930ern kam die kgl. Hofglasmalerei F. X. Zettler zurück zu ihrem Ausgangspunkt – die Mayer'sche Hofkunstanstalt kaufte den Betrieb.

In den Jahren nach dem Zweiten Weltkrieg gewann das Mosaik immer mehr Bedeutung für die Firma. Die Restaurierung mittelalterlicher oder neuzeitlicher Glasmalereien und die von Mosaiken spielt seitdem ebenfalls eine große Rolle. Die Mayer'sche Hofkunstanstalt war die erste, die die isothermische Außenschutzverglasung an mittelalterlichen Fenstern in großen Restaurierungsprojekten wie der Münchner Frauenkirche (ab 1952) einsetzte. Heute wird das Unternehmen in fünfter Generation von Dr. Gabriel Mayer und seinem Sohn Michael C. Mayer geleitet. Rund 100 Kirchen in aller Welt – allen voran St. Peter in Rom – besitzen Glasmalereien und Mosaiken aus der Münchner Werkstatt. Die jüngsten Arbeiten reichen von den Mosaikböden der neuen Synagoge in Aachen, über die 14 Wandmosaiken von Ellen Driscoll im Grand Central Station von New York, zu den Glasfenstern und Mosaiken der KKIA-Moschee in Riad.

Blick in die historische Werkstatt

3.7 Löwenbräukeller

Servietten! Tischtücher! Rundum elektrische Beleuchtung! Und dann musste man nicht mal mehr den eigenen Keferloher selbst spülen! Die Münchner staunten nicht schlecht, als der nach Plänen von Albert Schmidt erbaute Löwenbräukeller am 14. Juni 1883 eröffnete. Solchen Luxus kannten sie von den anderen Biergärten nicht. Ludwig Brey, Eigentümer der Löwenbrauerei, hatte keine Kosten und Mühen gescheut, um den Löwenbräu-Wirtsgarten direkt am Brauereigelände zur Attraktion zu machen. Schon knapp zehn Jahre später wurde das Gasthaus von Albert Schmidt in Zusammenarbeit mit Friedrich von Thiersch um- und ausgebaut. Die markante Fassade mit dem Turm entstand in jener Zeit. Schnell etablierte sich der Löwenbräukeller als Veranstaltungsort und vor allem als Faschingshochburg. Während des Zweiten Weltkriegs nutzten die Nazis den Löwenbräukeller für ihre Versammlungen zum Jahrestag des Hitlerputsches, weil der Bürgerbräukeller nach dem Elser-Attentat nicht mehr genutzt werden konnte. Nach den Verwüstungen des Zweiten Weltkriegs und dem Wiederaufbau zerstörte 1986 eine Brandkatastrophe den Festsaal mit Galerie, Balkon und Bühnenhaus. Der Löwenbräukeller ist mittlerweile nicht nur zur Faschingszeit ein beliebter Fixpunkt im Münchner Nachtleben, vor allem die »Nacht der Tracht« mit angesagten DJs und VJs lockt ein immer jüngeres Publikum zur wilden Party in Dirndl und Lederhosn.

Die Brauereinanlagen hinter dem Löwenbräukeller wurden 2007 abgerissen, um dort NY-Living zu vermarkten. Dahinter verbirgt sich nicht New York, wie jeder sofort durchaus beabsichtigt assoziiert, sondern die Anfangsbuchstaben der Nymphenburger Straße. Auf dem Gelände entstand ein Luxusquartier für den internationalen Geldadel.

Ein Glasfesnter erinnert an den verheerenden Brand von 1986.

3.8 Hofpfisterei

Das Ergebnis kam einer Watschn gleich: Ganze zwei Zuschriften erhielt Siegfried Stocker 1981 auf seine ganzseitige Anzeige in fast allen bayerischen Tageszeitungen, in der er Landwirte zur Mitarbeit bei der Umstellung auf komplett ökologische Produktion aufrief. Öko-Lebensmittel? Nicht mit uns, dachten die Bauern. Offenbar war der Chef der Hofpfisterei seiner Zeit weit voraus. Stocker stellte seinen Betrieb in der Kreittmayrstraße 5 im Jahr 1984 trotzdem auf Öko um und der Erfolg gab ihm letztlich mehr als Recht.

Die Hofpfisterei kann übrigens auf eine Tradition zurückblicken, die selbst die uralten Brauereien neidisch machen könnte: 1331 wurde die herzogliche Hofpfisterei erstmals urkundlich erwähnt (Pfister kommt von lat. pistor für Bäcker), aber sie existierte wahrscheinlich bereits 1294, als Rudolf I. München zur Hauptstadt seines Reichs erhob. Im 17. Jh. erhielt der Pfistermeister die Hofpfisterei »in Bestand«, d. h. er durfte den Betrieb als selbständiger Unternehmer führen. Zudem genoss er das herzogliche Privileg, die ansonsten streng durch Zünfte getrennten Handwerke des Müllers, des Mehlhändlers und des Bäckers in seinem Betrieb gemeinsam ausüben zu dürfen. Er musste allerdings auch die Armen speisen und Brot an Studenten, Heime und Klöster abgeben.

1917 pachtete der aus einer niederbayerischen Bauernfamilie stammende Ludwig Stocker die traditionsreiche Hofpfisterei von der königlichen Krongutsverwaltung und führte sie zum Erfolg. Der Zweite Weltkrieg und die Zerstörung der Pfistermühle in der Altstadt (nahe dem Platzl) stoppten den Erfolg nur kurz. Als die Staatliche Schlösserverwaltung das wieder aufgebaute historische Anwesen 1958 an eine Brauerei verkaufte, verlegte Stocker den Unternehmenssitz ab 1964 in die Kreittmayrstraße in der Maxvorstadt. Sechs Jahre später übernahm Siegfried Stocker das Unternehmen von seinem Vater und führte die Hofpfisterei zum rein ökologischen Betrieb, der mit zunehmendem Umweltbewusstsein seine Marktposition festigen konnte. 1988 übernahm die Hofpfisterei die Mehrheitsbeteiligung an der Landshuter Meyermühle, heute Deutschlands Bio-Mühle Nr. 1. Seit 1989 arbeitet die Hofpfisterei mit dem Öko-Landwirtschaftsverband Naturland zusammen, mit dem sie 1992 die Öko-Fleischerei Die Landfrau gründete. Die Landfrau gehört seit 1998 ausschließlich der Hofpfisterei. Heute hat die Hofpfisterei 140 Filialen und 900 Mitarbeiter. Mit Alexander und Nicole Stocker steht schon die nächste Generation des Familienunternehmens in den Startlöchern.

3.9 Meitinger & Co.

Glasermeister Karl Meitinger wollte sich 1876 selbständig machen und fand, dass die äußerst dünn besiedelte Sandstraße der ideale Standort sei. In dem kleinen Betrieb (heute Sandstraße 49) verkaufte er Bilder, gerahmte Spiegel und Bleiampeln. Gemeinsam mit einem Lehrbub und einem Gesellen bot er zudem Fensterreparaturen und Bleiverglasungen an. 1908 übernahm Filius Otto Meitinger das Unternehmen und baute es weiter aus. Er belieferte nun Möbelfabriken aber auch Industriebauten mit Verglasungen aller Art. Nach dem Ersten Weltkrieg beschäftigte Meitinger bereits 40 Arbeiter und war eine feste Größe für Flachverglasungen aller Art. Trotz der totalen Zerstörung des Betriebs im Zweiten Weltkrieg führte Ottos Sohn Karl in der dritten Generation die Firma Meitinger in den Nachkriegsjahren erneut weit nach vorn. Bis dann in den 1970er Jahren der Bauboom endete – und damit die großen Aufträge für Neubauverglasungen mehr und mehr ausblieben. Also hieß es zurück zu den Wurzeln, die alte Handwerkskunst erfuhr eine Renaissance, Bleiverglasungen, Bilderrahmen und vor allem die Ver- und Bearbeitung von Spiegeln sicherten der Firma den Fortbestand. 1973 starb der potenzielle Erbe und Nachfolger in der Firmenleitung Karl-Otto Meitinger im Alter von nur 22 Jahren. Friedrich Eglseder und Helmut Sonnendorfer, beide langjährige Angestellte bei Meitinger & Co., kauften 1977 das Unternehmen von Karl Meitinger und wandelten es in eine GmbH um.

3.10 Hochschule München

Im Gegensatz zu den altehrwürdigen Studieneinrichtungen LMU und TU ist die Hochschule für angewandte Wissenschaften (früher Fachhochschule München) ein junges Küken. Sie wurde erst 1971 mit den vier Ausbildungsrichtungen Technik, Wirtschaft, Sozialwissenschaften und Design gegründet. Die HM wurde damit die Nachfolgerin von sieben Münchner Ingenieur- und Höheren Fachschulen, wie zum Beispiel der Baugewerbeschule, deren Wurzeln bis 1822 zurückreichen. Heute ist die HM mit 14 Fakultäten, mehr als 16.500 Studierenden und rund 500 Professoren die größte Hochschule für angewandte Wissenschaften in Bayern und die zweitgrößte in Deutschland. Neben dem Campus in der Lothstraße gibt es noch den Campus Karlstraße und einen Campus in Pasing.

3.11 St. Benno

Zugegeben, die Lage war weit draußen vor der Stadt, direkt am Rand des damaligen Kasernengürtels, doch die Maxvorstadt wuchs und wuchs, und außerdem konnte man mit einer neuen Kirche gleich Teile Neuhausens seelsorgerisch mitversorgen. Nicht ganz unwesentlich trug zur Standortentscheidung auch noch bei, dass der Erzgießer Ferdinand von Miller großzügig den Baugrund stiftete. Der Zentralkirchenbauverein beauftragte den erst 34-jährigen Architekten Leonhard Romeis, der einen neoromanischen Bau plante. Neoromanik war Ende des 19. Jh. groß in Mode, denn nach der deutschen Reichseinigung wollte man mit diesem Stil an die Zeit des deutsch-römischen Kaisertums anknüpfen. Die Grundsteinlegung erfolgte zum Fest des Hl. Benno am 16. Juni 1888. Sieben Jahre später weihte Erzbischof Antonius von Thoma die Benno von Meißen, dem Stadtpatron Münchens, geweihte Kirche. St. Benno ist eine dreischiffige Basilika mit kreuzförmigem Grundriss, halbrund geschlossenen Querhäusern und einem achteckigen Vierungsturm. 64 m hohe, fünfstöckige Doppeltürme beherrschen die Westfassade. Sieben Glocken hängen auf den Türmen, die große, über 5000 kg schwere Benno- und Marienglocke hängt allein im Südturm und läutet nur an hohen Feiertagen. Johann Hahn goss die drei größten und die beiden kleinsten Glocken in den 1950er Jahren, die anderen zwei Glocken goss Ulrich Kortler 1894.

Gleichnisse aus dem Neuen Testament zieren die Bronzetüren, die nach dem Vorbild des Hildesheimer Doms gestaltet wurden. Prinzregent Luitpold stiftete den Hochaltar: ein quadratischer von Säulen getragener Baldachin, an dessen Ecken die vier von Anton Heß gestalteten Evangelisten sitzen. Der Altar ist als Reliquienschrein gestaltet, geschmückt mit Bronzereliefs mit dem Hl. Benno und Hl. Korbinian (von Heinrich Waderé) sowie die Familienheiligen des Stifters (Luitpold, Ludwig, Augusta und Theresia).

Obwohl Fliegerbomben das Gotteshaus 1944 zerstörten, baute man die Kirche von 1947 bis 1953 entgegen der damaligen Gewohnheit originalgetreu wieder auf, verzichtete aber darauf, die Fresken zu restaurieren.

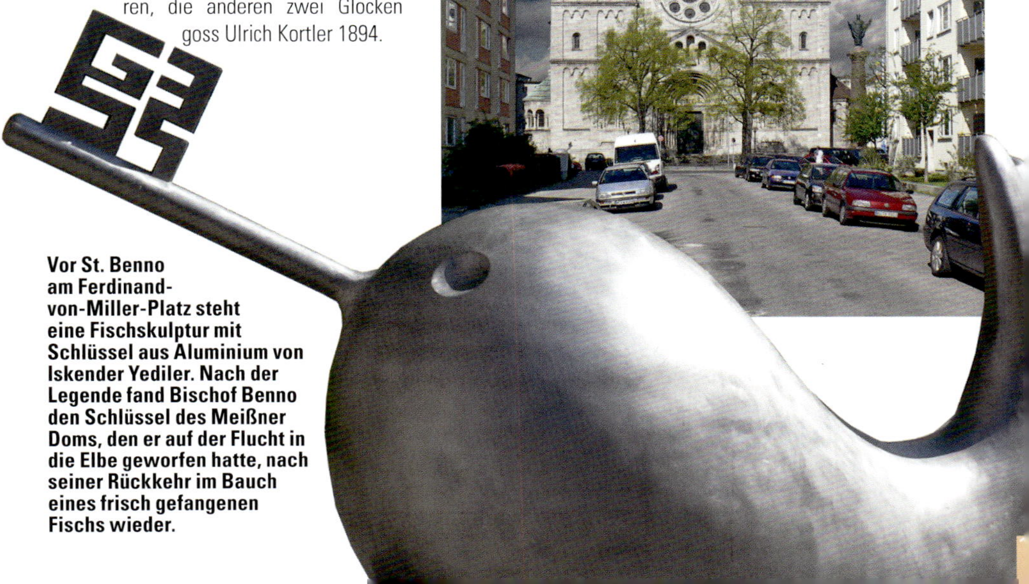

Vor St. Benno am Ferdinand-von-Miller-Platz steht eine Fischskulptur mit Schlüssel aus Aluminium von Iskender Yediler. Nach der Legende fand Bischof Benno den Schlüssel des Meißner Doms, den er auf der Flucht in die Elbe geworfen hatte, nach seiner Rückkehr im Bauch eines frisch gefangenen Fischs wieder.

3.12 Die Erzgießerei

Die Erzgießerei im Jahr 1845

Eine kleine Gusshütte mitten in den Viehweiden jenseits der Stadtgrenze müsste doch reichen, dachte sich Max I. Josef, als er 1822 den Auftrag gab, eine Eisengießerei zu installieren, weil er eine Isarbrücke mit einem Eisengeländer gekrönt sehen wollte. Zum Leiter der Anstalt an der heutigen Erzgießereistraße erkor der König den Münzgraveur Johann Baptist Stiglmaier. 1824 erhielt Leo von Klenze den Auftrag statt einer kleinen Hütte ein dreiflügeliges Gebäude zu errichten, in dem fortan nicht mehr Eisen- sondern die Erzgießerei betrieben wurde. Ludwig I. erhob die Gusshütte 1826 zur kgl. Erzgießerei. Die Aufträge stapelten sich. Schon fünf Jahre später musste ein neues Gusshaus gebaut werden. Die Denkmäler wurden immer monumentaler. Hier entstand auch der Obelisk für den Karolinenplatz und die Figur Max I. Josef vor der Staatsoper. Als Stiglmaier 1844 starb, hatte er bereits mit den Arbeiten zur Kolossalstatue der Bavaria begonnen, der größten Erzstatue der Welt. Nach Stiglmaiers Tod ordnete Ludwig I. an, die kgl. Erzgießerei in eine Kunstanstalt des Staates umzuwandeln; neuer Leiter wurde Ferdinand (von) Miller, Stiglmaiers Neffe.

Miller galt als äußerst talentiert. Er hatte nämlich gemeinsam mit seinem Onkel etwas als absolut unmöglich Geltendes geschafft: Ludwig I. wünschte für den Thronsaal der Residenz zwölf lebensgroße feuervergoldete Ahnenfiguren, die Ludwig von Schwanthaler schuf. Figuren dieser Größe vergolden? Die berühmten Meister in Paris lachten über die »idée d'un fou«; der legendäre Mailänder Gießer Manfredi lehnte rundweg ab, weil die hochgiftigen Quecksilberdämpfe mindestens drei Arbeiter pro Statue das Leben kosten würden. Er wettete sogar, dass er sich die Kehle durchschneiden lassen würde, wenn dem nicht so sei. Dennoch gingen Stiglmaier und Miller ans Werk, bauten ein neues Gießhaus mit einem raffinierten Abluftsystem. Die zwölf Ahnenstatuen konnten dem König geliefert werden, ohne dass dabei Menschenleben gefährdet worden waren. Manfredi schnitt sich trotzdem nicht die Kehle durch.

Miller musste sich nun als Chef beweisen und Schwanthalers Kolossalstatue der Bavaria in Erz gießen. Er ließ eine gigantische Bretterhütte mit mehreren Galerien und Fahrstühlen errichten, um die Modelle unterbringen zu können. 1844 wurde der Kopf, ein Jahr später das Bruststück gegossen. Ludwig I. ermunterte Miller: »Also, nicht mutlos, Miller, wer für die Nachwelt arbeitet, ist kein gewöhnlicher Mensch!« Der Ruf der Nachwelt musste Miller dann auch Lohn genug sein, denn bei den Kosten der 18,1 m hohen, 87,36 t schweren Bavaria machte Miller einen Verlust von 13.000 Gulden. Immerhin demonstrierte die größte Bronzefigur seit der Antike aller Welt, wie leistungsfähig der Maxvorstädter Betrieb war. 1869 wies die Erzgießerei-Bilanz zahllose internationale Aufträge auf, darunter 151 Kolossalstatuen, sechs Reiterstandbilder, acht Erztore, vier Brunnen und Hunderte kleiner Statuen, Büsten, Reliefs.

Zu Millers bekanntesten Arbeiten gehören das Goethe-Schiller-Denkmal in Weimar, das Reiterstandbild George Washingtons in Boston und die Tore des Kapitols in Washington. 1873 kaufte Miller die Erzgießerei dem Staat ab und führte sie mit seinen Söhnen Fritz, Ferdinand und Ludwig weiter. Doch die Geschäfte liefen schlechter, die Auftraggeber sparten. Nur ausgezeichneten Geschäftskontakten nach Amerika verdankten es die Söhne, die nach dem Tod der Vaters 1887, den Betrieb leiteten, das Überleben. 1911 stieg Fritz von Millers Sohn Hanns in das Unternehmen ein. Er fiel jedoch im Ersten Weltkrieg und sein Bruder, Architekt Rupert von Miller, musste während der Kriegsjahre aus der Kunstgießerei eine Industriegießerei für Rüstungsaufträge machen. Danach war die Zeit der großen Bronzen vorbei, die Firma lebte von kleinen und mittleren Bronzen. 1931 mussten die Erben Millers den Betrieb schließen, verschiedene Gewerbebetriebe mieteten sich ein. Das im Krieg beinahe komplett zerstörte Anwesen baute niemand mehr auf. Es dauerte aber bis 1987, bis die letzten Reste abgetragen wurden und Neubauten auf dem Gelände der ehemaligen Erzgießerei entstanden.

Nördlich der Erzgießerei existierte ab 1859 auch ein Erzgießereimuseum, ein Saalbau mit zunächst vier Räumen, in dem Modelle und Formen vieler Denkmäler präsentiert wurden. 1873 befanden sich 87 Modelle aus Künstlerhand hier. Das Museum bestand nach Schließung der Erzgießerei zunächst weiter, wurde dann aber im Krieg zerbombt.

3.13 Bruckmann Verlag

Eigentlich hatte Friedrich Bruckmann, 1814 in Deutz geboren, in der französischen Porzellanmanufaktur Sèvres das Porzellanmalerhandwerk gelernt. Doch nachdem seine Werkstatt, die er mit seinem Bruder betrieb, bei einem Brand vernichtet wurde, sah sich der umtriebige Rheinländer nach einem neuen Geschäftszweig um – und gründete 1858 den Verlag für Kunst und Wissenschaft. Von Frankfurt über Stuttgart führte ihn sein Weg 1863 nach München. Hier hatte er schon länger Kontakt zu dem Maler Wilhelm von Kaulbach. Kaulbach hatte für Bruckmann Goethes Frauengestalten in Tableaus illustriert, deren Reproduktionen sich bestens verkauften. Bruckmann bezog Räume in der Kaulbachstraße, die damals noch Gartenstraße hieß, und konzentrierte sich verstärkt auf die Tätigkeit als Kunstverleger. Die Qualität der Bruckmann-Reproduktionen suchte damals ihresgleichen, schon 1864 richtete Bruckmann eine eigene fotografische Anstalt ein. Zudem brachte Bruckmann kunstwissenschaftliche Nachschlagewerke und Monografien über die bedeutendsten Künstler seiner Zeit – Lenbach, Menzel, Kaulbach und Arnold Böcklin – auf den Markt. 1898 zog der Verlag von der Garten- (heute Kaulbach-)straße in einen von Martin Dülfer errichteten Neubau an die Grenze Neuhausen-Maxvorstadt, Nymphenburger Straße 86. Im selben Jahr verstarb der Firmengründer. Seine Söhne Hugo und Alphons übernahmen das Unternehmen.

Hugo Bruckmann und seine Frau Elsa förderten schon sehr früh Adolf Hitler, führten ihn in ihrem Salon am Karolinenplatz 5 in die bessere Gesellschaft ein. Das Ehepaar unterstützte ab 1928 die »Nationalsozialistische Gesellschaft für deutsche Kultur« – besser bekannt als »Kampfbund für deutsche Kultur«, deren Vorstand Hugo Bruckmann ab 1930 war. Zwei Jahre später zog der Verleger als Abgeordneter für die NSDAP in den Reichstag. Durch Hitler wurde Bruckmann Vorstand des Deutschen Museums, weil Oskar von Miller der NSDAP die Gefolgschaft verweigerte. Immerhin verhinderte Bruckmann in dieser Position, dass die Museumsbibliothek von jüdischen Autoren gesäubert wurde. Durch seine Kontakte zu Hitler erreichte Bruckmann, der 1941 starb, dass sein Verlag als »kriegswichtig« eingestuft wurde.

Nach Kriegsende baute der Bruckmann Verlag verstärkt auf die in den 1920er Jahren gegründete alpine Abteilung – die Zeitschrift *Bergsteiger* erscheint bereits seit 1930. Das Outdoor- und Alpin-Segment wurde konsequent ausgebaut. Seit der Übernahme des J. Berg Verlags 1995 ist Bruckmann Marktführer für Outdoor- und Reisemedien. Heute befindet sich der Verlag in neuen Räumlichkeiten in der Infanteriestraße in Schwabing.

3.14 Augenklinik Karl Theodor

»Ich nehme Sie, aber nicht weil Sie ein Prinz sind, sondern obwohl Sie das sind«, sagte Professor Theodor L. W. Bischoff mit Unbehagen zu dem 29-Jährigen, der sich um einen Medizin-Studienplatz bewarb. Denn es gehörte sich Mitte des 19. Jh. nicht für einen bayerischen Prinzen, so etwas wie Medizin zu studieren. Doch Karl Theodor Herzog in Bayern kümmerte sich nicht darum. Während seine Schwester Sisi Kaiserin von Österreich wurde, büffelte er an der LMU. 1880 machte er seinen Abschluss mit »sehr gut«. Er spezialisierte sich auf die Augenheilkunde, praktizierte unter oft nur behelfsmäßigen Bedingungen in verschiedenen Städten und beschloss schließlich, gemeinsam mit seiner Gattin, der portugiesischen Infantin Marie-José, ein Grundstück in der Nymphenburger Straße 43 zu erwerben. Dort errichtete er eine Augenklinik, die er 1895 als Wohltätigkeitsanstalt für mittellose Augenkranke eröffnete. Dr. Karl Theodor in Bayern praktizierte selbst in der Klinik und finanzierte alles aus eigener Tasche. Nach seinem Tod 1909 übernahm seine Witwe die Leitung und gründete 1917 eine gemeinnützige Stiftung, um den Fortbestand der Einrichtung zu gewährleisten. Zwischen 1978 und 1993 wurde die Klinik umfassend saniert und fachlich wie räumlich neu gestaltet. Bis heute zählt die Augenklinik Karl Theodor zu den renommiertesten Augenkliniken Bayerns.

3.15 Cinema

Wenn ein Kino in München so was ähnliches wie Kult ist, dann eindeutig das Cinema in der Nymphenburger Straße 31. Schüler und Studenten bekamen einst immer enormen Rabatt, weshalb man sich alle neuen Filme sowieso ausschließlich im Cinema anschaute – und trotz des günstigen Eintritts in bequemen Sitzen, bei super Sound und einer riesigen Leinwand. Kult waren in dem 1975 gegründeten Kino auch die Double- oder Triple-Features …
Man muss aber nicht in vergangenen Zeiten schwelgen. Das Cinema ist immer noch technisch auf dem neuesten Stand. Früher zeigte man nur in Ausnahmefällen die Filme in Originalversion, heute bringt das Cinema nur in Ausnahmefällen die deutsch synchronisierte Fassung, was nicht nur die englische Community, sondern vor allem Filmfreaks sehr zu schätzen wissen. Und man hat sich auch seiner älter werdenden Kundschaft angepasst: Nun gibt es Ü50-Filmnachmittage!

3.16 Arzberger Keller

An Stelle des Justizzentrums stand einst der Arzberger-Keller, den die Spatenbrauerei 1827 gekauft hatte. Dort erbaute der Architekt Gabriel von Seidl 1882 im Auftrag von Spaten ein neues, imposantes Lokal im Neorenaissancestil. Der Arzberger-Keller zog nicht nur wegen der Architektur und dem riesigen Biergarten unzählige Besucher an, sondern wegen einer technischen Sensation: Es war der erste Bierkeller Münchens, der übe elektrisches Licht verfügte. Nach der Kriegszerstörung lag das Gelände lange brach, bis Spatenbräu es verkaufte und das Justizzentrum erbaut wurde.

3.17 Justizzentrum

Noch gibt die Maxvorstadt mit den beiden Justizpalästen und dem Strafjustizzentrum in München den juristischen Herzschlag vor. Noch. Denn die Tage des Strafjustizzentrums an der Nymphenburger Straße 16 sind gezählt. Erst im August 1977 war der 100 Mio. Mark teure Betonklotz eröffnet worden. Doch schon schnell zeigten sich massive Baumängel – von Wasserschäden bis zu Asbest. Diverse Renovierungsarbeiten blieben Flickwerk, eine komplette Sanierung bei laufendem Gerichtsbetrieb war unmöglich. Nun soll am Leonrodplatz in Neuhausen ein neues Justizzentrum entstehen. Was mit dem maroden Bau an der Nymphenburger Straße geschieht, ist noch offen.

3.18 Löwenbräu

siehe S. 130

3.19 Franziskaner-Spaten

siehe S. 131

Das einstige Löwenbräugelände

3.18 Löwenbräu

Wann genau der Löwe das erste Mal gebrüllt hat, ist ein kleinwenig umstritten. Offiziell gilt 1383 als Gründungsjahr, andere Quellen nennen sogar das Jahr 1306. Der Name jedenfalls geht wohl auf eine Wirtin namens Ursula Lang zurück. Die ließ nach den Pest- und Schwedenjahren des Dreißigjährigen Kriegs in der Wirtsstube ihres Bräuhauses ein Fresko mit der Darstellung Daniels in der Löwengrube anbringen. Seitdem heißt die Straße, an der das Langsche Bräuhaus lag, ganz offiziell Löwengrube. 1524 war in dem Haus Löwengrube 17 der »pierprew« Jörg Schnaitter ansässig. Als erste »Löwenbräuin« wurde Maria Theresia Gege 1747 schriftlich erwähnt. Zu echter Bedeutung stieg Löwenbräu erst ab 1818 auf, als Georg Brey die Brauerei kaufte. Er sicherte sich Konzessionen für mehrere Braupfannen und erwarb zudem Filserbräu. Schon neun Jahre später musste der Betrieb aufgrund großer Nachfrage erweitert werden und zog aufs Land – auf ein großzügiges Grundstück an der Nymphenburger Straße. Dann erwirkte Brey bei Ludwig I. die Genehmigung für das Brauen eines Starkbieres nach Art des englischen Ale: Das Löwenbräu Bockbier wurde ein Renner, andere Marken zogen nach.

1851 übernahm Ludwig Brey den väterlichen Betrieb und expandierte weiter. 1863 kaufte er Lodererbräu am Oberanger, fortan lieferte Löwenbräu ein Viertel des gesamten Münchner Bierausstoßes und war damit die größte Brauerei der Stadt. Auf dem Höhepunkt des Erfolgs, gerade als sich abzeichnete, dass Spatenbräu Marktführer wurde, verkauften die Breys. Aus dem Familienbetrieb wurde 1872 eine Aktiengesellschaft. 1883 eröffnete Löwenbräu den Löwenbräukeller am Stiglmaierplatz – ein geschickter Schachzug im Kampf der Biergiganten. Der Keller wurde schnell zum Magnet und trug entscheidend dazu bei, dass Spaten seine Führungsrolle wieder an Löwenbräu abgeben musste. Und der Löwe hatte gewaltigen Durst: 1883 kam die Haidhauser Johannisbrauerei zum Konzern, 1889 die Nymphenburger Bennobrauerei, 1891 Maibräu aus Sendling, 1894 die Gabelsberger Brauerei in der Gabelsbergerstraße 65 und zwei Jahre danach die Max-Emanuel-Brauerei in der Adalbertstraße. Um die Verflechtungen der Münchner Brauereien noch komplizierter zu machen: 1907 kam Mathäserbräu zum Löwen, der mittlerweile in alle Welt lieferte und die größte Exportbrauerei des deutschen Kaiserreichs war. Auch während des Ersten Weltkriegs kaufte Löwenbräu Brauerei um Brauerei auf. 1921 fusionierten die Unionsbrauerei Schülein, die sich bereits die einst bedeutende Münchner-Kindl-Brauerei einverleibt hatte, und Bürgerbräu mit Löwenbräu.

Mit den neuen Partnern gehörten nun zahlreiche aufgekaufte, teils uralte Münchner Bräus zum Konzern. Joseph Schülein wurde Generaldirektor. Und obwohl man bereits mit den Spaten-Sedlmayrs verhandelte und sie in den Aufsichtsrat von Löwenbräu holte, gelang eine Fusion der Giganten nicht. 1929 überschritt Löwenbräu als erste Münchner Brauerei die 1-Mio.-Hektoliter-Grenze. Und dann kam die Katastrophe in Form von Adolf Hitler und seinem Terrorregime. Zum einen nutzte Hitler Löwenbräu-Lokale für seine Versammlungen, sogar als Ausgangspunkt für seinen Putschversuch 1923, zum anderen hetzten seine faschistischen Blöker gegen das »Aktienjudenbier«, denn Vorstandsvorsitzender Herrmann Schülein und sein Vater, Aufsichtsratsmitglied Joseph Schülein, waren Juden. Schülein jun. überlebte die Nazizeit in New York, wo er die Liebmann-Rheingold-Brauerei leitete, und kehrte 1949 in den Aufsichtsrat seiner alten Brauerei nach München zurück. Doch von Löwenbräu stand nicht mehr viel, beinahe alle Bauten waren komplett zerbombt. Gebraut wurde trotzdem: dünnes Nachkriegsbier. Bald begann wieder der Export, bald begann auch das Aufkaufen kleiner Brauereien in München und Umgebung. 1965 stieß Löwenbräu erneut über 1 Mio. hl Bier aus. Ab 1974 vergab Löwenbräu Lizenzen an Brauereien von Australien bis Japan, wo »original« Löwenbräu nach den jeweiligen Landesstandards gebraut wird. 1997 erfolgte der Zusammenschluss mit Spaten-Franziskaner zur Spaten-Löwenbräu-Gruppe, die wiederum 2003 von der belgischen Interbrew-Gruppe (seit 2004 nach dem Zusammenschluss mit der brasilianischen Companhia de Bebidas das Américas (AmBev): InBev) geschluckt wurde. Die Abfüllung verlegte man von der Nymphenburger Straße auf das Spaten-Gelände an der Marsstraße. Das stillgelegte Betriebsgelände zwischen Sand-, Nymphenburger und Dachauer Straße wurde 2007 für eine Neubebauung beinahe komplett abgerissen. Dass Spaten-Löwenbräu nicht mehr lange zur Maxvorstadt gehören wird, ist sicher. Die komplette Produktionsverlagerung nach Neubiberg ist längst beschlossene Sache, der Umzug nur eine Frage der Zeit.

3.19 Franziskaner-Spaten

Die beiden eleganten Herren, man mochte sie beinahe Dandys nennen, inspizierten mit nonchalanter Gelassenheit eine englische Brauerei nach der anderen. Wo die Männer auch auftauchten, öffneten sich ihnen Tür und Tor, weil der eine mit seinem Wiener Charme alle einlullen konnte und der andere so distinguiert weltmännisch wirkte. Dabei waren Gabriel Sedlmayr und sein Freund Anton Dreher in England auf Diebestour. Wirtschaftsspionage würde man das heute nennen, im Auftrag von Gabriel Sedlmayr sen. In England hatte damals in den 1830er Jahren längst das Industriezeitalter begonnen, auch im Braugewerbe. Die Sedlmayrs wollten auf Teufel komm raus lernen und ihre Münchner Brauerei auf Vordermann bringen. Gabriel junior streifte im väterlichen Auftrag durch ganz Europa, um nach Rezepten zu suchen und aus dem Münchner Bier was zu machen. Wenn den beiden jungen Männern kein offizieller Blick in die Braubücher gelang, dann griffen sie eben zu raffinierteren Methoden. Der junge Gabriel beschrieb dem Vater, wie er den »beautiful Diebstahl« begehen konnte, ohne aufzufliegen oder gar verhaftet zu werden: »Um dieses zu vermeiden, lassen wir uns jetzt Stöcke machen, von Blech, lackiert, unten mit einem Ventil, so dass, wenn man den Stock hineintaucht, er sich füllt, beim Herausnehmen schließt sich das Ventil, und wir haben das Bier im Stock.« So tauchte Sedlmayr bei den Brauereibesichtigungen seinen Stock in einem unbeobachteten Moment in den frischen Sud. Mit ei-

Flaschenabfüllerei bei Löwenbräu (o.) und die Scheffler (Fassmacher) bei Spaten (u.) um die Jahrhundertwende

nem (ebenfalls »geliehenen«) Saccharometer ließ sich die Stammwürze nachweisen und die Gärung kontrollieren. Keine dreißig Jahre später war Sedlmayrs Spatenbräu die größte Brauerei Münchens.

Dabei hatte alles ganz bescheiden begonnen: Als Gabriel Sedlmayr 1807 Spatenbräu kauft, war es die kleinste unter den immerhin 52 Brauereien Münchens – aber auch eine der ältesten: 1397 tauchte der Vorgänger »Welser Prew« in der Neuhausergasse 4 erstmals urkundlich auf.

Das Spatenbräugelände im Jahr 1920

Die folgenden Jahrhunderte waren von vielen Besitzerwechseln geprägt. Von 1622 bis 1704 gehörte das Bräu dann der Familie Spatt, von der sich der bis heute gültige Name ableitet. Der kgl. Hofbräumeister Gabriel Sedlmayr trug sich schon früh mit Expansionsplänen. So kaufte er 1817 den Filserbräukeller (heute der Spatenkeller in der Bayerstraße). Nach dem Tod des Seniors 1839 übernahmen Gabriel jun. und Joseph die Brauerei, doch schon drei Jahre später kaufte Joseph Sedlmayr die Leistbrauerei und schied bei Spaten aus. Auch Joseph erwarb fortwährend kleine Betriebe, so z. B. 1861 die seit 1363 existierende Franziskanerbrauerei.

Gabriel schluckte derweil den Kalteneckerbräu und heiratete zudem beim Dürnbräu ein. 1851 folgte der insgesamt drei Jahre dauernde Umzug von Spatenbräu in die Maxvorstadt, Marsstraße 46–48. Als erster Münchner Brauer setzte Gabriel Sedlmayr völlig auf Kälte: Würze und Gärbottiche steckte er in Eisbehälter, das fertige Bier lagerte er in kälteisolierten Kellern. Eine Revolution im Brauwesen, die alle sofort übernahmen und die nach über 300 Jahren das Sommer-Brauverbot beendete. Sedlmayr ging sogar noch weiter, er verwendete als erster die von Carl Linde erfundene Eismaschine, womit die industrielle Produktion von Bier ihren weltweiten Siegeszug antrat.

1874 übergab Gabriel seinen Söhnen Johann, Carl und Anton Sedlmayr die Firmenleitung. Im Todesjahr des Seniorchefs 1891 gründete die Spatenbrauerei eine Niederlassung in London. Drei Jahre später braute man als erste Münchner Brauerei ein helles Bier nach Pilsener Art für den Export nach Norddeutschland. Ein Jahr danach schenkte man das völlig neue Helle auch im dunkelbierigen München aus. 1911 traten Fritz und Heinrich Sedlmayr, die Söhne von Anton bzw. Carl, in die Firmenleitung ein. Elf Jahre später kam es zu einer Art Familienzusammenführung: Die Spaten- und die Franziskaner-Leist-Brauerei der verschiedenen Sedlmayr-Familienzweige schlossen sich zu einer Aktiengesellschaft zusammen, der Gabriel und Joseph Sedlmayr Spaten-Franziskaner-Leistbräu AG. Noch im selben Jahr ging man eine Interessengemeinschaft mit der benachbarten Löwenbrauerei ein. Und kurz danach, 1924, erfand ein Texter den heute noch gültigen Werbespruch »Lass dir raten, trinke Spaten«. Man exportierte sogar per Flugzeug nach Amerika. Doch dann kam der Zweite Weltkrieg und mit ihm ein Trümmerfeld entlang der Marsstraße, auf genau 567.839 DM addierte ein akribischer Prokurist den Schaden. Aber Spatenbräu kämpfte sich erneut an die vorderste Front der großen Münchner Brauereien. 1997, im Jahr des 600-jährigen Jubiläums, schlossen sich Spaten- und Löwenbrauerei zusammen. Das Sudhaus wurde 2006 stillgelegt, die Spaten- und Franziskaner-Biere braut nun Löwenbräu.

3.20 Augustinerkeller

Die Legende hält sich hartnäckig bis heute: Die Richtstätte hätte sich einst hier befunden, weshalb es früher ein pietätvolles Musikverbot wegen der einst Geköpften gegeben hätte. Schmarrn! Der Augustinerkeller und die Richtstätte waren über Jahrzehnte nicht mehr (und nicht weniger) als Nachbarn. Nach dem Massenspektakel Hinrichtung zogen sicher einige durstige Kehlen zum Augustiner und analysierten, ob der Scharfrichter diesmal sein Schwert besser als beim letzen Mal geschwungen hätte.
Heute rühmt sich der Augustinerkeller, der älteste Biergarten Münchens zu sein, was schlicht daran liegt, dass er im Geburtsjahr der Biergärten 1812 eröffnete – König Maximilian I. erlaubte nämlich erst ab Januar 1812 den direkten Verkauf von Bier an den von großen Kastanien kühl gehaltenen Kellern der Brauereien. Damals gehörte

das Anwesen noch der Büchl-Brauerei. Bereits 1842 nennt ihn das Münchner Stadtadressbuch den »schönsten von München, obgleich er sich unmittelbar gegenüber der Münchner Hinrichtungsstätte befindet«. Da hieß der Biergarten nach seinem aktuellen Besitzer Knorr-Garten. Erst seit 1880 trägt er den Namen Augustinerkeller. Damals tat noch ein »Bierochse« seinen Dienst: Das Tier trottete immer im Kreis und beförderte so über Seile und ein Windensystem die Bierfässer aus dem Keller nach oben. Die Münchner liebten ihre Bierochsen und sahen ihnen gerne bei der Arbeit zu. Der letzte Ochse ging 1891 in Ruhestand. Der Augustinerkeller zählt heute zu den beliebtesten Biergärten in der Innenstadt und bietet Platz für 5.000 Gäste.

3.21 ZOB

Gut, wir wollen mal nicht päpstlicher als der Papst sein ... Eigentlich liegt der Zentrale Omnibusbahnhof (ZOB) ebenso wie der Hauptbahnhof im Stadtteil Ludwigsvorstadt. Doch wegen der unmittelbaren Nähe zum Arnulfpark wollen wir den ZOB hier auch berücksichtigen. Lange Jahre diente das Gelände, auf dem sich heute der Arnulfpark befindet, als einer von mehreren Busbahnhöfen Münchens. Das futuristische, siebengeschossige Gebäude ist ein Entwurf des Architekturbüros Auer + Weber + Assoziierte. Es ist nicht nur ein neuer, zentraler Verkehrsknotenpunkt, sondern auch ein Dienstleistungs- und Handelszentrum vergleichbar mit einem modernen Flughafen. Ein Konzept, das bei der Eröffnung 2009 für einen Busbahnhof einzigartig in Deutschland war. Neben 29 Terminals, an denen jährlich über 30.000 Reisebusse und 2,5 Mio. Reisende abgefertigt werden, gibt es noch rund 5.500 m² Bürofläche, etwa 3.900 m² Einzelhandels-, Service- und Gastronomiefläche sowie 3.200 m² Veranstaltungsfläche.

3.22 Der erste Münchner Hauptbahnhof

Ludwig I. hielt nicht viel von dem neumodischen Verkehrsmittel Eisenbahn, er glaubte nicht an dessen Zukunft und setzte auf den Ausbau von Wasserstraßen. Der König überließ die Planungen für einen Münchner Bahnhof privaten Investoren. Die München-Augsburger Eisenbahngesellschaft besaß nur ein sehr dünnes finanzielles Polster und konnte sich stadtnahe Grundstücke nicht leisten. Also wurde auf dem Marsfeld nahe der heutigen Hackerbrücke nur ein provisorisches Gebäude mit zwei Kassenhäuschen aus Holz errichtet. Der Bahnhof bestand aus einem Empfangshaus mit zwei Wartesälen und mehreren Diensträumen, einer 75 m langen Halle mit zwei Gleisen und jeweils einer Drehscheibe zum umdrehen der Züge sowie einem Maschinenhaus zur Wartung der Lokomotiven. Am 1. September 1839 wurde der Bahnhof mit der Eröffnung des ersten Streckenabschnitts München–Lochhausen in Betrieb genommen. Mit der Bahn ins Umland fahren wurde schick und schon zwei Jahre später moserten die Münchner, dass der Bahnhof viel zu weit draußen läge und für eine so bedeutende Stadt außerdem viel zu popelig sei. Also sah sich der König doch gezwungen, seine Aufmerksamkeit dem neuen Transportmittel zuzuwenden. Die München-Augsburger Eisenbahn-Gesellschaft wurde 1844 verstaatlicht und drei Jahre später vernichtete ein Großbrand den hölzernen Bahnhof. Nun war Eile geboten. Ludwig I. entschied, dass der neue Bahnhof auf dem Gelände der Schießstätte vor dem Karlstor zu bauen ist. Der Marsfeld-Bahnhof blieb bis zur Fertigstellung des neuen Bahnhofs 1848 in der heutigen Ludwigsvorstadt als Provisorium in Betrieb.

3.23 Hinrichtungsplatz

siehe S. 135

3.24 Circus Krone

siehe S. 138

3.25 Wittelsbacher-Gymnasium

Carl Orff drückte hier die Schulbank, ebenso Eugen Roth, Alfred Andersch, Peter Sloterdijk und auch Dieter Kronzucker. Und noch ein bekannter Name gehört zur Geschichte des Wittelsbacher-Gymnasiums: Gebhard Himmler, der Vater von Heinrich Himmler, war hier einst Rektor. Alfred Andersch beschrieb seine Schulzeit unter Himmler in der Novelle *Der Vater eines Mörders*. Das Gymnasium am Marsplatz 1 wurde 1907 eingeweiht. Direkt daneben befanden sich Kasernen und andere Militäreinrichtungen wie das Kadettencorps. Das Corps wurde 1920 aufgehoben und der Schule als real-gymnasialer Zweig eingegliedert. Weil das Gebäude die Zerstörungen des Zweiten Weltkriegs weitgehend unbeschadet überstand, beherbergte es zeitweise auch die ausgebombte Ludwigs-Realschule (heute Erasmus-Grasser-Gymnasium) und das Ludwigsgymnasium. Die ersten Mädchen wurden 1974 aufgenommen.

3.23 Der Hinrichtungsplatz

In Zeiten, als es noch keinen Fernseher gab, gehörten Hinrichtungen zu den beliebtesten Massenspektakeln. Bis 1254 versammelte man sich dazu auf dem Marienplatz. Der platzte bald aus allen Nähten. Also zog man vor die Tore der Stadt, wenn Delinquenten geköpft werden sollten. Etwa ab 1331 befand sich die »Hauptstatt« vor dem Neuhauser Tor auf dem »Unserer lieben Frauenfeld« genannten Areal. Auf dem Weg passierten die Delinquenten das »Armesünderkreuz«, wo man sie ihr letztes Gebet sprechen ließ. 1740 erbaute man an Stelle des Kruzifixes eine Kapelle, die man wegen der auffälligen Wandfarbe »Rote Kapelle« nannte. 1772 riss man sie ein und errichtete auf diesem Gelände zwei große Salzstadel (Salzlager). Da nun bei Hinrichtungen der Platz für die ständig wachsende Schar an Schaulustigen nicht mehr ausreichte, verlegte man den Hinrichtungsplatz weiter stadtauswärts. Aus den Salzstadeln wurden später Kasernen, schließlich mussten sie dem Bau des Münchner Hauptbahnhofs weichen. Die alte Hinrichtungsstätte war ungefähr da, wo sich heute die Halle des Starnberger Bahnhofs befindet.

Hartnäckig hält sich bis heute die Legende, der letzte große Münchner Hinrichtungsplatz in der Maxvorstadt hätte sich auf dem Gelände des Augustinerkellers an der Arnulfstraße befunden. Das ist schon allein vom Zeitraum her nicht möglich: Die Geschichte des Bierkellers geht bis 1812 zurück. Öffentlich geköpft wurde aber bis 1861. Das Mitte des 19. Jh. entstandene Aquarell von Josef Puschkin beweist, dass die Münchner ihre Verbrecher auf dem Marsfeld zwischen Wrede- und Zirkus-Krone-Straße köpften. Letztmalig schwang der Scharfrichter übrigens am 12. Mai 1854 sein Schwert. Der durchaus versierte Henker Mathias Schellerer (immerhin hatte er schon 73 Herrschaften perfekt enthauptet) benötigte allerdings sieben Schwerthiebe, um den 19-jährigen Mörder Christian Hußendörfer zu köpfen. Das blutige Gemetzel hatte »mehrere Übelkeiten unter dem Civil wie unter dem Militär zu Folge«, wie Stadtchronist Ulrich von Destouches zu berichten wusste. Das Militär musste sogar eingreifen und den Henker schützen, weil die aufgebrachte Menge ihn lynchen wollte. Die Stadt München führte daraufhin sofort das Fallbeil ein. Die letzte öffentliche Hinrichtung auf dem Marsfeld fand dann am 9. November 1861 statt, als der Dienstknecht Franz Klaushammer für den Mord an einem Bauern unter die Guillotine kam.

Gehenkt und verbrannt wurde seit 1460 all die Jahrhunderte weiter südlich an der Schwanthalerhöhe Ecke Hackerbrücke/Landsberger Straße.

3.26 Marsfeld

Schon früh nutzten die Truppen der Kurfürsten die Neuhauser Heide als Exerzierplatz und Übungsgelände. Die Neuhauser Bauern beschwerten sich seit 1603 erfolglos über die Flurschäden, die die Soldaten auf ihren Feldern und Wiesen anrichteten. 1804 ließ daraufhin das Kriegsministerium das Areal, das damals bis zur Landshuter Allee reichte, mit einem Wall umgeben – das Marsfeld entstand nach dem Vorbild des »Campus Martius« in Rom, das dem Kriegsgott Mars geweiht war. 1835 ließ die Regierung die Neuhauser, die das Gelände nie verkauft hatten und ununterbrochen Entschädigung forderten, enteignen. Die Stadt München erhielt sieben Jahre später das Wegerecht. Die Unebenheiten des riesigen Geländes führten schließlich dazu, dass der Exerzierplatz auf das Oberwiesenfeld verlegt wurde. Das Oberwiesenfeld begann damals an der Dachauer-/Ecke Maßmannstraße. Auf dem Marsfeld beschloss man den Bau von Militäreinrichtungen und verkaufte dann den Rest als Baugelände. Schon 1858 sollte eine Kaserne entstehen, doch die an der Landsberger Straße gelegene Schwefelsäurefabrik Buchner verpestete die Gegend mit so üblen Gerüchen, dass man erst deren

Die einstige Kriegsakademie steht noch heute.

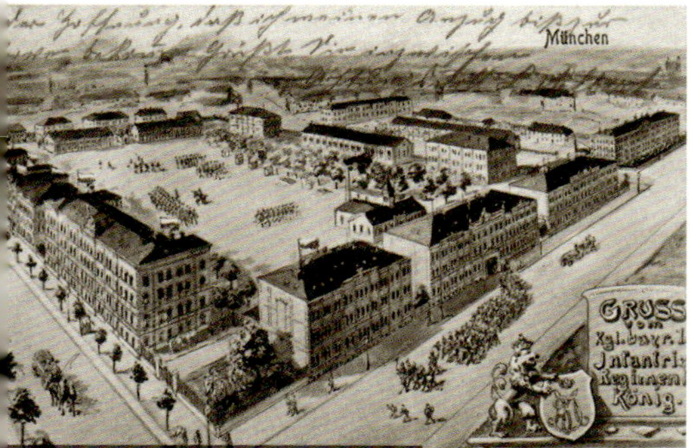

Die Marsfeldkaserne 1907

Die Kriegsschule 1914

Heutiger Blick vom Marsfeld Richtung Innenstadt

Schließung abwarten musste. 1888 begannen die Bauarbeiten zur Marsfeldkaserne für die Einheiten aus der völlig veralteten Salzstadelkaserne.

Am Nordrand des Marsfelds befand sich die Schule für das Kadettenkorps mit Internat in einem Neorenaissance-Bau in Backsteinoptik entlang der Blutenburgstraße. Dazu kamen die Inspektion der Militärausbildungsanstalten, die Artillerie- und Ingenieurschule und die Kriegsakademie, sowie eine Kriegsschule (Pappenheim-/Ecke Blutenburgstraße), in deren großem Hörsaal 1924 der Hitler-Prozess stattfand. Heute nutzt die Telekom das Anwesen.

Nach dem Ersten Weltkrieg gehörte die Besatzung der Marsfeldkaserne im November 1918 zu den ersten Einheiten, die sich dem Revolutionszug Kurt Eisners anschloss. Auf dem Gelände des Marsfelds paradierte später noch die SA, doch zu dieser Zeit hatte schon die zunehmende Bebauung des einstmals gigantischen Areals begonnen. Heute ist von einem Platz nicht mehr viel zu merken. Auf dem Marsfeld befinden sich u. a. der **Circus-Krone-Bau**, das **Landeskriminalamt**, das **Wittelsbacher-Gymnasium**, die **Blutenburgschule**, die Münchner **Finanzämter** und die **Oberpostdirektion**.

3.27 Blutenburgschule

Ein beeindruckendes vierstöckiges Schulgebäude mit Uhrenturm beherrschte einst den vorderen Marsplatz. Architekt Friedrich Loewel hatte es entworfen und 1890 fertigstellen lassen. 29 Klassen mit jeweils mehr als 50 Schülern wurden hier unterrichtet. Das Gebäude, das im Zweiten Weltkrieg als Reservelazarett diente, fiel dem Bombenhagel zum Opfer. Ganz in der Nähe, an der Blutenburgstraße 3, eröffnete 1957 die Nachfolgeschule, gebaut nach Plänen von Ernst Hürlimann. Seit 1969 ist die ehemalige Volksschule nur noch Grundschule. Lange gab es hier zweisprachige türkische Klassen mit türkischen Lehrern. Das Modell wurde im Jahr 2000 abgeschafft, seitdem lernen Schüler mit Migrationshintergrund in speziellen Übergangsklassen Deutsch.

Detail der Wandgestaltung an der Blutenburgschule

3.28 Landeskriminalamt

Bereits kurz nach Kriegsende gründete das Innenministerium nach Vorbild der US-amerikanischen Militärpolizei am 11. Mai 1946 das »Landeserkennungsamt«, um »den örtlichen Polizeibehörden in der Bekämpfung des Verbrechertums Hilfe zu leisten und sie durch die Einrichtung des Kriminalnachrichtendienstes, des Kriminaltechnischen Laboratoriums und des Kriminalwissenschaftlichen Instituts zu unterstützen«. Das neue Amt bestand aus 15 Beamten, acht Angestellten und drei Arbeitern. Nach notdürftigen Reparaturmaßnahmen zog die Gruppe in das Palais Dürckheim (Türkenstraße 4), das vor dem Krieg im Polizeidienst gestanden hatte: als Polizeikrankenhaus. Der erste Präsident Robert Heindl machte aus seiner kleinen Behörde innerhalb weniger Jahre eine der modernsten Einrichtungen zur Verbrechensbekämpfung. Die Mitarbeiterzahl stieg, Ausweichräume in der Königinstraße 23 mussten angemietet werden.

Das Künftige LKA hieß nun denkbar ungriffig »Zentralamt für Kriminalidentifizierung, Polizeistatistik und Polizeinachrichtenwesen im Bayerischen Staatsministerium des Inneren« und bekam weitere Arbeitsgebiete der Landespolizei zugeschlagen. Wieder wurden Mitarbeiter ausgelagert. Diesmal in die Winzererstraße 9, wo heute das Staatsministerium für Arbeit und Sozialordnung, Familie und Frauen seinen Sitz hat. 1952 endlich erfolgt die Umbenennung in Bayerisches Landeskriminalamt und die Mitarbeiter bekamen fortan polizeiliche Kompetenz bei schweren und überregionalen Delikten. Zehn Jahre später wurden alle 487 Mitarbeiter in den Neubau an der Maillingerstraße 15 zusammengelegt. Hier hatte zuvor die Artilleriekaserne gestanden, die zu der ab 1887 erbauten Marsfeldkaserne gehörte. Die Artilleriekaserne war im Krieg zerstört worden. Apropos Zerstörung: am 12. Mai 1972 detonierte eine Bombe der Terrorgruppe RAF auf dem Parkplatz des LKA, sie verletzte drei Beamte. Heute verfügt die Behörde über rund 1.600 Mitarbeiter und ist in 6 Abteilungen, 19 Dezernate und 85 Sachgebiete gegliedert.

3.24 Circus Krone

Der Anfang liest sich bescheiden: In zwei Käfigwagen wurden dem gaffenden Publikum Braunbären und Wölfe vorgeführt. Carl Krone gründete mit diesen Attraktionen 1870 seine Menagerie Continental und zog über die Jahrmärkte. Langsam baute er sein Programm aus. Dressurnummern ergänzten die Tierschauen. Doch bei einer Bärendressur kam es zur Tragödie: Fritz Krone, der vom Vater Carl zum Nachfolger auserkoren worden war, wurde von einem Bär getötet. Seinen Bruder Carl junior hielt das nicht davon ab, immer sensationellere Dressurnummern zu wagen. Zunächst aber erfand er den sicheren Gittergang vom Käfig in die Manege. Als »Dompteur Charles« präsentierte er im Jahr 1893 zum ersten Mal den Ritt eines Löwen auf einem Pferd: die absolute Weltsensation.

Nach dem Tod des Vaters im Jahr 1900 übernahm Carl den Wanderzirkus samt 24.000 Mark Schulden. Doch Carl stemmte das schier unmögliche Unterfangen, den Betrieb, der sich nun Circus Charles nannte, zu retten. Er heiratete Ida Ahlers, wie er ein Zirkuskind; sie war mit ihrem Vater und dessen »Affentheater« durch die Lande gezogen. Gemeinsam machten sie 1905 aus ihrem Wanderzirkus den Circus Krone. Ida Krone übernahm nun die Dressurnummern von ihrem Mann und stand alleine mit bis zu 24 Löwen in der Manege. Neben den Tiernummern gehörten die sehr beliebten Völkerschauen zum Programm. Exotische Völker aus Asien, Afrika und Amerika wurden dem zahlenden weißen Publikum in »natürlicher« Umgebung vorgeführt.

Der Erste Weltkrieg brachte zwar auch das freudige Ereignis, dass sich mit Tochter Frieda bei den Krones Nachwuchs einstellte, er zeigte Carl Krone aber auch, wie verteufelt schwierig es war, so viele Menschen und Tiere sicher durch entbehrungsreiche Zeiten zu bringen. Also beschloss Carl ein festes Haus zu errichten. Er verhandelte parallel mit Frankfurt und München. Die Frankfurter schienen noch weniger bereit gewesen zu sein, fahrendem Volk beim Sesshaft-Werden zu helfen, also kam der Circus Krone nach München. Am 10. Mai 1919

»Ohne Concurrenz« – ganz unbescheiden bewarb Carl Krone seinen Zirkus auf dem Oktoberfest im Jahr 1900.

eröffnete mitten auf dem Marsfeld, gleich hinter der ehemaligen Hinrichtungsstätte, ein Holzbau mit Platz für 4.000 Besucher. Die Premiere gestaltete sich spektakulär: Elefanten und gleich sieben dressierte Eisbären rissen das Publikum zu Begeisterungsstürmen hin, außerdem traten Schlierseer Schuhplattler auf – ob als Teil der exotischen Völkerschau oder als Reminiszenz an die neue bayrische Heimat sei mal dahingestellt. Der Schutzverband der Varieté-, Kleinbühnen- und Singspielgesellschaften stand Kopf und schäumte angesichts der dauerhaften Anwesenheit eines Zirkus in der Stadt, doch alle Klagen halfen nichts, der Circus Krone bekam im Dezember die Dauerkonzession. Obwohl in Zeiten der Not und der Inflation häufig Naturalien statt Geld für ein Ticket eingetauscht wurden, konnte Carl Krone seinen Standort ausbauen. Ein Steinbau ersetzte bald den hölzernen, eine Dampfheizung sorgte bei den exotischen Tieren für passendes Stallklima. Langsam pendelte sich auch der bis heute gültige Rhythmus ein: Im Sommer ging es auf Tournee, im Winter bleibt man in München. Schließlich wagte Krone sogar den großen Schritt zu einer Auslandstournee. Mit zwei Sonderzügen ging es nach Italien. Krone, ganz gewiefter Geschäftsmann, eroberte die Herzen der Italiener im Sturm, indem er die Einnahmen von fünf Vorstellungen für Kriegswaisen spendete. Die Italientour geriet zum Triumphzug, selbst König Viktor Emanuel III. sah sich die Vorstellung an. Krone investierte weiter, baute immer größere Zelte, die bis zu 10.000 Zuschauer fassten. 285 Eisenbahnwagen brauchte der Zirkus bei der Tournee 1930 für 1.200 Angestellte, 27 Elefanten, 42 Tiger, 35 Löwen, 25 Eisbären, 10 Braunbären, 30 Riesenschlangen, 250 Pferde und weitere nicht gezählte Tiere. Die Giraffen reisten bequem in extra hohen Waggons – bis ein Tunnel kam, dann mussten sich die Tiere bücken und die Waggondecke wurde heruntergezogen.

Doch die Glanzzeit ging zu Ende. Während der NS-Diktatur musste der Zirkus möglichst lange auf Tournee bleiben, um das Volk bei Laune zu halten. Erst als sich die Fliegerangriffe der Alliierten häuften, durfte der Zirkus seine Tiere auf ein Gut bei Weßling, das Carl Krone als Gnadenhof für alte Tiere und Aufzuchtstation für den Nachwuchs erstanden hatte, in Sicherheit bringen. Frieda Krone übernahm nach Carls Tod 1943 die Leitung des Unternehmens und eröffnete schon im Dezember 1945 die erste Nachkriegsspielzeit in einem Provisorium, denn das Kronegelände in München war schwer verwüstet worden.

Die Beatles spielten im Circus Krone 1966 zum Auftakt ihrer Welttournee.

Der heutige Bau mit seinen 5.000 Plätzen ging 1958 in Betrieb und öffnete sich ganz neuen Spektakeln. Seitdem finden hier auch Pop- und Rockkonzerte statt. 1965 rockten die Rolling Stones erstmals die Münchner, ein Jahr später starteten die Beatles im Krone-Bau ihre Welttournee.

Jahrzehntelang begeisterten auch die *Stars in der Manege* ein Millionenpublikum. Die Veranstaltung fand erstmals 1959 statt, damals noch unter dem Namen *Wohltätigkeitsveranstaltung zur Rückführung der Münchner Evakuierten.* Prominente traten als Artisten, Dompteure oder Clowns auf, um Geld für einen guten Zweck zu erspielen (ursprünglich für notleidende Künstler und Journalisten, seit 1998 zu zwei Dritteln für Münchner Kinder in Not). Obwohl die *Stars in der Manege* eine Institution zur Weihnachtszeit waren, stellte der BR die Sendung 2009 wegen zu niedriger Quoten ein.

Durch den wildromantischen kleinen Park gesehen, verliert das Finanzamt seinen Schrecken.

3.29 Finanzämter

Rund um den Marsplatz, in der Deroystraße 4–20, finden sich seit 1968 (bzw. mit Fertigstellung des zweiten Bauabschnitts 1977) die Finanzämter München II bis V und außerdem das Landesamt für Finanzen. Die Finanzämter haben alle eine unterschiedliche Geschichte, da sie früher verschiedene Aufgaben hatten und mehrere Umbenennungen erfuhren. Seit einer Reform von 1977 sind die Finanzämter nicht mehr für Steuerarten oder Stadtgebiete zuständig, sondern für Buchstabengruppen. So auch das Finanzamt München I, das früher das Finanzamt München-Land war und seit 1954 in der Karlstraße 9–11 sitzt. Ebenfalls in der Karlstraße: das Finanzbauamt München II. Gleich um die Ecke, Karlstraße 21/Katharina-von-Bora-Straße 4, nutzt das Finanzamt für Körperschaften ein 1829 vom Stadtbaumeister Josef Höchl als Wohn- und Mietshaus errichtetes Gebäude. Das Haus kaufte 1908 die Kunsthändlerfirma Bernheimer. 1936 rissen es NSDAP-Schergen an sich, um dort die Reichsärztekammer einzurichten. Nach Kriegsende nutzte es zunächst die Oberfinanzdirektion. Seit April 1951 befindet sich das Finanzamt München für Körperschaften in dem denkmalgeschützen Gebäude, dessen sogenannte Zwickelornamente der gerahmten Rundbogenfenster im 2. Stock als besonders kunsthistorisch bedeutend gelten.

3.30 ehem. Postfuhramt

Die imposanten Gebäude an der Arnulfstraße 60 und 62 gehören zu den wenigen noch erhaltenen Bauten der 1920 gegründeten Bayerischen Postbauschule. Unter Federführung des Architekten Robert Vorhoelzer entstanden in München (und ganz Bayern) zahlreiche Postbauten im Stil des sogenannten Neuen Bauens. Das einstige Paketzustellamt an der Arnulfstraße wurde 1925–1930 nach Plänen von Vorhoelzer, Walther Schmidt und Franz Holzhammer gebaut. In der Mitte des Osthofs befindet sich die runde Paketverteilhalle mit 52 m Durchmesser, die man von der Wredestraße aus einsehen kann. In den 1980er Jahren wurde der Kuppelbau zur Kantine umfunktioniert und später als Event- und Partylocation vermietet. Momentan wird der Umbau der ehemaligen Postanlage als (natürlich hochpreisige – wir sind ja in München) Wohnanlage mit Luxushotel geplant.

3.31 Arnulfpark

Das rund 18 ha große Gebiet zwischen Hacker- und Donnersbergerbrücke, im Süden begrenzt durch den Gleiskörper, im Norden durch die Arnulfstraße, diente einst als Container- und dann auch als Busbahnhof. Später fand hier jeden Samstag ein großer Flohmarkt statt und das Tollwood-Festival nutzte das Areal als Quartier. Damit war es ab Februar 2004 vorbei, als die Immobiliengesellschaft Vivico begann, das Areal zusammen mit Wohnbauträgern und gewerblichen Investoren zu entwickeln. Insgesamt entstanden 1.000 Wohnungen und rund 4.500 Büroarbeitsplätze. Das ehemalige Heizkraftwerk an der Donnersbergerbrücke wurde umgebaut und dient mit einem Theater und Gastronomie als eine Art kulturelles Zentrum des Neubaugebiets. Die Straßen im Arnulfpark wurden nach deutschen Filmschaffenden benannt, die Querachse bildet die Marlene-Dietrich-Straße.

3.32 Krauss-Lokomotiven

Rauchende Schlote: 1866 gründete der gebürtige Augsburger Georg Krauß (später erst mit Doppel-S geschrieben) seine »Locomotivfabriken Krauß & Comp.« auf dem Marsfeld an der Grenze zwischen Maxvorstadt und Neuhausen. Der bereits etablierte Lokomotivenfabrikant Maffei tobte. Das Gemälde von Friedrich Perlberg zeigt die Fertigstellung der 1000. Krauss'schen Lokomotive 1882, rechts das Wohnhaus des Firmenchefs. Die Fabrik zog 1905 nach Allach und fusionierte 1931 mit der bankrotten Lokomotivenfabrik Maffei.

Neuhausen
Lothstraße
Cranach-straße
Dachauer Straße
Loristraße
Gaiglstraße
Kreittmayrstraße
Lothstraße
Loristraße
Erzgießereistraße
Limprunstraße
Sandstraße
Nymphenburger Straße
Adam-straße
Blutenburgstraße
Maillingerstraße
Pappenheimerstraße
Karlstraße
Marsplatz
Spaten-straße
Deroystraße
Pranckh-straße
Tillystraße
Wredestraße
Circus-Krone-Straße
Marsstraße
Denis-straße
Marlene-Dietrich-Straße
G.-Mosheim-Straße
Klaus-Mann-Platz
Erika-Mann-Straße
Grasserstraße
Arnulfstraße
Herbst-straße
Hopfenstraße
Seidlstraße
Hirtenstra
Hackerbrücke
Hauptbahnh

Jenseits der Dachauer Straße beginnen die ruhigeren Wohngegenden der Maxvorstadt, in denen deutlich weniger Leben tobt, als in Uni- oder TU-Nähe. Große Areale sind zudem immer noch von den Brauereien belegt. Hier eine kleine Auswahl an Gastro- und sonstigen Tipps:

Cafés • Kneipen

Pinocchio
Nymphenburger Str. 33
Eisdiele

Essen

1 Augustiner Keller
Arnulfstr. 52
großer Biergarten, Restaurant, siehe S. 133

2 Baal
Kreittmayrstr. 26
Restaurant, Osteria, Kneipe mit Wänden voller Bücher

Fujisan
Nymphenburger Str. 3
japanisch

5 Hans im Glück
Nymphenburger Str. 69
stylischer Burgergrill, Café

L' Antipasto Nuovo
Sandstr. 33
mediterran

Lori's
Loristr. 14
mediterran

Mai Ly
Maillingerstr. 7
japanisch

6 Moccar Pompidou
Grete-Mosheim-Str. 15
Crossover-Küche, mit 25 m längste Bar Münchens

Natraj
Nymphenburger Str. 26
indisch

Bräustüberl zum Spaten
Marsstr. 16
Brauereilokal

3 Curry 62
Wredestr. 62
original Berliner Currywurst

Delila
Nymphenburger Str. 20
Restaurant, Café

4 Franzjosef
Nymphenburger Str. 64
bayer.-int. Restaurant bei der CSU-Parteizentrale

Rechthaler Hof
Arnulfstr. 10
alpenländisch

Salt
Rundfunkplatz 4
internationale Küche

Slovenija Grill
Dachauer Str. 147
Restaurant, Steakhaus

Weinhof Österreich
Nymphenburger Str. 21
österreichisch

workers deli sausage & bar
Nymphenburger Str. 69
Bar, Restaurant

Kino

7 Cinema
Nymphenburger Str. 31
spezialisiert auf englischsprachige Filme in Originalfassung, siehe S. 129

Bücher

Akademische Buchhandlung Christine Bauer
Nymphenburger Str. 48

Galerien

Ambacher Contemporary
Lothstr. 78 a

Special

8 Freiheiz
Rainer-Werner-Fassbinder-Platz. 1
die Konzertbühne und Eventlocation als kulturelles Herz des Arnulfparks befindet sich im ehemaligen Heizkraftwerk; zugegeben: das Freiheiz liegt bereits jenseits der Maxvorstadt in Neuhausen …

Die Straßennamen

Ein Rest der alten Kleinbebauung ist in der Augustenstraße erhalten.

Wer waren all die Damen – von Adelheid bis Therese –, nach denen so viele Straßen der Maxvorstadt benannt sind? Diese und alle weiteren Fragen zur Herkunft der Straßennamen im Viertel werden hier beantwortet. Ebenso, welche Berühmtheit wo wohnte (Hausnummern nach heutiger Nummerierung)!

Adalbertstraße

(seit 1838) Der vierte Sohn König Ludwigs I., Adalbert Wilhelm (1828–1875), war Prinz von Bayern und Erbprinz von Griechenland. Die Straße hieß vorher Letzte Straße.

15	Georg Steinicke *(Buchhändler)*
34, 41	Frank Wedekind *(Schriftsteller)*
41, 47	Friedrich Huch *(Schriftsteller)*
48	Gabriele Münter *(Malerin)*
108	Julius Diez *(Maler)*

Adamstraße

(seit 1889) Die Adams waren eine Künstlerfamilie. Stammvater Albrecht Adam (1786–1862) studierte Kunst in Wien, kam 1807 nach München und machte sein Faible für die gewaltigen Schlachten zum Gelderwerb. Bruder Heinrich und Albrechts Söhne Benno, Franz, Eugen und Julius sowie die Enkel Emil und Julius plus Urenkel Richard Benno machten sich ebenfalls als Künstler einen Namen.

Adelheidstraße

(seit 1898) Henriette Adelheid von Savoyen (1636–1676) wurde als 14-Jährige mit dem späteren Kurfürsten Ferdinand Maria von Bayern vermählt. Sie galt als wesentliche Förderin der Bauprojekte Schloss Nymphenburg und Theatinerkirche.

Akademiestraße

(seit 1876) Benannt nach der Akademie der Bildenden Künste.

5	Hermine Körner *(Schauspielerin)*
7	Alfred Rosenberg *(NS-Philosoph)*
9	Erich Mühsam *(Schriftsteller)*
9, 13	Wilhelm Herzog *(Schriftsteller)*
11	Ernst Toller *(Dramatiker)*
15	Berthold Brecht *(Schriftsteller)*
21	Frank Wedekind *(Schriftsteller)*

Amalienstraße

(seit 1812) Amalie Auguste von Bayern (1801–1877), Zwillingsschwester der Königin Elisabeth von Preußen, kam als viertes Kind von Max I. Joseph zur Welt. Durch Heirat mit Johann von Sachsen wurde sie Königin von Sachsen.

2, 57	Paul Klee *(Maler)*
11	Erich Kuby *(Schriftsteller)*
14	Wilhelm Hüsgen *(Bildhauer)*
16	Heinrich Himmler *(Reichsführer SS)*
	Frank Wedekind *(Schriftsteller)*
42	Georg Queri *(Schriftsteller)*
	Georg Schrimpf *(Maler)*
50, 53	Henrik Ibsen *(Schriftsteller)*
65	René Prevot *(Schriftsteller)*
79	Gerhard Polt *(Kabarettist)*
81	Georg Fuchs *(Schriftsteller)*
95	Willi Graf *(Widerstandskämpfer)*

Arcisstraße

(seit 1826) Beim ostfranzösischen Arcis-sur-Aube, einem Dorf südwestlich von Nancy, schlugen alliierte Armeen, darunter bayrische Truppen unter Carl Philip von Wrede, 1814 das Heer Napoleons. Die Straße hieß vorher Ludwigstraße.

16/Rgb.	Julius Diez *(Maler)*
35	Wilhelm Bertsch *(Architekt)*
44	Eduard von Kayserling *(Schriftsteller)*
46	Joachim Ringelnatz *(Schriftsteller)*

Arcostraße

(seit 1862) Die Arcos sind ein altes Tiroler Adelsgeschlecht, deren treuer Dienste sich die bayerischen Herrscher jahrhundertelang sicher sein konnten. Ludwig Graf Arco besaß bis 1860 ein Palais in dieser Straße.

Arnulfstraße

(seit 1890) Arnulf Prinz von Bayern (1852–1907), der jüngste Sohn des Prinzregenten Luitpold, diente sein Leben lang in der bayerischen Armee, zuletzt als Generalfeldmarschall. Vorher hieß die Straße Salzstraße, weil hier die städtischen Salzstadel lagen.

Augustenstraße

(seit 1812) Auguste Amalia Ludovica von Bayern (1788–1851), die älteste Tochter von Max I. Joseph, sorgte dafür, dass ihr Vater bayerischer König wurde, indem sie Napoleons Befehl folgte und Eugène de Beauharnais, Stiefsohn des französischen Kaisers, heiratete.

19	Ludwig Thoma *(Schriftsteller)*
77	Franz von Stuck *(Maler)*
85	Julius Diez *(Maler)*

Bahnhofplatz

(seit 1867) Heißt nach dem Gebäude, vor dem er liegt: dem Münchner Hauptbahnhof.

Barer Straße

(seit 1826) Der Ort Bar-sur-Aube in der französischen Region Champagne-Ardenne war in mehreren Kriegen heiß umkämpft. Der Straßenname soll an die Schlacht 1815 gegen Napoleons Truppen erinnern. Sie hieß vorher bis zum Karolinenplatz Carolinenstraße, nach dem Platz Wilhelminenstraße.

11	Rainer Maria Rilke *(Schriftsteller)*
19	Lola Montez *(Geliebte Ludwigs I.)*
26	Georg Fuchs *(Schriftsteller)*
26, 47, 57	Paul Klee *(Maler)*
37	Erich Mühsam *(Dichter)*
37, 60	Fritz von Uhde *(Dramatiker)*
37, 47	Oskar Maria Graf *(Autor)*
38	Ludwig Thoma *(Schriftsteller)*
40	Olaf Gulbransson *(Zeichner)*
47	Paul Klee *(Maler)*
50	Hermann Bahr *(Schriftsteller)*
57	Hans Frank *(Reichsrechtsführer)*
65	Marcel Duchamp *(Künstler)*
69	Thomas Mann *(Schriftsteller)*
86	Alfred Rosenberg *(NS-Philosoph)*

Bernhard-Wicki-Straße

(seit 2004) Der Österreicher Bernhard Wicki (1919–2000) machte erst als Schauspieler Karriere (*Die letzte Brücke*, 1954). Später arbeitete er erfolgreich als Regisseur.

Blutenburgstraße

(seit 1877) Das Schloss Blutenburg an der Würm (heute im Stadtteil Obermenzing) wurde 1432 erstmals schriftlich erwähnt, als Herzog Albrecht III. die »Pluedenburg« für seine Geliebte, die Augsburger Baderstochter Agnes Bernauer, zum Liebesnest ausbauen ließ.

Blütenstraße

(seit 1877) Der einst hier verlaufene Feldweg muss so mit Blüten gesäumt gewesen sein, dass man ihm den blumigen Namen gab.

3	Ferdinand von Reznicek *(Zeichner)*
3, 9	Rudolf Wilke *(Zeichner)*
8	Rainer Maria Rilke *(Schriftsteller)*
10	Max Dasio *(Maler)*
19	Helene Boehlau *(Schriftstellerin)*

Brienner Straße

(seit 1826) Bei Brienne-le-Château musste sich Napoleon den Truppen des preußischen Feldmarschalls Blücher, darunter auch bayerische Einheiten, geschlagen geben. Die Straße hieß vorher bis zum Königsplatz Königstraße, danach Kronprinzstraße, außerdem sollte sie auf Beschluss des Stadtrats vom 5. April 1933 in Adolf-Hitler-Straße umbenannt werden, doch der Diktator zeigte sich ungewöhnlich uneitel und verzichtete auf die Umsetzung.

21	Richard Wagner *(Komponist)*
32	Ignatius Taschner *(Bildhauer)*
48	Rainer Maria Rilke *(Schriftsteller)*

Cranachstraße

(seit 1902) Lucas Cranach d. Ä. (1472–1553) gilt als einer der bedeutendsten deutschen Maler und Grafiker der Renaissance. Eigentlich hieß er Lucas Maler, nannte sich aber nach seiner Heimatstadt Kronach.

Dachauer Straße

(seit 1877) Die Straße führte direkt von München zur Stadt Dachau. Im Mittelalter hieß die Straße in Stadtnähe noch Mosserstraße (Moosacher Straße).

Daimlerstraße

(seit 1973) Der Bäckersohn Gottlieb Wilhelm Daimler (1834–1900) entwickelte den ersten schnelllaufenden Benzinmotor und gilt als Pionier des Automobilbaus. Er erfand gemeinsam mit Wilhelm Maybach 1885 den »Reitwagen«, eine Art Motorrad mit Benzinmotor.

Denisstraße

(seit 1914) Der Ingenieur und Eisenbahnpionier Paul Camille (von) Denis (1796–1872) baute die erste deutsche Eisenbahnstrecke von Nürnberg nach Fürth (1835). Bis 1867 leitete er als Direktor die Bayerischen Ostbahnen.

Deroystraße

(seit 1890) General Bernhard Erasmus Graf von Deroy (1743– 1812) führte die bayerischen Truppen 1809 gegen die aufständischen Tiroler und 1812 das I. Bayerische Armeekorps während Napoleons Russlandfeldzug.

Elisenstraße

(seit 1808) Elisabeth Ludovica von Bayern (1801–1873), Tochter von Max I. Joseph und Zwillingsschwester von Königin Amalie von Sachsen, wurde 1823 mit Friedrich Wilhelm IV. von Preußen vermählt. Sie war die Patentante von Kaiserin Sisi, die nach ihr Elisabeth genannt wurde.

Die Post an der Dachauer Straße, heute noch erhalten ist der Delfinreiter-Brunnen

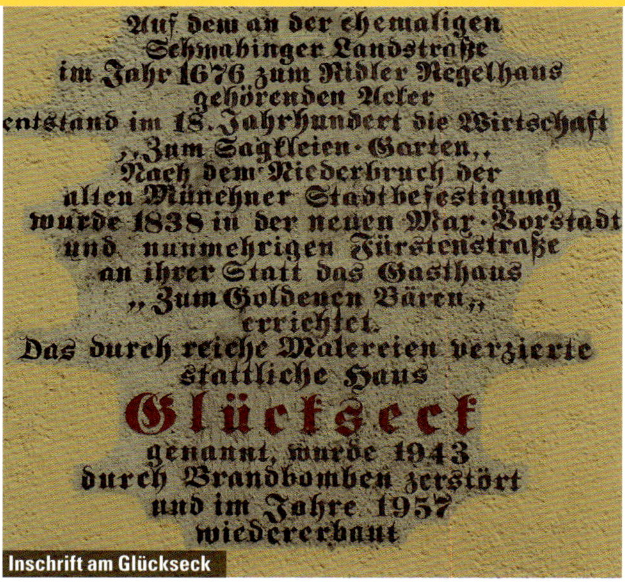

Inschrift am Glückseck

Enhuberstraße

(seit 1877) Der bayerische Genremaler Karl von Enhuber (1811–1867) machte sich einen Namen mit seinen humorvollen, schalkhaften Bildern von Bauern und einfachen Leuten.

Erika-Mann-Straße

(seit 2004) Die Schauspielerin, Schriftstellerin und Journalistin Erika Mann (1905–1969) kam als erstes Kind von Thomas Mann in München zur Welt. Sie gründete das politische Kabarett Die Pfeffermühle.

Erzgießereistraße

(ca. 1840) König Max I. Josef ließ an dieser Straße 1822 ein Gusshaus errichten. In dieser Werkstätte für Eisenguss entstand von 1844 bis 1850 die monumentale Statue der Bavaria.

Ferdinand-von-Miller-Platz

(seit 1887) Der Erzgießer Ferdinand von Miller (1813–1887) arbeitete zunächst als Hilfsarbeiter in der Erzgießerei. Wegen seines Talents durfte er Kunst studieren, und wurde 1844 Inspektor der Erzgießerei, die er 1878 kaufte. Er war Mitbegründer des Bayerischen Kunstgewerbevereins, Mitglied des Bayerischen Landtags und Abgeordneter des Deutschen Reichstags.

Finkenstraße

(ca. 1830) Kein Vogel stand hier Pate, sondern der Mehlhändler Bartholomäus Fink, der Anfang des 19. Jh. das nordwestliche Eckhaus dieser Straße sein eigen nannte.

2 Rainer Maria Rilke *(Schriftsteller)*

Fürstenstraße

(vor 1820) 1704 ließ Kurfürst Max Emanuel ein Kanalsystem anlegen, um die Schlösser Nymphenburg, Dachau, Schleißheim und Biederstein mit seiner Residenz zu verbinden. Ein Teil des Kanals folgte der Strecke Fürsten-, Türken- und Kurfürstenstraße. Da der Kanal wegen Wassermangel nicht schiffbar war, wurde er 1811 zugeschüttet und als Straße genutzt. Weil das Volk nun die Herrscher auf dieser Straße Richtung Norden fahren sah, nannte es sie Fürstenstraße.

22 Joseph von Rheinberger *(Komponist)*

Gabelsbergerstraße

(seit 1862) Im Alter von 28 Jahren begann Franz Xaver Gabelsberger (1789–1849) sein System für eine Schnellschrift zu entwickeln, das sich rasch überall durchsetzte. Bis 1862 hieß die Straße Kasernstraße, vorher zwischen 1808 und 1812 in Teilstücken: Ritter-, Theresien- und Apollostraße, nach 1812 bis 1826 Ludwigstraße.

4 Joachim Ringelnatz *(Schriftsteller)*
6 Franz X. Gabelsberger *(Steno-Erfinder)*
8 Rudolf Wilke *(Zeichner)*
17 Hermann Schlittgen *(Maler)*
20a Franz Blei *(Schriftsteller)*
20a, 51 Fritz von Uhde *(Dramatiker)*
27 Leo Samberger *(Maler)*
39 Franz von Stuck *(Maler)*
43 Josef Wackerle *(Bildhauer)*
45 Toni Stadler jr. *(Bildhauer)*
49 Karl Wolfskehl *(Schriftsteller)*
53 Karl Diefenbach *(Naturapostel)*
77 Lovis Corinth *(Maler)*
78 Karl Raupp *(Maler)*

Gaiglstraße

(seit 1890) Mit seiner Pferdeleihanstalt in der früher eigenständigen Stadt Au machte Sebastian Gaigl (1799–1871) ein Vermögen. Daran wollte er andere teilhaben lassen, also spendete er 328.000 Goldmark für den Bau des städtischen Waisenhauses.

Galeriestraße

(ca. seit 1790) In den Arkaden dieser Straße befand sich ab 1783 die Staatliche Gemäldegalerie, die dann 1836 in die Alte Pinakothek umzog. Die Straße wurde 1934 nach dem Tod Paul Ludwig Troosts, einem von Hitlers Lieblingsarchitekten, zwischenzeitlich in Trooststraße umbenannt.

Georg-Elser-Platz

(seit 1996) Der Schreiner Georg Elser (1903–1945) verübte am 8. November 1939 ein Bombenattentat auf Adolf Hitler im Bürgerbräukeller. Hitler entkam nur, weil er einige Minuten früher als vorgesehen das Lokal verließ. Elser wurde im KZ Dachau ermordet.

Georg-Schätzel-Straße

(seit 1967) Der Politiker der Bayerischen Volkspartei Georg Schätzel (1874–1934) amtierte von 1927 bis 1932 in verschiedenen Kabinetten als Reichspostminister.

Georgenstraße

(seit 1856): Sie führte zur St. Georgenschwaige, damit ist die Schwaige Milbertshofen mit der Georgskirche gemeint. Die Schwaige, eine Siedlungsform, in der man vor allem der Viehzucht nachging, wurde im 16. Jh. erstmals erwähnt.

12 Hans Frank *(Reichsrechtsführer)*
Hermann Schlittgen *(Maler)*
15 Willi Graf *(Widerstandskämpfer)*
Hans Scholl *(Widerstandskämpfer)*
15a, 16 Friedrich v. Thiersch *(Architekt)*
27, 29 Franziska zu Reventlow *(Autorin)*
35, 62 Wassily Kandinsky *(Maler)*
48 Paul Klee *(Maler)*
80 Karl Arnold *(Zeichner)*
105 Erich Mühsam *(Schriftsteller)*

Geschwister-Scholl-Platz

(seit 1946) Die Geschwister Hans (1919–1943) und Sophie Scholl (1921–1943) studierten Medizin bzw. Biologie und Philosophie an der LMU. Hans Scholl gründete 1942 die Widerstandsgruppe Weiße Rose. Bei einer Flugblattaktion am 18. Februar 1943 wurden die Geschwister vom Pedell verraten und verhaftet. Vier Tage später wurden sie im Gefängnis Stadelheim geköpft.

Glückstraße

(ca. 1840) An einer Ecke der kleinen Straße stand das mit Malerei reich verzierte Gasthaus Zum Goldenen Bären, das der Volksmund »Glückseck« nannte.

Görresstraße

(seit 1883) Der Gymnasial- und Hochschullehrer Johann Joseph Görres (1776–1848) gründete 1814 den Rheinischen Merkur. Später wurde aus dem liberalen ein katholisch-politischer Autor, weshalb Ludwig I. ihn 1827 an die Universität München berief.

Grete-Mosheim-Straße

(seit 2004) Die Berliner Schauspielerin Grete Mosheim (1905–1986) floh 1934 vor den Nazis nach London, später in die USA. 1952 kehrte sie zurück und spielte ab Ende der 1960er Jahre bei den Münchner Kammerspielen.

Hahnenstraße

(seit 1881) Zu Beginn des 19. Jh. stand in der Schönfeldvorstadt das beliebte Lokal Zum Roten Hahn, woher vermutlich der heutige Straßenname stammt.

Helmholtzstraße

(seit 1960) Dem Ingenieur Richard von Helmholtz (1852–1934) verdankt der Eisenbahnbau entscheidende Neuerungen. So erfand er u. a. das Krauss-Helmholtz-Drehgestell, das bei Lokomotiven die Kurvenläufigkeit verbessert.

Herbststraße

(seit 1810) Sie verdankt ihren Namen der Jahreszeit.

Heßstraße

(seit 1897) Die Straße heißt nach einer ganzen Künstlerfamilie: Stammvater war Kupferstecher Carl Ernst Christoph Heß (1755–1828), ab 1806 als Professor an der Akademie in München. Seine Söhne Peter (1792–1871), Heinrich (1798–1863) und Karl (1801–1874) arbeiteten ebenfalls sehr erfolgreich als Maler.

5 Johannes R. Becher *(Schriftsteller/Kultusminister der DDR)*
Friedrich Nietzsche *(Philosoph)*
9, 32 Stefan George *(Schriftsteller)*
16 Heinrich Wölfflin *(Kunsthistoriker)*
23 Ferdinand von Reznicek *(Zeichner)*
46 Franziska zu Reventlow *(Schriftstellerin)*

Hiltenspergerstraße

(seit 1898) Der Historienmaler Johann Georg Hiltensperger (1806–1890) schuf mehrere Auftragsarbeiten für die Könige Ludwig I. und Max II. von Bayern (u. a. die Hofgartenarkaden).

Hirtenstraße

(ca. 1820) In dieser Gegend trieben früher die Hirten ihre Schafherden zum Verkauf zusammen.

Hopfenstraße

(ca. 1850) Hopfen und Malz, Gott er-

Tändlerladen in der Heßstraße 62

halts – wegen der nahen Brauereien nannte man die Straße nach der schnell wachsenden Schlingpflanze, die zu den Hanfgewächsen zählt.

Isabellastraße

(seit 1891) Prinzessin Isabella Marie Elisabeth (1863–1924) war eine Tochter Adalberts von Bayern. Sie heiratete 1883 Thomas von Savoyen, Herzog von Genua.

Jägerstraße

(ca. 1820) Einst unterhielt in dieser Straße der »Jägerkoch« Franz Amberger eine Wirtschaft, in der die Jäger gerne einkehrten.

Vorgetäuschte Romantik: Wandbemalung in einem Innenhof in der Karlstraße

17 Ludwig Thoma *(Schriftsteller)*

Josef-Ruederer-Straße

(seit 1962) Der Schriftsteller Josef Ruederer (1861–1915), Mitbegründer der Elf Scharfrichter, prangerte in seinem Werk die bayerische Korruption, Heuchelei und den sittlichen Verfall Münchens an. Als erklärter Gegner Ludwig Thomas kämpfte er für die »schonungslose Bloßstellung unserer ewigen Holdriogaudi«.

Josephsplatz

(seit 1898) Die 1898–1902 hier erbaute Kirche wurde dem Hl. Joseph, seit 1664 Schutzpatron Bayerns, geweiht.

Josephstraße

(seit 1898) Eigentlich hieß die Straße nach o. g. Kirche. Doch 1905 wählte man zusätzlich Kurprinz Joseph Ferdinand Leopold (1692–1699), Fürst von Asturien, zum Namenspatron. Der Sohn des bayerischen Kurfürsten Maximilian II. Emanuel sollte nach dem Willen des kinderlosen Karl II. von Spanien der Universalerbe des spanischen Weltreichs werden. Der frühe Tod des Knaben wirbelte die Thronfolgefrage erneut auf und führte zum Spanischen Erbfolgekrieg.

Kardinal-Döpfner-Straße

(seit 1977) Der fränkische Theologe Julius Döpfner kam 1961 als Erzbischof von München und Freising in die bayerische Hauptstadt. Vier Jahre später wurde er Vorsitzender der Deutschen Bischofskonferenz.

Karlstraße

(ca. 1808) Er hätte König von Griechenland werden können, doch Karl Theodor Maximilian August von Bayern (1795–1875) verzichtete zugunsten seines Neffen Otto. Der jüngste Sohn Königs Max I. Joseph war Generalfeldmarschall und Reichsrat der Krone Bayerns. Die Straße hieß in Teilen auch nach 1808 noch Kron- und Bergstraße.

10 Erich Ludendorff *(General, Verleger)*

Karolinenplatz

(seit 1809) Als Friederike Karoline Wilhelmine Prinzessin von Baden (1776–1841) in Karlsruhe 1797 den verwitweten Herzog Maximilian Joseph von der Pfalz-Zweibrücken ehelichte, konnte sie zwar darauf hoffen, dass sie bald Kurfürstin von Bayern werden würde. Nicht aber, dass sie sogar die erste Königin des 1806 neuproklamierten Königreichs werden würde.

5 Else u. Hugo Bruckmann *(Verleger)*

Katharina-von-Bora-Straße

(seit 2008) 1523 half Reformator Martin Luther einer Gruppe von Nonnen aus dem Kloster zu fliehen. Darunter einer gewissen Katharina von Bora (1499–1552), die Luthers Frau wurde. 1552 starb sie an den Folgen eines Verkehrsunfalls mit der Kutsche. Die Straße hieß seit 1957 Meiserstraße nach dem evangelischen Theologen Hans Meiser (1881–1956). Aufgrund von antisemitischen Äußerungen gilt Meiser heute als umstritten. Der Stadtrat beschloss im Februar 2008 die Umbenennung. Um 1812 war dies die Amalienstraße.

Kaulbachstraße

(seit 1883) Der Maler Wilhelm von Kaulbach (1805–1874) galt als einer der bedeutendsten Künstler seiner Zeit, wurde 1837 Hofmaler Ludwigs I. und war ab 1849 Direktor der Kunstakademie. Vorher hieß die Straße Obere Gartenstraße.

8 Hans von Gumppenberg *(Schriftsteller)*
10 Paul Ludwig Troost *(NS-Architekt)*
12 Anita Augspurg *(Frauenrechtlerin)*
Toni Pfülf *(Politikerin)*
Tini Rupprecht *(Malerin)*
15 Friedrich von Kaulbach *(Maler)*
19, 29, 33 Leo Samberger *(Maler)*
22, 35 Ricarda Huch *(Schriftstellerin)*

35 Max Dauthendey *(Schriftsteller)*
41 Otto Julius Bierbaum *(Schriftsteller)*
42 Hans Brandenburg *(Schriftsteller)*
63 Franziska zu Reventlow *(Schriftstellerin)*
68 Klabund (= Alfred Henschke) *(Dichter)*
Franz Marc *(Maler)*

Königinstraße

(seit 1808) Der Teil bis zur Veterinärstraße hieß vor 1808 Wiesenstraße. Mit der Umbenennung sollte an die Erlangung der Königswürde 1806 erinnert werden.

12, 25 Klara Ziegler *(Schauspielerin)*
19 Felix Dahn *(Schriftsteller)*
29 Josef Wackerle *(Bildhauer)*
31 Franz von Defregger *(Maler)*
75 Franz Marc *(Maler)*

Königsplatz

(seit 1808) Wie die Königinstraße sollte auch der Platz an die Erlangung der Königswürde 1806 erinnern. Die Straße zum Platz hieß ursprünglich Königstraße und wurde 1826 in Brienner Straße umbenannt.

Kreittmayrstraße

(seit 1894) Wiguläus Xaverius Aloysius von Kreittmayr (1705–1790) war Rechtswissenschaftler, Geheimer Staatskanzler, Konferenzminister und Oberster Lehensprobst. Er reformierte das bayerische Rechtswesen, z. B. mit dem Codex *Maximilianeus Bavaricus Criminalis* von 1751, der wegweisend für die moderne Gesetzgebung wurde.

Kurfürstenstraße

(seit 1915) Der bayerische Kurfürst Maximilan II. Emanuel Ludwig Maria Joseph Kajetan Anton Nikolaus Franz Ignaz Felix (1678–1726) engagierte sich maßgeblich bei den Türkenkriegen. So half er 1683 bei der Befreiung Wiens. Max II. Emanuel verlor 1704 im Spanischen Erbfolgekrieg die Herrschaft über Bayern an die Österreicher. Erst 1715 konnte er als Kurfürst nach München zurückkehren.

Lämmerstraße

(ca. 1820) Auf diesem Areal wurden einst die Lämmer an die Metzger der Stadt verkauft.

Lenbachplatz

(seit 1905) Malerfürst Franz von Lenbach (1836–1904) galt als *der* Porträtist seiner Zeit und gab künstlerisch den Ton in München an. Ab 1887 residierte er in seiner palastartigen Villa am Königsplatz. Der Platz hieß bis 1818 Bachstraße, dann war er Teil des Dultplatzes (Maximiliansplatz).

Loristraße

(seit 1877) Der Wirtssohn Johann Georg von Lori (1723–1786) machte Karriere als Beamter, lehrte in Ingolstadt Kriminalrecht und Rechtsgeschichte, war Hofrat im Münz- und Bergkollegium und gründete mit Johann Georg von Linprun die Akademie der Wissenschaften.

Lothstraße

(seit 1887) Der Maler Ulrich Loth (ca. 1599–1662) schuf zahlreiche, vor allem sakrale Werke, so z. B. die *Anbetung der Könige* in der Frauenkirche oder *Das letzte Abendmahl* in St. Peter.

Klassizismus trifft auf Moderne in der Königinstraße.

Leopoldstraße

(seit 1891) Der bayerische Prinz Leopold Maximilian Joseph Maria Arnulf (1846–1930), Sohn von Prinzregent Luitpold, machte in der Armee Karriere und war im Ersten Weltkrieg als Generalfeldmarschall Oberbefehlshaber Ost.

Linprunstraße

(seit 1875) Johann Georg Dominicus von Linprun (1714–1787) war kurfürstlich-bayerischer Münz- und Bergrat. Gemeinsam mit Johann Georg von Lori gründete er 1759 die kurbayerische Akademie der Wissenschaften.

Ludwigstraße

(seit 1822) Schon als Kronprinz beschloss Ludwig I. von Bayern (1786–1868), sich städtebaulich ein Denkmal zu setzen. Seine glühende Verehrung des antiken Griechenland lässt sich an der baulichen Gestaltung des neuen Stadtteils Maxvorstadt erkennen. Natürlich auch an der nach ihm benannten Straße. Zuvor verband die Schwabinger Landstraße München mit Schwabing, sie verlief windungsreich östlich der Ludwigstraße.

18 Viktor von Scheffel *(Dichter)*

Die Straßennamen

Kaum wiederzuerkennen: Der Maximiliansplatz war ursprünglich so kahl und unwirtlich (Abb. von 1850), dass ihn die Münchner »Sahara« nannten.

Luisenstraße

(nach 1812) Eigentlich hieß sie Ludovica Wilhelmine, doch schon als Kind nannten alle die Tochter Königs Max I. Joseph nur Luise. Aus der Prinzessin VON Bayern wurde 1828 durch Heirat die Herzogin IN Bayern. Die Straße hieß vorher Wittelsbacherstraße.

25 Leonhard Romeis *(Architekt)*
33/35 Franz von Lenbach *(Maler)*
35 Anton von Heß *(Maler)*
39 Paul Klee *(Maler)*

Luitpoldstraße

(seit 1901) Weil Ludwig II. nicht mehr entscheidungsfähig war, übernahm 1886 dessen Onkel Luitpold von Bayern (1821–1912) als Prinzregent die Herrschaft. Luitpold war das fünfte Kind Ludwigs I. Er blieb Regent auch nach Ludwigs II. Tod, denn dessen Bruder und Nachfolger Otto I. galt als geisteskrank.

Maillingerstraße

(seit 1886) Joseph Maximilian Fridolin Ritter von Maillinger (1820–1901) diente in der bayerischen Armee, zuletzt als General. Von 1875–1885 war er bayerischer Kriegsminister, 1888 folgte die Ernennung zum Reichsrat.

16 Carl Orff *(Komponist)*

Marlene-Dietrich-Straße

(seit 2004) Die Berliner Schauspielerin Marlene (Maria Magdalena) Dietrich (1901–1992) schaffte 1930 als fesche Lola in *Der blaue Engel* den Durchbruch und stieg zum internationalen Superstar auf. 1939 nahm sie die amerikanische Staatsbürgerschaft an und unterstützte aktiv europäische Künstler, die vor den Nazis flohen. Nach dem Krieg gelang ihr eine zweite Karriere als Diseuse.

Marsplatz/-straße

(seit 1890 bzw. 1826) Hier unterhielt die Armee einen Exerzierplatz, das Marsfeld, genannt nach dem römischen Kriegsgott Mars.

14 Albert Schmidt *(Architekt)*
28 Gabriel von Seidl *(Architekt)*

Maßmannstraße

(seit 1894) Der Germanist und Sportpädagoge Hans Ferdinand Maßmann (1797–1874) kam 1829 als Professor an die Universität München. Fünf Jahre später gründete er hier den Lehrstuhl für Germanistik.

Max-Joseph-Straße

(seit 1859) Der aus der pfälzer Seitenlinie der Wittelsbacher stammende Maximilian I. Joseph (1756–1825) wurde 1806 erster Regent des neugegründeten Königreichs Bayern. Vorher war er Herzog, dann Kurfürst von Bayern. Die Straße hieß zunächst Maxstraße.

Maximiliansplatz

(seit 1809) Der Platz entstand infolge der Entfestigung Münchens und der Stadterweiterung unter Max I. Joseph (1756–1825). Der Maximiliansplatz war auch unter dem Namen Dultplatz, wegen der hier abgehaltenen Dulten (Messen), bekannt.

Meiserstraße

siehe Katharina-von-Bora-Straße

Neureutherstraße

(seit 1887) Die Brüder Gottfried (1811–1887) und Eugen Napoleon (1806–1882) Neureuther teilen sich diese Straße. Gottfried arbeitete als Architekt und Maler, er plante u. a. den Bahnhof von Würzburg, die Polytechnische Schule und die Akademie der Bildenden Künste in München. Eugen arbeitete als Historienmaler und Illustrator. 1847 bis 1856 leitete er die Nymphenburger Porzellanmanufaktur.

Nordendstraße

(seit 1876) Hier fand die Stadt früher einmal ihr nördliches Ende.

Nymphenburger Straße

(ca. ab 1664) Ursprünglich war das der Fürstenweg, der bei der Residenz begann und zum Schloss Nymphenburg führte. Nymphenburg, eine der größten Barockanlagen der Welt, ließ Kurfürst Ferdinand Maria von Bayern ab 1664 als Geschenk für seine Gattin Henriette Adelheid von Savoyen errichten, weil die ihm endlich den ersehnten Thronerben geboren hatte. Das Teilstück bis zum Stiglmaierplatz nannte man 1812 in Königstraße und 1826 dann in Brienner Straße um.

Odeonsplatz

(seit 1827) Leo von Klenze baute am Südende der Ludwigstraße im Auftrag Ludwigs I. das Odeon – ein Konzerthaus.

Oskar-von-Miller-Ring

(seit 1955) Der studierte Bauingenieur Oskar von Miller (1855–1934) begeisterte sich schon früh für die damals neue Elektrotechnik. Er organisierte 1882 die erste deutsche elektrotechnische Ausstellung in München. Miller initiierte 1903 die Gründung des Deutschen Museums.

Ottostraße

(ca. 1880) Die griechische Nationalversammlung wählte 1832 auf Vorschlag der Großmächte Frankreich, Großbritannien und Russland den bayerischen Prinzen Otto (1815–1867), zweitältester Sohn Ludwigs I., zum König von Griechenland. 1862 zwang ihn eine Revolte zur Flucht nach Bayern, er lebte danach in Bamberg.

6 Rainer Maria Rilke *(Schriftsteller)*

Pappenheimstraße

(seit 1890) Er kannte seine Pappenheimer: Gottfried Heinrich Graf von Pappenheim (1594–1632), wegen seiner zahlreichen Schlachtenwunden »Schrammenheinz« genannt, kämpfte im Dreißigjährigen Krieg auf Seiten des habsburgischen Kaisers. Seine Kürassiereinheit galt als so tollkühn, dass die »Pappenheimer« landauf landab bekannt wurden und über Schillers *Wallensteins Tod* auch in eine Redensart Eingang fanden.

13 Stefan George *(Schriftsteller)*

Pfefferstraße

(seit 1877) Eigentlich sollte es nur ein Spaß sein, das mit der Pfefferstraße. Man nannte sie so, weil sie von der Salzstraße (heute Arnulfstraße) abzweigte.

Pranckhstraße

(seit 1890) Der General Siegmund Freiherr von Pranckh (1821–1888) wurde 1866 bayerischer Kriegsminister und leitete umfassende Heeresreformen ein.

Prielmayerstraße

(seit 1886) Franz Xaver von Prielmayer (1766–1824) besaß ein Landschlösschen auf einem Grundstück, das einer neuen Straße zwischen Karlsplatz und Bahnhof weichen sollte. Franz Xaver stimmte dem Abriss seines Hauses erst zu, als der Magistrat zustimmte, die neue Straße nach Franz Xavers Urahn Corbinian von Prielmayer (1643–1707), Premier des Kurfürsten Max Emanuel, zu benennen.

Prinz-Ludwig-Straße

(seit 1897) Als die Straße nach ihm benannt wurde, war Ludwig, Sohn von Prinzregent Luitpold, noch Prinz. Nach dem Tod seines Vaters 1912 übernahm er die Regentschaft für den kranken Otto I. Ein Jahr später kam er durch eine Gesetzesänderung als König Ludwig III. (1845–1921) auf den Thron, obwohl Otto I. noch lebte.

Professor-Huber-Platz

(seit 1946) Der Musikwissenschaftler und Philosophieprofessor Kurt Huber (1893–1943) verfasste Flugblätter für die Widerstandsgruppe Weiße Rose um die Geschwister Scholl. Professor Huber wurde wie die Scholls im Gefängnis Stadelheim enthauptet.

Rambergstraße

(seit 1877) Der österreichische Zeichner und Maler Arthur Georg (von) Ramberg (1819–1875) machte sich als Genre- und Historienmaler sowie als Lithograf einen Namen. Ab 1866 übernahm er eine Professur an der Kunstakademie.

2 Peter Paul Althaus *(Schriftsteller)*
Thomas Mann *(Schriftsteller)*
Heinrich Mann *(Schriftsteller)*
3 Eduard von Kayserling *(Schriftsteller)*

Rheinbergerstraße

(seit 1906) Der Komponist und Musikpädagoge Josef Georg Rheinberger (1839–1901) war eine Art Wunderkind. Schon mit sieben Jahren arbeitete er als Organist, mit zwölf kam er ans Münchner Konservatorium und mit 19 wurde er Dozent für Klavier (später Orgel und Komposition).

Richard-Wagner-Straße

(seit 1898) Der Komponist Richard Wagner (1813–1883) lebte in seiner Münchner Zeit zwischen 1864 und 1871 in einer prächtigen Villa an der Brienner Straße, die ihm Ludwig II. zur Verfügung gestellt hatte. In München wurden auch Wagners Werke *Tristan und Isolde*, *Die Meistersinger von Nürnberg*, *Rheingold* und *Die Walküre* uraufgeführt.

27 Friedrich Gerlich *(Journalist, Widerstandskämpfer)*

Die Straßennamen

Romantische Fassaden in der Richard-Wagner-Straße

Rottmannstraße

(seit 1872) Der bedeutende romantische Landschaftsmaler Carl Anton Rottmann (1797–1850) schuf u. a. 29 Fresken von 1830 bis 1834 mit italienischen Landschaften für die Hofgartenarkaden (heute im Residenzmuseum). Später folgte ein Zyklus mit griechischen Landschaften. Rottmann wurde 1841 Hofmaler.

Rundfunkplatz

(seit 1929) 1929 zog der neun Jahre zuvor gegründete Bayerische Rundfunk (damals hieß er noch »Deutsche Stunde in Bayern«, die Umbenennung erfolgte 1930) in das neu errichtete Funkhaus an der Hopfenstraße, gleichzeitig wurde der Platz nach ihm benannt.

Sandstraße

(seit 1811) Auf dem Gelände um die heutige Straße gab es früher eine Sand- und Kiesgrube, die die Münchner Baufirmen mit Material versorgte.

34 Lena Christ *(Schriftstellerin)*

Schackstraße

(seit 1897) Der Dichter Adolf Friedrich Graf von Schack (1815–1894) blieb der Nachwelt weniger als Literat in Erinnerung, sondern als bedeutender Kunstsammler. Seine Gemäldegalerie vermachte er Kaiser Wilhelm II. Auf kaiserliche Anordnung blieb die Sammlung in München und bekam ein eigenes Ausstellungsgebäude an der Prinzregentenstraße.

2 Wilhelm von Rümann *(Bildhauer)*
4 Gabriele Münter *(Malerin)*

Schellingstraße

(seit 1857) Der Philosoph Friedrich Wilhelm Joseph von Schelling (1775–1854) wirkte mehrfach in München, u. a. als Präsident der Bayerischen Akademie der Wissenschaften und enger Vertrauter Ludwigs I. Er zählte auch zu den Gründern der Kunstakademie. Schellings Philosophie ist eine »Philosophie im Werden«, da er sie in mehreren Phasen immer neu überarbeitete und ständig um die endgültige Formulierung seiner Thesen rang. Die Straße hieß ab 1808 Jagdstraße und ab 1812 Löwenstraße.

3 Eduard von Kayserling *(Schriftsteller)*
5 Franz von Stuck *(Maler)*
19, 111 Ferdinand v. Reznicek *(Zeichner)*
23 Joachim Ringelnatz *(Schriftsteller)*
24 Wilhelm Hüsgen *(Bildhauer)*
26 Wilhelm Hoegner *(Politiker)*
27 Frank Wedekind *(Schriftsteller)*
33 Franz Marc *(Maler)*
37 Wilhelm Herzog *(Schriftsteller)*
Rudolf Wilke *(Zeichner)*
39 Alfred Rosenberg *(NS-Philosoph)*
44, 49 Franz Josef Strauß *(Politiker)*
48 Walter Kolbenhoff *(Schriftsteller)*
53 Henrik Ibsen *(Schriftsteller)*
55 Hans Brandenburg *(Schriftsteller)*
62, 75 Wassily Kandinsky *(Maler)*
64 Hugo Ball *(Dadaist)*
78 Hermann Fried *(Widerstandskämpfer)*
92 Franziska zu Reventlow *(Schriftstellerin)*

Schleißheimer Straße

(ca. 1854) Die Straße hieß ab 1364 bis ins späte 19. Jh. hinein Rennweg (= Reitweg). Seit 1617 im Norden das Schloss Schleißheim in dem 755 erstmals urkundlich erwähnten Ort Schleißheim errichtet worden war, hatte man die Straße schnurgerade ausgebaut.

34 Adolf Hitler *(Diktator)*
47 Ernst Penzoldt *(Schriftsteller)*
106 Otto Falckenberg *(Theaterregisseur)*

Schnorrstraße

(seit 1877) Der Maler Julius Veit Hans Schnorr von Carolsfeld (1794–1872) zählte zu den wichtigsten Vertretern der Künstlergruppe der Nazarener. Für Ludwig I. malte er u. a. den Wandgemäldezyklus zu den Nibelungen in der Residenz.

3 Otto Falckenberg *(Theaterregisseur)*

Schönfeldstraße

(seit 1796) Auf allerhöchsten Befehl des Kurfürsten wurde das Gebiet zwischen Schwabinger Landstraße und Isar vor den Toren Münchens Schönfeld genannt. Die Landstraße, entlang der man die Schönfeldvorstadt errichtete, bekam so ihren Namen.

1 Max Dauthendey *(Schriftsteller)*
4 Martin Dülfer *(Architekt)*
17 Leo Grätz *(Physiker)*
Henrik Ibsen *(Schriftsteller)*
19 Michael Doeberl *(Historiker)*
28 Hermann Schlittgen *(Maler)*

Schraudolphstraße

(seit 1867) Der künstlerische Durchbruch für Johann von Schraudolph (1808–1879) kam 1843, als ihn Ludwig I. beauftragte, den Speyerer Dom auszumalen. Schraudolph lehrte ab 1849 als Professor an der Münchner Akademie.

5 Franz von Stuck *(Maler)*
16 Ludwig Thoma *(Schriftsteller)*
27, 40 Julian Marchlevskj *(Verleger)*

Schwarzmannstraße

(seit 1912) Das Ehepaar Anton und Frieda Schwarzmann spendete 2.000 Goldmark für bedürftige Münchner – und bekam im Gegenzug eine Straße gewidmet.

Schwindstraße

(seit 1877) Der Künstler Moritz von

Schwind (1804–1871) gilt als einer der Hauptvertreter der deutschen Spätromantik. Auch er wurde von Ludwig I. zur Ausschmückung der Residenz herangezogen. 1847 nahm er eine Professur an der Akademie in München an.

Seidlstraße

(seit 1910) Die Bäckerdynastie Seidl besaß Mitte des 19. Jh. einen großzügigen Garten auf dem Areal, durch das heute die Straße führt. Zwei Bäckersöhne, die Architekten Gabriel und Emanuel (von) Seidl, prägten mit ihren Bauten das Münchner Stadtbild. Gabriel von Seidl (1848–1913), der offizielle Namenspatron, schuf u. a. das Bayerische Nationalmuseum und das Deutsche Museum. Vor 1910 hieß das Teilstück, das bis dahin an der Marsstraße endete, Hasenstraße.

Sophienstraße

(seit 1810) Die bayerische Prinzessin Sophie Friederike Dorothea Wilhelmine (1805–1872), eine Tochter Max I. Joseph und Zwillingsschwester von Königin Maria Anna von Sachsen, heiratete 1824 Erzherzog Franz Karl von Österreich. Sie wurde Mutter von Kaiser Franz Joseph I. von Österreich, dessen Gattin Sisi sie nie leiden konnte. Sophie galt als durchsetzungsstark, weshalb man sie in Wien »den einzigen Mann bei Hofe« nannte.

Spatenstraße

(seit 1877) »Lass dir raten, trinke Spaten« heißt es schon seit 1924. Die Spaten-Brauerei zog 1854 auf das Gelände am Marsfeld, auf dem auch heute noch gebraut wird.

Steinheilstraße

(seit 1877) Der Physiker, Astronom und Optiker Karl August von Steinheil (1801–1870), ab 1835 Professor für Physik und Mathematik an der LMU, konstruierte u. a. den ersten Drucktelegraphen, knipste die allererste Fotografie Deutschlands, begründete die Gesetze der Galvanoplastik und regulierte die bayerischen Maße und Gewichte neu.

Steinickeweg

(seit 1955) Der Buchhändler und Verleger Georg Carl Steinicke (1877–1939) eröffnete 1914 in der Adalbertstraße 14 seine Buchhandlung mit einem Vortragssaal im Hinterhof, der bald als »Steinickesaal« eine der ersten Adressen für Lesungen, Konzerte, Kabarett und wilde Faschingsfeste wurde.

Stiglmaierplatz

(seit 1845) Der Erzgießer und Bildhauer Johann Baptist Stiglmaier (1791–1844) baute als Inspektor ab 1824 die kgl. Erzgießerei auf. Zu seinen Hauptwerken zählen der Obelisk am Karolinenplatz, das Reiterstandbild des Kurfürsten Maximilian I. sowie die Tore der Glyptothek. Der Platz hieß 1808 Kronprinzenplatz, ab 1812 Ludwigsplatz und ab 1829 Luitpoldplatz.

Tengstraße

(seit 1894) In Joseph von Tengs (1786–1837) einjähriger Amtszeit als 1. Bürgermeister (1836/37) kam es zu Konflikten zwischen dem Magistrat und Ludwig I., weil die Ansprüche des Königs zum Ausbau der Maxvorstadt erheblich mit denen der Stadtverwaltung kollidierten.

Theresienstraße

(seit 1812) 1810 ehelichte Ludwig I. die Prinzessin Therese Charlotte Luise von Sachsen-Hildburghausen (1792–1854). Dieser Tatsache verdankt München u. a. das Oktoberfest auf der Theresienwiese. Therese hielt trotz aller Skandale treu zu ihrem Ludwig, der nach eigenen Angaben 50 Mätressen hatte.

2a Lola Montez *(Geliebte Ludwigs I.)*
2, 7 Johann A. Schmeller *(Germanist)*
5 Max Halbe *(Dichter)*
7 Georg Fuchs *(Schriftsteller)*
13, 51, 108, 120 Alfred Kubin *(Zeichner)*
23 Christian Morgenstern *(Schriftsteller)*
30 Gabriele Münter *(Malerin)*
39 Theodor Pixis *(Maler)*
41 Karl Arnold *(Zeichner)*
45 Emil Pretorius *(Grafiker)*
48 Franz Maget *(Politiker)*
58 Ludwig Thoma *(Schriftsteller)*
61, 67, 148 Julius Diez *(Maler)*
66 Franziska zu Reventlow *(Schriftstellerin)*
68 Rudolf Wilke *(Zeichner)*
75 Hermann Schlittgen *(Maler)*
Albert Weisgerber *(Maler)*
80 Waldemar Bonsels *(Schriftsteller)*
82 Thomas Mann *(Schriftsteller)*
Heinrich Mann *(Schriftsteller)*
86 Friedrich von Thiersch *(Architekt)*

In der Sandstraße 1913

Hinterhofidylle im Türkenhof

108 Theodor Heuss *(Bundespräsident)*
144 Eduard Thöny *(Zeichner)*
148 Leo Samberger *(Maler)*
Franz von Stuck *(Maler)*
Fritz von Uhde *(Dramatiker)*
Thomas Theodor Heine *(Zeichner)*
Angelon Jank *(Maler)*
160 Josef Wackerle *(Bildhauer)*

Thorwaldsenstraße

(seit 1887) Der dänische Bildhauer Bertel Thorwaldsen (1770–1844), angeblich auf einem Schiff zwischen Island und Dänemark geboren, begann bereits mit elf Jahren an der dänischen Kunstakademie in Kopenhagen zu studieren. Von ihm stammt u. a. das Reiterstandbild Maximilians I. auf dem Wittelsbacherplatz.

Tillystraße

(seit 1890) 1610 berief Herzog Maximilian I. von Bayern Johann t'Serclaes Graf von Tilly (1559–1632) zum Heerführer der Katholischen Liga im Dreißigjährigen Krieg. Er siegte u. a. in der Schlacht am Weißen Berg bei Prag. 1631 wurde er Generalissimus der kaiserlichen Armee und Nachfolger Wallensteins.

Türkenstraße

(seit 1812) Kurfürst Max Emanuel ließ 1704 ein Kanalsystem anlegen, um die Residenz mit den Schlössern im Umland zu verbinden. Der »Türkengraben« bildete einen Teil davon. Der Kanal wurde Anfang des 19. Jh. zugeschüttet (s. a. Fürstenstraße). Angeblich sollen türkische Kriegsgefangene am Kanalbau beteiligt gewesen sein, was unwahrscheinlich ist, da die Türken bereits 1702 freigelassen worden waren.

7 Anton Ažbe *(Maler)*
11 Alfred Walter Heymel *(Verleger)*
23 Reinhard Heydrich *(Gestapo-Chef)*
30, 69 Frank Wedekind *(Schriftsteller)*
35, 68a Heinrich Mann *(Schriftsteller)*
36 Friedrich Huch *(Schriftsteller)*
49 Max Halbe *(Dramatiker)*
52 August Endell *(Architekt)*
54 Georg Fuchs *(Schriftsteller)*
57 Kathi Kobus *(Simplicissimus-Wirtin)*
Joachim Ringelnatz *(Schriftsteller)*
68 Hans Brandenburg *(Schriftsteller)*
81 Franziska zu Reventlow *(Schriftstellerin)*
94 Georg Elser *(Hitler-Attentäter)*
103 Ludwig Ritter von Löfftz *(Maler)*

Veterinärstraße

(ca. 1812) Kurfürst Karl-Theodor von Pfalz-Bayern verfügte 1790, dass eine »förmliche Thier-Arzney-Schule (Ecole vétérinaire)« vor den Toren Münchens zu eröffnen sei. Aus dieser Tierarzneischule, wurde die Tierärztliche-Fakultät.

10 Otto Julius Bierbaum *(Schriftsteller)*

Von-der-Tann-Straße

(seit 1872) Ludwig Samson von und zu der Tann-Rathsamhausen (1815–1881) diente der bayerischen Armee als General der Infanterie und kommandierender General des I. Königlich Bayerischen Armeekorps. Die Straße hieß vorher Frühlingstraße.

Walter-Klingenbeck-Weg

(seit 1998) 1941 verbreitete die BBC den Aufruf, das V-Zeichen (für victory, Sieg) in deutschen Städten zu verbreiten, um den Sieg der Alliierten anzukündigen. Mechanikerlehrling Walter Klingenbeck (1924–1943), BBC-Fan, malte mit Kumpels V-Zeichen auf rund 40 Münchner Hauswände. Hochverrat! Klingenbecks Arbeitgeberin Clara Dietmayer denunzierte den 17-Jährigen. Vor Gericht nahm der Lehrling alle Verantwortung auf sich, so dass seine Freunde mit Haftstrafen davonkamen, während Klingenbeck hingerichtet wurde.

Winzererstraße

(seit 1891) Der Feldherr Kaspar Winzerer (ca. 1470–1542) unterstützte 1526 mit bayerischen Truppen Ungarns Ludwig II. im Kampf gegen die Türken. Später arbeitete er als Diplomat für mehrere Fürsten, fiel gelegentlich in Ungnade, kam aber immer wieder in Gnade und starb letztlich bei einem Kampfturnier im Duell mit Jörg von Frondsberg, obwohl nur stumpfe Waffen verwendet worden waren.

Ein kleiner Durchgang ist Walter Klingenbeck gewidmet

Wittelsbacherplatz

(seit 1827) Das Adelsgeschlecht der Wittelsbacher stellte Herzöge von Bayern, Ungarn, Brandenburg, Pfalz, Tirol, Zweibrücken, Holland, Seeland und Hennegau sowie von Jülich und Berg; Kurfürsten von Bayern, Köln, von der Pfalz und Pfalz-Bayern; drei deutsch-römische Könige und Kaiser; Könige von Böhmen, Griechenland, Dänemark, Schweden und Norwegen; Pfalzgrafen bei Rhein – und natürlich Könige von Bayern. Seit 1996 ist Franz Bonaventura Adalbert Maria von Bayern Oberhaupt des Hauses Wittelsbach sowie des Hauses

Stuart (die schottischen Jakobiten sehen in ihm den rechtmäßigen Inhaber des Throns, auf dem Queen Elisabeth II. sitzt).

4 Leo von Klenze *(Baumeister)*

Wredestraße

(seit 1890) Generalfeldmarschall Carl Philipp Fürst von Wrede (1767–1838) führte die bayerischen Truppen 1812 an der Seite Napoleons gegen Russland, später die bayerisch-österreichischen Truppen gegen Napoleon. Auf dem Wiener Kongress vertrat er 1814 die Interessen Bayerns.

Zentnerstraße

(seit 1891) Der Professor für Staatsrecht Georg Friedrich von Zentner (1752–1835) kam 1799 nach München und arbeitete federführend die bayerische Verfassung von 1818 aus. Er war später Justizminister und von 1827 bis 1832 zusätzlich Ministerpräsident.

Zieblandstraße

(seit 1883) Der Baumeister Georg Friedrich Ziebland (1800–1873) errichtete in München u. a. die Kirche St. Bonifaz und die Antikensammlung am Königsplatz.

14 Georg Wrba *(Bildhauer)*

Zirkus-Krone-Straße

(seit 1967) Carl Krone sen. besaß bereits um 1870 die reisende Menagerie Continental, aus der sein Sohn Carl Krone jun. (1870–1943) zunächst den Circus Charles (1903), dann den Circus Krone (1913) machte. 1919 entstand auf dem Marsfeld der erste feste Kronebau als Winterquartier.

Wenn man heute den prächtigen Wittelsbacherplatz sieht, kann man sich kaum vorstellen, dass er nach dem Krieg komplett in Trümmern lag und als Parkplatz diente (historische Aufnahme von 1947).

Die Maxvorstadt in Zahlen

48.875 Einwohner, davon 24.265 Männer und 24.610 Frauen

30.932 Haushalte, davon 21.026 (= 68,0 %) Singlehaushalte

496 Geburten gegenüber 398 Sterbefällen

5 Grundschulen, 2 Gymnasien, 36 berufliche Schulen und 8 Hochschulen

55 Kindertageseinrichtungen mit 2.199 Betreuungsplätzen

4 Krankenhäuser mit 236 Betten

1 Altenheim mit 179 Plätzen

13 Museen, 24 öffentliche Bibliotheken, 6 Theater und 10 Kinos

1.019.491 Übernachtungen in 35 Tourismusbetrieben mit 4.996 Betten

248 Ärzte – 197 Einwohner je Kassenarzt

68 Zahnärzte – 752 Einwohner je Kassenzahnarzt

19 Apotheken – 2.572 Einwohner pro Apotheke

594 Alleinerziehende

426,46 ha Gesamtfläche, davon 295,56 ha Gebäude- und 30,08 ha Erholungsflächen

12,0 % sind 65 Jahre und älter

38,7 Jahre alt ist der Durchschnittsmaxvorstädter [Vergleich: Durchschnittsmünchner 41,5 Jahre; Durchschnittsdeutscher 43,5 Jahre]

1.138 Arbeitslose

29.577 Kraftfahrzeuge, davon 2.104 Lkw und 1.425 Krafträder

Ergebnisse Kommunalwahl 2008:

SPD	38,9 %
CSU	21,3 %
Grüne	19,3 %
FDP	8,7 %
Die Linke	3,8 %
Rosa Liste	2,7 %

10.865 Menschen mit ausländischem Pass leben im Stadtbezirk 3; die Top-5 der Nationalitäten:

1.	Italiener	941
2.	Österreicher	912
3.	Kroaten	679
4.	Griechen	633
5.	Türken	630

71,4 % für OB Christian Ude (SPD)

Quelle: Statistisches Jahrbuch München 2011 (Stand der Zahlen Ende 2010)

Stichwortverzeichnis

Viele der folgenden Stichworte finden sich im Buch auch an anderer Stelle; wir weisen in diesem Verzeichnis nur auf die Hauptartikel zum jeweiligen Stichwort hin.

Literatur

1993: 125 Jahre Technische Universität München, München 1994 (TU München, Jahrbuch 1993)

Allotria – Ein halbes Jahrhundert Münchner Kulturgeschichte, München 1959

Arz, Martin/**Schall**, Ulrich: Die Maxvorstadt – Die unbekannte Schöne, München 2008

Arz, Martin/**Schäfer**, Marc: Unser München – Das Stadt-TeilBuch, München 2011

Bauer, Reinhard: Maxvorstadt. Zwischen Münchens Altstadt und Schwabing. Das Stadtteilbuch, München 1995

Bäumler, Klaus/**Bezirksausschuss Maxvorstadt:** Historisch-aktuelles Königsplatzpanorama. Einblick, Rückblick, Ausblick, Durchblick. München 1996

Bäumler, Klaus: Topographie des NS-Terrors in München. Wittelsbacher-Palais: Gestapo-Zentrale – Gestapo-Gefängnis, München 1992

ders.: Verkehrsberuhigung für Schwabing und die Maxvorstadt: 1977–1984. Arbeitskreis Münchner Bürger für Verkehrsberuhigung zieht Bilanz, München 1978, (Münchner Diskussionsforum für Entwicklungsfragen/ Berichte und Protokolle, Nummer 76)

Bayerisches Staatsministerium der Justiz (Hrsg.):100 Jahre Justizpalast München. 1897–1997, München 1997

Bischoff, Ulrich: Pinakothek der Moderne, München 2002

Bogner, Josef: Der alte nördliche Friedhof in München und seine Gräber, München 1966, In: Der Zwiebelturm, Jahrgang 21/Heft 11, Seiten 230–237

Böthiger, Peter: Die Alte Pinakothek in München. Architektur, Ausstattung und museales Programm, München 1972

Bruch, Rüdiger/**Müller,** Rainer A. (Hrsg.): Erlebte und gelebte Universität. Die Universität München im 19. und 20. Jahrhundert, Pfaffenhofen 1986

Brunn, Heinrich: Beschreibung der Glyptothek König Ludwigs I. zu München, München 1875

Bürgerinitiative Maxvorstadt (Hrsg.): 10 Jahre Aktion Maxvorstadt, München 1981

Bürokratie und Kult. Das Parteizentrum der NSDAP am Königsplatz in München. Geschichte und Rezeption, München/Berlin 1995; Teil I herausgegeben von Iris Lauterbach; Teil II herausgegeben von Julian Rosefeldt und Piero Steinle (Veröffentlichungen des Zentralinstituts für Kunstgeschichte, Band X)

Dantscher, Rolf: Bürgerinitiativen: Modell Maxvorstadt München. Ein Informations- und Arbeitsbuch, Gelnhausen/ Freiburg im Breisgau/Nürnberg/München 1974

Der Steinicke-Saal 1914–1934. Ein kleines Haus aus großer Zeit, München 1934

Diehl, Walther: Die Künstlerkneipe »Simplicissimus«. Geschichte eines Münchner Kabaretts 1903–1960, München 1989

Dollinger, Hans: Die Münchner Straßennamen, München 2007

Dreesbach, Anne/**Zedelmaier,** Helmut (Hrsg.): »Gleich hinterm Hofbräuhaus waschechte Amazonen«. Exotik in München um 1900, München, Hamburg 2003

Eder, Franz Xaver: 100 Jahre Sankt Benno München 1895–1995. Festschrift zur 100-Jahrfeier der St. Benno-Kirche und Benno-Gemeinde, München 1997

ders.: Pfarrführer über Pfarrei, Kirche und Patron Sankt Benno, München 1977

Eschenburg, Barbara: Lenbachs Villa. Städtische Galerie im Lenbachhaus, München 1999

Farin, Michael (Hrsg.): Polizeireport München 1799–1999, München 1999

Festbüchlein zur Feier der Einweihung der St. Benno-kirche am 13.Oktober 1895, München 1895

Furtwängler, Adolf: Beschreibung der Glyptothek König Ludwigs I. zu München, München 1900

Gassenmeier, Hansjörg/ **Hödl,** Joseph: Historische Fassaden im 5. Stadtbezirk Maxvorstadt-Universität, München 1982

Gassenmeier, Renate/ **Bezirksausschuss Maxvorstadt**: Grün in München: Gärten und Parks in der Maxvorstadt gestern und heute, München 1983

Grasskamp, Walter/ **Jooss,** Birgit: Chronik der Akademie der Bildenden Künste München 1770–2008, München 2008

Haller, Elfi/**Lehmbruch,** Hans: Palais Leuchtenberg, München 1987

Haller, Klaus: Die Bayerische Staatsbibliothek in historischen Beschreibungen, München 1998

Hederer, Oswald: Die Ludwigstraße in München, München 1942 (Neue Schriftenreihe des Stadtarchivs München, 1)

Heigel, Karl Theodor: Die Verlegung der Ludwig Maximilians Universität nach München, München 1897

Hempfer, Helmut: Pfarrei Sankt Ludwig in München.

150 Jahre Pfarrei 1844–1994, Weißenhorn 1994

ders.: St. Ludwig in München, Weißenhorn 1998

Herzog, Hans München/**Viermeisel,** Klaus: Der Königsplatz 1812–1988. Eine Bilddokumentation zur Geschichte des Platzes, Aschheim/München 1988

Heydenreuther, Reinhard: Das Palais Leuchtenberg, München 2003

Höchtl, Alois: Zur Verfassungsfeier des VIII. Stadtbezirks. Ein kleiner Rückblick auf vergangene Tage, München 1926

Hödl, Joseph/**Bezirksausschuss Maxvorstadt**: Amalienstraße. Von Häusern und Menschen, München 1999

dies.: Die Türkenstraße gestern und heute. Eine Heimatkunde Teil I, München 1990 (Ausstellungsdokument)

Hollweck, Ludwig: München. Liebling der Musen, München 1971

Hütsch, Volker/**Münchner Stadtmuseum**: Der Münchner Glaspalast 1854–1931, München 1981

»Ihm, welcher der Andacht Tempel baut ...« Ludwig I. und die Alte Pinakothek. Festschrift, München 1986

Knapp, Gottfried: Stephan Braunfels – Pinakothek der Moderne, München 2003

Kürschner, Klaus Dieter: Von der Menagerie zum größten Circus Europas: Krone. Ein dokumentarischer Bericht, Berlin 1998

Kunst und Handwerk: Sonderheft zum 100-jährigen Bestehen der kgl. Erzgießerei Ferdinand von Miller, München 1924

Large, David Clay: Hitlers München. Aufstieg und Fall der Hauptstadt der Bewegung, München 1998

Lenz, Christian: Die Neue Pinakothek, München 2003

Ludwig Maximilians Universität München (Hrsg.): Ludwig Maximilians Universität München, Neukeferloh 1995

Mader, Inge: Brunnen und Höfe im ehemaligen »Schönfeld«, München 1991, In: Club Bavaricum, Jahresband der Führungen 1988/90, Seiten 221–230

Martin, Anselm: Ueber ehemalige Richtstätten in München und ihre Volkssagen, München 1871

Merk, Gerhard/**Sieber,** Hannes: Das Münchner Bier, Freising 1991

Mollenhauer, Bernd: Zwischen Monarchie und Münchner Freiheit, München 2010

Münchner Volkstheater im 19. Jahrhundert und ihre Direktoren, München 2002

Netzle, Toni: Mein Alter Simpl, München 2010

Pfister, Peter/**Liess,** Albrecht: St. Ludwig in München. Kirchenpolitik, Kirchenbau und kirchliches Leben, München 1995

Pölnitz, Götz: Denkmale und Dokumente zur Geschichte der Ludwig Maximilians Universität Ingolstadt – Landshut – München, München 1942

Prosel, Theo: Freistaat Schwabing. Erinnerungen des Simplwirtes Theo Prosel, München 1951

Reiser, Rudolf: Klenzes geheime Memoiren, München 2004

Ringelnatz, Joachim: Simplicissimus, Künstlerkneipe und Kathi Kobus, München 1909

Roth, Eugen: Der Glaspalast in München.Glanz und Ende. 1854–1931, München 1971

Sand, Hermann: Die königliche Erzgießerei, Nymphenburger Hefte 30, München 2004

Schlumberger, Hella: Türkenstraße: Vorstadt und Hinterhof, München 2003

Schnalbe, Otto: Die Schwabinger Landstraße wird zur Ludwigstraße, München (Bayerischer Rundfunk) 1966

Schrott, Ludwig: Biedermeier in München, München 1963

Sonntag, Karl: Festschrift zum 60-jährigen Bestehen des Alten Realgymnasiums 1864–1924, München 1924

Stadtpfarramt St. Joseph: Im Umkreis von St. Joseph leben. 100 Jahre Pfarrkirche. 90 Jahre Pfarrei St. Joseph, München 2002

Stankiewitz, Karl: Prachtstraßen in München – Ludwig- und Maximilianstraße, München 2008

Steingräber, Erich: Die Neue Pinakothek München, München 1981

Steingräber, Erich: Festgabe zur Eröffnung der Neuen Pinakothek in München am 28. März 1981. Geschichte, Architektur, Sammlung, München 1981

Braunfels, Stephan/**Pinakothek der Moderne**: Kunst, Architektur, Design, Basel 2002

Stinglwagner, Gerhard K. F.: Von Mönchen, Prinzen und Ministern. Das Gebäude des Landwirtschaftsministeriums und seine Nachbarschaft. Eine Chronik, München 1991

Thoenes, Sigrid: Die Bauten der Ludwigstraße, München 1984, In: Club Bavaricum, Jahresband der Führungen 1982/83, Seiten 145–160

dies.: Die Ludwig Maximilians Universität, ihre Geschichte und Entwicklung, München 1982, In: Club Bavaricum, Jahresband der Führungen 1980/81

Toussaint, Angela: Eine Zierde der Stadt. München-Maximiliansplatz. Das Gebäude der Industrie- und Handelskammer im Wandel der Zeit, Dachau 1998

Viermeisel, Klaus/**Leinz,** Gottlieb: Glyptothek München 1830–1930. Jubiläumsausstellung zur Entstehungs- und Baugeschichte, München 1980

Wallburger, Joseph F.: Eröffnung der neu errichteten Mineral-Wasser-Fabrike, Kunst-, Bade-, Kur- und Molken-Anstalt in der Max-Vorstadt, Arcis-Strasse Nro. 230, München ca. 1830

Walser, Rupert/**Wittenbrink,** Bernhard (Hrsg.): Ohne Auftrag – zur Geschichte des Kunsthandels. Band I München, München 1989

Wengg, Gustav/**Bezirksausschuss 5** Maxvorstadt-Universität (Hrsg.): München. Max-Vorstadt und Schönfeld-Vorstadt im Jahre 1849, München 1979

Werner, Constanze: Das Marienstift. Zur Geschichte des ersten privaten Münchner Damenstifts 1878–1998, München 1998

Wolf, Julia/**Bezirksausschuss Maxvorstadt**: Kaulbachstraße. Zur Anatomie einer Münchner Straße, München 1982

Zech, Franz: Ein neuer Königsplatz, München 1966

Zentrale Verwaltung der TU München/Abteilung 5 (Hrsg.): Materialien zur Entwicklung der Technischen Universität München von 1945–1982, München 1982

Zuber, Elfie: Der Alte Nördliche Friedhof. Ein Kapitel Münchner Kulturgeschichte, München 1983

Soziale Einrichtungen in der Maxvorstadt finden Sie unter:

http://www.muenchen.info/ba/03/stadtbezirk/Soziale_Welt_2009.pdf

Bildnachweis | Impressum

Alte Pinakothek 77, 78
Architekturbüro Georg Scheel Wetzel 98
Archiv Piper Verlag 31 o.
ARRI 43
Artothek 7 o.
Martin Arz 2, 5, 7 u., 12 u., 15, 16, 19, 22, 24 r., 26, 28, 29 o., 30 u., 31 u., 32–38, 39 o., 42, 47, 48, 50 u., 51 o., 52–53, 54 u., 55 r., 56–57, 59–61, 63 o.r. + u., 65, 66, 69 r., 70 l., 73, 74 o.l., 75 o., 76 u., 78, 80, 81 u., 82–84, 85 u., 86 u., 87 u., 88 o. + u., 89 u., 99 u., 100 r., 102, 103 l., 104 o., 106, 107, 108 o., 110 l., 111, 112, 115–116, 119 u., 121, 122 u.r., 124 u.l., 125, 126, 128, 129 r., 133, 134 u., 136 l.u. + r.o., 137, 140, 141 o., 143, 144, 146, 148, 149, 152, 154, 155 u., Cover innen u. -rückseite
Bayerische Staatsbibliothek München 39 u., 40, 92
Bayerische Staatssammlung/Georg Janßen 101 l.
Bayerisches Wirtschaftsarchiv München 51 u., 122 o., 130, 131 o., 141 u.
Bildarchiv Foto Marburg 24 l., 45
Circus Krone 138, 139
Deutsches Theatermuseum (Inv. Nr. IV 2645) 85 u.
Focus Online/St. Bonifaz 103 r.
Foster & Partners 108 u.
Gabriele Münter- und Johannes Eichner-Stiftung 44
Al Herb 13 o.
Hirschkäfer Verlag Archiv 8, 14, 20, 30 o., 42 o., 46 u., 54 o., 55 u., 63 M., 64, 67, 68, 70 r., 72, 81 o.r., 88 M., 93 o., 96, 97, 113 o., 119 o., 120, 127, 131 u.
Interfoto 10, 13 u., 17, 23, 27, 49, 71, 91, 100 l., 104 u., 150, 156 o.
Ludwig Stocker Hofpfisterei GmbH 124
Mayer'sche Hofkunstanstalt 123
Museum Brandhorst 74 u.
Museum für Abgüsse klassischer Bildwerke/ Roy Hessing 99 o.
Neue Pinakothek 79 u.
Pinakothek der Moderne 75 u., 76 o.
Sammlung Ägyptischer Kunst 89 o.
Siemens AG 50
Stadtarchiv München, Fotosammlung 11, 12 o., 21, 25, 29 u., 41 o., 46 o., 69 l., 77 u.r., 81 o.l., 85 o., 93 u., 101 r., 113 u., 122 u.l., 129 l., 132, 134 o., 136 l.o. + r.u., 145, 147, 153
Städtische Galerie im Lenbachhaus 109 u.
Städtische Galerie im Lenbachhaus/Lenbacharchiv 109 o.
Stadtmuseum München 9, 87 o., 117, 135
Vinzenz Murr 41
Volkstheater 110 r.
Wikipedia 86 l.

alle aktuellen Karten © Hirschkäfer Verlag 2012

Impressum

1. Auflage, September 2012

Text und Gestaltung: Martin Arz
Grundlayout: Franz Schiermeier Verlag
Druck: Druckservice Brucker, Mainburg

ISBN978-3-940839-27-5

Besuchen Sie uns im weltweiten Netz :
www.hirschkaefer-verlag.de

Mit Liebe gemacht.